张昭炜 著

人文社科
经典导引八讲

武汉大学出版社

图书在版编目(CIP)数据

人文社科经典导引八讲/张昭炜著 . —武汉：武汉大学出版社，
2024.9.—ISBN 978-7-307-24418-4

Ⅰ.C

中国国家版本馆 CIP 数据核字第 20241J8R88 号

责任编辑:龙子珮　　　　责任校对:鄢春梅　　　　版式设计:韩闻锦

出版发行:**武汉大学出版社**　(430072　武昌　珞珈山)

(电子邮箱: cbs22@ whu.edu.cn　网址: www.wdp. com.cn)

印刷:武汉中科兴业印务有限公司

开本:720×1000　1/16　印张:20.75　字数:306 千字　插页:1

版次:2024 年 9 月第 1 版　　2024 年 9 月第 1 次印刷

ISBN 978-7-307-24418-4　　定价:69.00 元

# 序

张昭炜教授《人文社科经典导引八讲》(以下简称《人文八讲》)即将付梓，嘱我作序。

"人文社科经典导引"是武汉大学的基础通识必修课，2018 年秋季创课，至今已有七个年头。七年两阶段，前三年是创课期，后四年是改革期，而昭炜教授是在改革期的第一年(2021 年)加入我们课程团队的。昭炜教授是国际儒学大师杜维明先生的高足，专业领域为中国哲学，专攻儒学的精神人文主义，这与我们这门课的宗旨"何以成人"(教材《人文社科经典导引》的英文书名为"How to be Human")不谋而合。就课时设制和课程内容而言，"人文社科经典导引"是两个"1∶1"：大班授课与小班研讨"1∶1"(各设 16 课时)，中学经典与西学经典"1∶1"(各选 3 部)。昭炜教授先是主持了一个学年的小班研讨，然后开始大班授课；大班授课则是先单讲中学经典，然后通讲中西经典。这部《人文八讲》就是根据他通讲中西经典的课堂实录整理而成。

"人文社科经典导引"是一门"课"，《人文八讲》的特色则因"课"而生：讲课，说课，论课。

先说"讲课"。

昭炜教授加入课程团队时，正值课程的"改革期"，按照课程核心组的改革方案，八次大班授课，通讲六部中西经典(其中《论语》《斐多》为必讲)，开篇讲"为什么读经典"，中间讲"如何解读经典(学术写作入门)"。课程团队为每一位授课教师提供教学大纲、参考文献及通用 PPT，授课教师在遵循课程宗旨、共享课程资源的前提下，尽可能发挥各自的学术特长并彰显其课堂风格，《人文八讲》的"讲课"正是"共享资源"与"彰显个性"的兼美与融合。中学经典讲《论语》《庄子》和《坛经》，儒道释兼宗；西学经典讲《历史》《斐多》和《审美教育书简》，史学、哲学和美学兼备。这些均属于"资源共享"，或者说属于课程团队共性的东西。《人文八讲》的个性何在？在于双重的"动静相济"。昭炜教授先是从他所发现并擅长的"缄默维度"静态切入对三部中学经典的解读，然后用"历史流变"的动态视野重新观照三部西学经典，这是整体意义上的"静"与"动"。而中西经典又有各自的动静相济：三部中学经典用孔颜默会、老庄渊默如雷和禅宗的默然无语贯通儒道释，三部西学经典在历史流变中统合了古希腊史学、哲学与近代德国美学。支撑双重"动静相济"的是讲授者的双重功力：既能兼美科研与教学，又能兼美中学与西学。

次说"说课"。

《人文八讲》是讲课实录，主体部分是"讲课"，但作者在书中经常用注释的方式"说课"，也就是从"讲课者"的角色中跳出来，直接告诉读者"我为什么要这样讲"。如果说《人文八讲》的"讲课"部分重在呈现"讲什么"，而"说课"部分则重在阐明"怎么讲"。有讲课经验的教师都知道，课堂教学有时候"怎么讲"比"讲什么"更为重要。《人文社科经典导引》的第一讲"为什么读经典"是最难讲的，理论阐释要深入浅出，举例说明要恰到好处，"论"与"据"指向一个共同的目标：提升学生对这门通识课程的认知和认同感。在讲解卡尔维诺关于"（经典）以难忘的方式给我们的想象力打下印记"这一观点时，《人文八讲》建议引入《西厢记》和《牡丹亭》的例子，同为爱情故事，前者"冒险刺激"，后者"惊心动魄"。在更为宽泛的意义上说，"经典"所打下的"印记"不仅仅是文学艺术的，更是历史文化的。关于后者，《人文导引》建议引入教材《史记》与使命》一章中的三个例子："项庄舞剑""人为刀俎"和"楚汉争霸"。这些典故不仅存活于日常话语，而且存活于文化心理，是经典为我们的文化所铬下的深刻印记。《人文八讲》在"说课"时还特别强调教材所提出的"经典群"概念和"关键词"方法：不能孤立地讲经典，要把握"经典群"的谱系性和整体性；也不能泛泛地讲经典，要以"关键词"为方法切入对中外经典的理解与导读。

末说"论课"。

大学教师可分为三种类型：科研为主型，教学为主型，科研教学并重型。昭炜教授属于第一类，他是以"学者"身份加入我们教学团队的。作为学者，他在儒学和儒教领域著述颇丰，影响甚大。昭炜教授所具有的学者的严谨、深邃和执著，不仅表现在大班授课、小班研讨和集体备课，也表现在《人文八讲》"讲课""说课"之时有着自觉的"论课"意识，即以学者的身份和方式"论"他所讲授的这门"课"。这里的"论"既是动词（论说与论辩），也是名词（理论与学术）。昭炜教授讲授的"人文社科经典导引"是武汉大学四门基础通识课之一：还有 2018 年同时创课的"自然科学经典导引"，2021 年新开的"中国精神导引"，2024 年新开的"人工智能导引"。四门导引课，一个关键词：人。武汉大学的本科文化是"以成'人'教育统领成'才'教育"，武汉大学的通识教育之问是"何为'人'，何以成'人'，成为何'人'"，武汉大学通识教育的核心命题是"以'人'为第一关键词的跨学科、跨文化经典导读"。昭炜教授深刻地理解了武汉大学独具特色的通识教育理念，在《人文八讲》中一以贯之地以"人"为关键词"论课"，提出一系列有创意的观点。《人文八讲》，每一讲都导向"人"这个元关键词。首讲"为什么读经典"导向杜维明先生所倡导的"学以成人"（Learning to be Human），中间的"如何解读经典（学术写作入门）"导向理性的、有批判精神的"人"。三部中学经典，《论语》是拓展伦理的"人"，《庄子》是向自然敞开的"人"，《坛经》是觉悟的"人"；三部西学经典，希罗多德《历史》是追求幸福生活的历史的"人"，柏拉图《斐多》是追问生命价值的哲思的"人"，席勒《审美教育书简》是建构美育载体的审美的"人"。大学通识教育的使命，用《人文八讲》的话说，是要在学生的心中"播下一颗人文精神的种子，这颗种子便有机会发芽、开花、结果"。

为昭炜教授《人文八讲》写序的时候，新的学年开始了。这是"人文社科经典导引"和"自然科学经典导引"开课的第七个学年，是"中国精神导引"开课的第四个学年，是"人工智能导引"开课的第一个学年。武汉大学的通识教育已有三十多年的历史，我们不仅有四门"导引"类的基础通识课，还有四十多门核心通识课和四百多门一般通识课，我们的使命和目标是用优质通识课打造珞珈学子的共同记忆，培养大学生的批判精神和迁徙能力，培养合格公民和博雅君子，培养真正意义上的"人"。

何以成人？学以成人。《人文八讲》，博雅殿堂。

是为序。

李建中

2024 年教师节于珞珈山振华楼 306 室

（作者为武汉大学通识教育中心主任，国家教学名师）

# 自　序

　　这本书是由我在武汉大学教授"人文社科经典导引"课程时的教学讲义发展而来，课程主旨是"学以成人"，基础是中西人文社科经典。"人文社科经典导引"与"自然科学经典导引"是武汉大学7000余名大一本科生的必修课，据这门课的总负责人李建中老师说："两大《导引》教学团队堪称世上最大的课程组，200多位老师分成两个大组定期研讨，拥有不同学术背景和科研专长的老师一起切磋琢磨，为同学们精心烹调精神食粮。"①人文社科经典导引涉及古今中外的十二部经典，要上好这门课，需要课程组老师的通力合作。我的专业总体属于中国哲学，要讲这门课，需要突破舒适的中国哲学专业圈，这对于我来说是全新的挑战，也面临诸多困难。在李建中老师鼓励下，在课程组各位老师支持下，我鼓起勇气，2021年开始主持小班研讨课，2022年开始大班教学。在向各位老师学习的基础上，我也和团队老师分享交流讲课内容与经验，集体备课时主讲过"《庄子》与天性"，在与团队老师的互动中受益良多。在大班教学团队之外，还有小班教学团队、通识教育大讲堂、珞珈博雅沙龙、《武大通识教育》公众微信号、优秀学生论文结集出版等从多个层面立体推进与两大《导引》相关的"通识文化"建设，可谓内容丰富、形式多样，对国内高等院校通识教育起到了有益的示范作用。

## 1. 开课目的与意义

　　投入如此大精力打造这门课，必然有着重要意义。如果仅为人文社科专

---

　　① 李建中主编：《序》，《人文社科经典导引》（第三版），武汉大学出版社2021年版，第4页。

业的一年级本科生开设这门课，比较容易理解，因为这有利于拓展他们的专业视野。对于理工医学等专业的学生，这类课程通常是作为选修课，选修的学生多是出于兴趣；而这门课升级为理工科学生的必修课，就更需要明确开课目的与意义。在上课过程中，有理工科学生也问过我类似的问题："老师，我们这门课要记住哪些知识点？需要掌握什么原理？能够学到什么技能？"第一个问题是高考应试教育带来的后果，是大一学生从中学向大学过渡时出现的普遍问题。第二、第三个问题源自理工科的思维：如果这门课既不要求掌握什么原理，也学不到任何技能，那开设这门课的目的是什么呢？教材①所选的《审美教育书简》应该可以部分回答。在席勒看来，现代理工科的专业教育类似于"齿轮"教育，其目的是将一个人培养为社会机器的一个齿轮，与其他齿轮一起，精密组合，固定运转，与之发生关系的，仅仅是前驱后带的齿轮而已；人文社科的经典教育类似于"水螅"教育②，它能让我们看到各部分之间的有机联系，共同组成一个有生命的机体，这个机体是充满生机的、审美的。相对于理工科课程能够获得实际效用的技能，这门课是"无用"的，但这个"无用"却有大用，能让学生更好地理解生命，学会审美，成为全面发展的人。

党的二十大报告指出："中国式现代化是物质文明和精神文明相协调的现代化。物质富足、精神富有是社会主义现代化的根本要求。物质贫困不是社会主义，精神贫乏也不是社会主义。我们不断厚植现代化的物质基础，不断夯实人民幸福生活的物质条件，同时大力发展社会主义先进文化，加强理想信念教育，传承中华文明，促进物的全面丰富和人的全面发展。"要促进人的全面发展，人文社科经典无疑是很适合的教学材料。经典底蕴深厚，浓缩着人类的文明的优秀成果。通过人文社科经典教育，我们可以与往圣先哲对话，直接继承其中的人文精神，以此滋润、启沃我们的生命。"现代高等教育的缺

---

① 本书中提到的"教材"指李建中主编的《人文社科经典导引》(武汉大学出版社 2021年版)一书，后不再赘述。

② 席勒的"水螅之喻"见教材第223页，本书在第八讲：《审美教育书简》与审美中会有详细论述。

陷之一就是太注重获得某种技能，太不注重通过对世界的全面观察去拓展人的头脑和心灵了。"①通过开设"人文社科经典导引"课程，可以拓展学生的视野，让学生去全面观察、理解这个世界。如通过《历史》与《史记》，可以从悠久的历史中理解人；通过《斐多》，可以更好地理解心(灵魂)和身的关系与生命的意义；通过《庄子》，可以从"人籁"的世界走出，去欣赏"天籁"的世界；通过《审美教育书简》，有助于我们提升审美能力，去发现和欣赏世界更多的美。

**2. 讲课的主旨**

"武大通识3.0"提出了十六字方针，即"博雅弘毅，文明以止，成人成才，四通六识"。"人文社科经典导引"课程作为"武大通识3.0"的核心元素，以"人"为关键词，围绕何以成"人"展开。在具体教学时，由于授课老师的专业背景不同、研究方向和兴趣各异，因此，在兼顾总体方针的基础上，每个老师讲课各有特色。我讲课的主旨有三个：学以成人；自强弘毅，求是拓新；精神人文。分述如下：

第一是"学以成人(Learning to be Human)"。这是我的老师杜维明先生倡导的哲学思想，通过他的努力，这个题目成为第二十四届世界哲学大会的主题。这一倡导不是凭空而来的，从儒学传统来看，《中庸》有"仁者，人也"，据此，"学以成人"也就是"学以成仁"。宋明理学殿军刘宗周的代表作《人谱》的主旨便是如何成人，刘宗周还组织过证人社等，与学友弟子践行其说。杜先生在哈佛大学任教期间，长期开设"人谱"课程(这应是继承了杜先生的老师牟宗三先生重视刘宗周的传统)。在继承师说的基础上，我在这门课的教学过程中尝试将"人"进一步拓展，不限于儒学的道德领域，还涉及庄、禅，以及古希腊历史、古希腊哲学、德国古典美学等领域。具体来说，《论语》是拓展伦理的"人"，《庄子》是向自然敞开的"人"，《坛经》是觉悟的"人"，写作课程是导引理性的、有批判精神的"人"，《历史》是历史的"人"、幸福的"人"，《斐多》是追问生命的意义和思辨灵魂不朽的"人"，《审美教育书简》是美育的"人"。这些拓展基于教材所选的人文社科经典，也就是从古今中外的经典中

---

①　罗素：《幸福之路》，刘勃译，华夏出版社2016年版，第198页。

诠释"学以成人"。

第二是"自强弘毅，求是拓新"，这也是武大校训。我将其分成两部分：在中国人文经典教学中，我重视"自强弘毅"；在西方人文经典教学中，我重视"求是拓新"。结合"学以成人"的指导思想，"自强弘毅"与"求是拓新"如同鸟之双翼，车之双轮，是新时代大学生须具备的两大基本素质。正如鸟之单翼不能飞，车之独轮不能行，中国人文经典中亦有"求是拓新"，如《大学》的"格物致知"；西方人文经典中亦有"自强弘毅"，如《历史》中体现的斯巴达之魂(详见本书附录六)。这也引导我在对中西经典的融会贯通中去思考"学以成人"。

第三是精神人文，或者说是人文精神，两者各有侧重：精神人文侧重于人文的内在性，能够触及人的精神层面，打动人、感染人、鼓舞人，如杜先生晚年提出"精神人文主义"；人文精神重点在于精神的人文性，不是宗教精神，而是世俗化的精神。这种儒学的新方向可以和宗教的世俗化发展形成合力，如查尔斯·泰勒(Charles Taylor)《世俗时代》(*A Secular Age*)。① 当今世界的宗教世俗化进程在加快，而中国儒学、老庄之学以及中国化的禅宗具有深厚的世俗化传统，由此迎来千载难逢的发展机遇。中国文化传统以儒释道最为重要，发展到明代，三教合一已成为主流。在三教中，儒教的宗教性最弱，通常被称为儒学。表现在经典层面，《论语》的宗教性最弱，《庄子》稍强，《坛经》最强。因此，我特别重视《论语》，讲课内容也最多，这也是课程规定的必讲经典。对于《坛经》，我主要讲禅宗的人文精神，避免宗教思想的引入；对于其中涉及的一些宗教专业名词，我主要通过通俗的方式进行解释，如引入《西游记》相关内容。我期望通过带领学生阅读人文经典，触动他们的精神层面，让他们由此与经典产生共鸣。对于大一本科生而言，尤其是对于理工科专业的学生，这样的要求似乎有些过高。但是，通过努力，至少能为他们播下一颗人文精神的种子，将来这颗种子便有机会发芽、开花、结果。反之，如果只是对文本泛泛而谈，或者将这些经典匆匆读一遍，将导致学生对于经

---

① 两者的对话可参见杜维明、查尔斯·泰勒：《世俗时代的精神图景》，邱楚媛译，《哲学动态》2022 年第 12 期。

典的理解只停留在认识层次，或者说仅仅把经典的内容当作一种知识，而难以深入他们的精神世界。人文精神(或精神人文)在整个授课过程中成为我潜在的指导思想，解读、揭示经典中的深厚底蕴，能够让学生学有所得、学有所乐，虽然不一定要求立刻产生效验，但至少会对于效验有所期待。我个人的兴趣点在于精神人文的缄默维度，因此，在教学中难免会有所涉及，这也是我个人风格的体现，没有必要去刻意回避。能够做到教学大纲与个人兴趣两方面的结合，这得益于这门课的教学理念：既有统一的教材、统一的备课、统一的教学重点，又"容忍"老师的个性、研究的兴趣。正是基于以上的原因，我对这门课始终充满着激情，在讲授教学大纲、教学重点时，用个人研究兴趣去充实教学内容，围绕"学以成人"，思考精神人文在本科通识教学中的体现。

### 3. 经典的整体性

教材总计选编十二部经典，分别是《论语》《庄子》《坛经》《史记》《文心雕龙》《红楼梦》《历史》《斐多》《审美教育书简》《论法的精神》《国富论》《正义论》。这十二部经典涵盖人文科学的哲学、文学、历史，社会科学的经济学、法学、社会学等领域，时间横跨上下两千多年，虽然有"学以成人"主旨的收约，但在实际教学中，能将这些经典讲成一个整体，实属不易。经教学改革后，2022 年的课程教学要求选讲六部经典，中外各三部，其中《论语》与《斐多》必讲，其他经典可自由选择，增设《为什么读经典》与《如何写论文》。即便如此，仍然存在着一些教学困难，这不仅体现在如何在所选经典中保持整体性，还体现在如何进行经典之间的过渡。我选择了《论语》《庄子》《坛经》《历史》《斐多》《审美教育书简》六部经典，在此基础上，尽量兼顾未选经典，对以上教学难点做了一些探索实践：

第一，《论语》《庄子》《坛经》分属于中国哲学的儒道释三家，结合三教合一的文化传统，三者的统合较为容易。三教的精神人文统合主要依靠我的缄默维度研究成果，如孔颜默会、老庄渊默如雷、禅学的默然无语，又如《论语》与《庄子》通过孔颜之学互通。

第二，《历史》《斐多》《审美教育书简》涵盖历史、哲学，兼及文艺学，因此，三者的统合相对较难。我的教学经验是从历史的角度，按照时间顺序统合：《历史》是讲希波战争，希波战争之后，希腊崛起，《斐多》的主人公苏格拉底便是希腊崛起时期的主要哲学家之一，以上两部经典都与希腊文化有关。更进一步来说，《历史》中记述的梭伦的幸福观是希腊早期具有代表性的观点，由此可以关联《斐多》中苏格拉底的幸福观。《审美教育书简》是德国古典美学经典，席勒推崇古希腊文化，这在《审美教育书简》中有充分的体现，从而追本溯源，将《审美教育书简》的思想传统追溯到古希腊；换言之，《审美教育书简》是古希腊思想在近代德国的展开。由此，将《历史》《斐多》《审美教育书简》统合在一起。在经典过渡时，《历史》与《斐多》之间通过历史时间顺序与幸福观，《斐多》与《审美教育书简》之间通过柏拉图美学，并在讲解《审美教育书简》时注重返回到古希腊文化。从精神人文层次而言，《历史》主要通过梭伦探讨如何成为一个幸福的人，《斐多》包含了治欲，《审美教育书简》是关于美育成人，并由此关联蔡元培的以美育代替宗教说的思考。

第三，在六部经典基础上，还略作扩充，兼顾未选经典，包括《史记》《文心雕龙》《论法的精神》《正义论》等。在讲《论语》时，引入《史记·孔子世家》来讲孔子的生平与文化传承，展现孔子传承文王、周公为代表的周代文化的使命与担当。颜回是孔子最器重的弟子，通过《史记·仲尼弟子列传》中的颜回传记，讲解孔颜之学。通过《史记·老子韩非列传》，补充老子之学的渊源与要义、孔老之学的对话与纷争、庄子的传记，以及将其与《庄子》文本呼应。将《义心雕龙》作为孔子文论思想的后继者，并在"如何写论文"一讲中提纲挈领式地讲解。在《历史》一讲中，重点分析了希波战争前民主与集权两种政治制度的形成，尤其是梭伦立法对于希腊社会的深刻影响，由此兼顾《论法的精神》和《正义论》。《红楼梦》在中学语文教材已有选讲，同学们可以结合兴趣无障碍阅读，如果有机会讲这部经典，我将结合《牡丹亭》的情、《会饮》篇的爱情观来讲。《国富论》专业性较强，通常会涉及与马克思主义政治经济学的比较，如果有机会讲这部经典，我将结合亚当·斯密的《道德情操论》与休谟的理性精神来讲。

### 4. 讲义的形成与致谢

授课使用的教材是李建中老师主编的《人文社科经典导引(第三版)》(武汉大学出版社 2021 年版),该教材的"融媒体"部分包含了慕课等内容,可以通过扫码观看大班导引的讲课视频。通过集体备课,授课老师共同制作了通用课件,我全程学习了李建中老师的大班授课,并主持了一个小班的教学;在此基础上,我还观摩学习了武汉大学文学院刘春阳老师、北京师范大学哲学院蒋丽梅老师、中国人民公安大学马克思主义学院程郁老师、武汉大学文学院王怀义老师、武汉大学哲学院麻天祥老师、武汉大学哲学院李松老师、武汉大学中国传统文化研究中心姚彬彬老师、武汉大学文学院陈溪老师的课堂教学,以及他们主讲的集体备课或课件,结合我在德国访学的经验,将批判性思维引入教学中,取得了很好的效果。我在讲课中使用的《论语》课件来自我于 2021 年暑期第三学期开设的"四书导读"选修课的部分内容①,涉及《中庸》《大学》。在此,感谢以上各位老师提供的帮助与支持!

本次整理出版的《人文社科经典导引八讲》讲义是以 2022 年秋季学期为武汉大学电子信息学院 140 名本科生大班授课的录音为基础整理而成,这门课同时还有 6 个小班研讨,6 名小班老师是蔺志华老师以及研究生朱智通、韩文菁、吴渭、洛昭华、周晨曦,在大家共同努力下,教学任务圆满完成。蔺志华老师的小班教学经验丰富,教学水平很高,她常说:"在这么美丽的校园,与这么优秀的同学,一起阅读人文社科经典,这是多么美好的事情呀!"这种对教育事业的真挚热爱无疑是她教学成功的秘诀。朱智通、韩文菁、肖宴红、龚慧同学录制了课程视频与音频,谨致谢忱!受疫情影响,这次授课也面临诸多困难:有时只能采取线上授课与讨论,或者线上线下同时教学的形式……对此,本科生院通识教育中心的黄舒老师在教学方面给予了支持,及

---

① 这门选修课有十二讲,选课学生来自文学、哲学、外语、经济与管理、医学、计算机等多个专业院系。由于这些学生都已经学习过"人文社科经典导引"这门课,故讲课的内容更深一些,围绕《中庸》的人文精神展开。这个讲义正在整理,将由中国人民大学出版社出版。

时通报疫情，随时审批调课申请；李猛、吴乐艳等大课助教也给予了全面的支持，在此深表谢意！同时，讲义也融入了2022年春季学期为武汉大学国家网络安全学院124名本科生讲授中国经典的内容，还偶尔涉及2021年春季学期主持武汉大学电子计算机学院弘毅班24名本科生小班讨论的内容，这些课程讲座录音主要由肖宴红、李欣、李泽玉、张昕芃、单珂瑶等同学整理，在此一并致谢！此外，要特别感谢听课的学生！他们认真学习，给了我无穷的动力；他们提问辩难，促进我进一步思考学习。他们在小班课上以多种形式展现对经典的理解，带我融入他们的青春活力与激情；是学生成就了老师。

在学习通用课件以及其他老师课件的基础上，结合我对"学以成人"的理解与精神人文的思考，我又对课件进行了再创造，这不仅有助于我深入理解经典，而且在创造中思考以"学以成人"为主旨的经典阐释以及可能展开的方向，尤其是缄默维度如何通过经典来表达，以便显性化、具体化，进一步发展精神人文主义。要特别说明的是，本书在此呈现给读者的讲义并不是讲课录音的全部内容，而是讲义整理，并本着"略其详，详其略"的原则有所取舍："略其详"是指简略通用课件或其他参考课件已有的内容，这些内容在授课时会讲到，但在整理讲义时将其简略，甚至不讲，有兴趣的读者可参考教材的融媒体；"详其略"是指强化通用课件与其他课件较少展开或没有涉及的内容，包括由此引发的一些思考，在整理讲义时详述之，尽量多讲。因此，这不是一部完整的教学讲义，更多的是我对于"学以成人"这个主题的诠释及个性化展开。当然，相对于杜维明先生对"学以成人"与精神人文主义的思考，我还处于起步阶段；相对于讲授这门课多年的老师，我还是新手。由此导致的错误疏漏，希望能够有机会进一步改进。

癸卯元日，在新年伊始，在讲义整理完成之际，我收到来自美国东海岸的问候与鼓励，并向杜维明先生汇报了我在"学以成人"这个主题下教学的进展与收获。感谢杜先生对我多年来的关怀指导、鞭策鼓励！当然，这次出版的仅是一个阶段成果，在杜先生的鼓励下，我将进一步与师友交流，与学生教学互动、教学相长，继续深入探索这一主题。最后，再次感谢李建中老师，正是他的接引与鼓励，我能够有机会从事人文社科经典导引的教学！感谢武

汉大学出版社李程编辑！她策划与编辑了这本书，我们合作多年，沟通也较
为便利，从而使得这本书能够在短时间内顺利出版。过去的一年实属不易，
寒冬过后迎新春，我们应更懂得珍惜当下的生活。

张昭炜

武汉大学中国传统文化研究中心

2023 年 1 月 22 日农历大年初一

# 目　　录

# 第一讲：为什么读经典

在正式学习"人文社科经典导引"这门课程之前，需要先回答学生的一个普遍问题：为什么读经典？对这个问题的回答会间接说明这门课程的必要性。理工科学生可能会认为"自然科学经典导引"更有意义，原因是与专业相关度高，可以提供一个更广阔的专业背景。为了引起理工科学生对人文社科经典导引的重视，有必要首先回答这个问题。下面要讲的经典主要指人文社科经典。这一讲的重点内容有三个方面：

一是什么是经典。

二是经典的形成与体系。

三是如何读经典。

## （一）什么是经典

为什么读经典？首先要弄清"经典"是什么。可以从三个角度进入：中国的经典观念，卡尔维诺论经典，经典的相互借鉴。

### 1. 中国的经典观念

对于什么是经典的回答，我们习惯于从词义训诂开始。首先来看"经"在汉语中的含义：

据《说文解字》："经，织从丝也。""从"就是"纵"，经是织布的纵向的丝，这个字起源于我们祖先的生活经验。与经对应的是纬，据《说文解字》："纬，织衡丝也。"纬是衡丝。按照织布的顺序，先是确定经线，然后再织纬线（织机样式见图1-1）。随着织布经验的逐渐生疏，我们现在主要从地球"经线"的角度理解经，"凡地东西为纬，南北为经。"（《大戴礼记·易本命》）

图1-1　南北朝石刻织机①

又据段玉裁注："织之从丝谓之经，必先有经而后有纬，是故三纲、五常、六艺谓之天地之常经。《大戴礼》曰：'南北曰经，东西曰纬。'"②结合"人文社科经典导引"的"经典"，经有三层含义：

第一，经的优先性。织布时经线在先，才能穿梭纬线；读书如织布，最优先选择经典阅读。把握住了经典这个优先性的根本，再阅读其他著作，相当于穿梭在经线之中的纬线，将相对比较容易。

第二，经的恒常性。确定经后，在织布过程中，经便不再动了。由经线的不动引申，便是经为恒久不变"常经"。我们常说"经典永流传"，也就是这个意思。比如《论语》，我们中国人读了两千多年，至今还在读。在西方，柏拉图的《理想国》《斐多》等著作，至今仍是西方哲学的必读经典。

---

① 沈从文：《中国古代服饰研究》，商务印书馆2011年版，第43页。
② 段玉裁：《说文解字注》，中华书局2013年版，第650页。

第三，经的权威性。在中国古代社会，"经"指三纲五常的伦理，这是中国古代社会奉行的根本大法，具有不可抗拒的权威性。在这个意义上使用经，便有了儒家的"五经"(《诗经》《尚书》《周礼》《周易》《春秋》)，古代学习教育主要是依据"五经"之学。① 类似于儒学中"经"的权威性，其他文明信奉的经典亦保留有"经"的这一层意思，尤其对信徒而言，经典的权威不可抗拒，解释要遵循正统，更不能随意变换经文。

以上三层含义可借助《文心雕龙》说明：

> 三极彝训，其书言经。经也者，恒久之至道，不刊之鸿教也。故象天地，效鬼神，参物序，制人纪，洞性灵之奥区，极文章之骨髓者也。(《文心雕龙·宗经》)

按照以上三层含义，经的优先性体现在"三极彝训"。据注释："《易》'六爻之动，三极之道也。'孔颖达疏：'是天地人三才至极之道。'"② 这也说明了经的优先性。经的恒常性体现在"彝训"(常训)、恒久。经的权威性体现在"不刊"与"鸿教"，"不刊"是不可改变，"鸿教"是伟大的教法，都是说明经的权威性。以此，可以打通天地鬼神，内透性灵，其至成为作文的骨髓。经是"至道"的载体，我们要了解最高的道，需要借助经，如孔子尊奉的"六经"：

> 孔子谓老聃曰："丘治《诗》《书》《礼》《乐》《易》《春秋》六经，自以为久矣，孰知其故矣。"(《庄子·天运》)③

据此来看，孔子看重的是"六经"之学(删定"六经")，"六经"是儒家文化最为根本的经典。冯天瑜先生提出"元典"说，并指出元之十义，与此相应，"'元

---

① 儒家又有"六经"之说，由于《乐经》失传，所以少了一经。"六艺"指礼、乐、射、御、书、数(《周礼·地官司徒·保氏》)，这是周代文化要求学生必备的技能。
② 刘勰著，黄叔琳注：《黄叔琳注本文心雕龙》，国家图书馆出版社 2017 年版，第36 页。
③ 这里没有引用儒学经典来说孔子与"六经"，是兼顾教材第一章"《论语》与仁性"与第二章"《庄子》与天性"之间的互通性与整体性。

典'有始典、首典、基本之典、原典、长（长幼之'长'）典、正典、大典、善典、美典、上典、宝典等意蕴。在汉字系统中，与'元典'含义切近的字汇是'经'。"① "由《诗》、《书》、《礼》、《易》、《春秋》等古籍组成的中华元典，各有特色与功能，正如《礼记·经解》所说：'其为人也，温柔敦厚，诗教也；疏通知远，书教也；广博易良，乐教也；絜静精微，易教也；恭俭庄敬，礼教也；属辞比事，春秋教也。'但中华元典又有其总体性特征，所谓'五行异气而皆和，六艺异科而皆道'（刘安：《淮南子》卷20《泰族训》），而中华元典之'道'具有鲜明的人文倾向和现世风格"。② 这六部元典相当于六种根本性的教育方法，如诗教培育人的温柔敦厚，这既有内在温柔之美，又有敦厚之德，我们在第二讲"《论语》与仁性"中将以《诗经·淇奥》为例，来展现君子修身的德与美。西方古典教育传统中亦有类似的诗教，如亚里士多德的《诗学》。书教培育人的历史性，如通过《史记》，我们可以了解中国传统文化的形成史，寻根索源，考察尧、舜、禹、文王、武王、周公对于孔子仁学思想形成的奠基，考察孔子世家、孔子弟子等。西方亦有历史传统，如我们将在第五讲"《历史》与历史"中学习古希腊、古波斯的历史，探究西方文明的形成。

儒家的"学以成人"便是六艺的展开，如冯友兰指出："孔子教人有各种功课，即所谓六艺是也"③。六艺教育是中国古典教育"学以成人"的典范，由此培养出精通《诗》《书》《礼》《易》《乐》《春秋》之人。当然，在新时代中，这些

---

① 冯天瑜：《中华元典精神》，武汉大学出版社2006年版，第2~3页。
② 冯天瑜：《中华元典精神》，武汉大学出版社2006年版，第70页。
③ 冯友兰：《中国哲学史》（增订台四版），台湾"商务印书馆"2015年版，第406页。冯友兰认为"然孔子虽以六艺教人，而尚未立六艺之名，亦未有总论六艺功用之言论。至战国末年，始有人对于六艺之功用，作总括普通之理论。《荀子·劝学篇》曰：故《书》者，政事之纪也；《诗》者，中声之所止也；礼者，法之大分，类之纲纪也。……礼之敬文也，乐之中和也，《诗》、《书》之博也，《春秋》之微也，在天地之间者毕矣。"这里要注意六艺内部的互通性，《荀子·劝学篇》未言《易》，可以借助王夫之所论来补足："乃盈天下而皆象矣。《诗》之比兴，《书》之政事，《春秋》之名分，《礼》之仪，《乐》之律，莫非象也，而《易》统会其理。"（王夫之：《周易外传》卷六，《船山全书》第1册，岳麓书社2011年版，第1039页。）这是说通过"象"统领"五经"，并且《周易》言象最深，"六经"统归于《周易》。又如方以智所论："《易》袭《春秋》，《春秋》律《易》，《书》正以导之，而《诗》风以兴之，《礼》以中宰之，而《乐》以和节之。"（方以智著，张昭炜整理：《薪火》，《易余》卷下，《易余（外一种）》，上海古籍出版社2018年版，第138页。）此论侧重于"六经"之间的互通。

中国礼乐文化传统需要转化，才能跟进时代的文化发展。① 如蔡元培提出美育，这借鉴了德国古典美学的思想，我们将在第七讲"《审美教育书简》与审美"中讲到。

中国古典经学体系到宋代以后发生了变化，也就是"四书"的上位：

> 读书，且从易晓易解处去读。如《大学》《中庸》《语》《孟》四书，道理粲然，人只是不去看。若理会得此四书，何书不可读！何理不可究！何事不可处！②

"四书"是朱子构建理学体系的重要依据，读"四书"，可以将儒学的道与理看得清清楚楚。当然，从更广范围来看，"四书"是"六经"的阶梯，通过"四书"的阶梯，可以直接进入儒家的"六经"体系的内核，这是儒家的根本教义之所在。如果能读通"四书"，再读通"六经"，那儒家其他的书自然也就能贯通，自然也会读，也能读。

再来看"经典"的"典"，这个字比较容易理解。据《说文解字》："典，五帝之书也。从册，在丌上。尊阁之也。庄都说：'典，大册也。'"从字形分解来看，典的古字为下"丌"上"册"，这是个象形字，组成这个字的两部分也是象形字：

---

① 在将传统经典转化为现代通识教育方面，西方的经验值得我们借鉴，比如结合斯多葛学派，在通识教育中转化苏格拉底哲学，包括：1."苏格拉底式教育的对象是每一个人。""高等教育是每一个人实现自我的重要部分"。2."苏格拉底式教育必须与学生的环境和背景相适应。""学生需要不同的课程设置"。3."苏格拉底式的教育应该是多元的，也就是说，涉及许多不同的规范和传统。"4."苏格拉底式教育要求确保不会让书本成为权威。""苏格拉底本人一无所著。""书本太容易变成膜拜和顺从的对象，嵌入脑内而不能独立思考。"（玛莎·纳斯鲍姆：《培养人性：从古典学角度为通识教育改革辩护》，李艳译，上海三联书店2013年版，第17~22页。）这提醒我们在《人文社科经典导引》通识课教学中，要尽量实现差异化教育，让学生尽可能尝试不同的课程，介绍多元的传统，不要拘泥于教材，教学的重点应该是培养批判性思维，让学生养成独立思考的习惯。
② 朱熹：《朱子语类》卷十四，中华书局2020年版，第305页。

# 興 丌 册

据《说文解字》："丌，下基也。荐物之丌，象形。"也就是垫物、托物的器具。据《说文解字》："册，符命也。诸侯进受于王也。象其札一长一短，中有二编之形。"从字形考古来看，册的古字是"符命"，具有经的威严性。

孔子之后，随着儒学的发展，儒家经典日益增多。在汉魏之后，《论语》渐趋上升为经，到南宋形成十三部儒家经典：《易经》《尚书》《诗经》//《周礼》《仪礼》《礼记》//《左传》《公羊传》《谷梁传》//《孝经》//《论语》《孟子》//《尔雅》。

按照四库全书"经史子集"的编目，经部内容有九类：

(1)"易类"，以《易经》为中心；

(2)"书类"，以《尚书》为中心；

(3)"诗类"，以《诗经》为中心；

(4)"礼类"，以"三礼"为中心，即《周礼》《仪礼》《礼记》；

(5)"春秋类"，以《春秋》三传为中心，即《左传》《公羊传》《谷梁传》；

(6)"《孝经》类"，这是在汉代形成的经典；

(7)"四书类"，以《论语》《孟子》以及《礼记》的《大学》《中庸》为中心；

(8)"乐类"；

(9)"小学类"，包括《尔雅》等。

以上是中国近世形成的经典体系。

教材所选的中国经典分别是《论语》《庄子》《坛经》《史记》《文心雕龙》《红楼梦》。在四库全书的经典体系中，只有《论语》属于经部，归入"四书类"，而《庄子》《坛经》属于子部，《史记》属于史部，《文心雕龙》属于集部(见图1-2)。按照中国哲学的分类，《论语》属于儒家经典，《庄子》属于道家经典，《坛经》属于佛教经典，这三部经典应该是能够总体代表中国哲学思想。《史记》是中国历史学名著，位居二十四史之首，是中国历史的经典。根据我们这门课“学以成人”的宗旨，《论语》《庄子》《坛经》分别要打开人的仁性、天性、悟性。

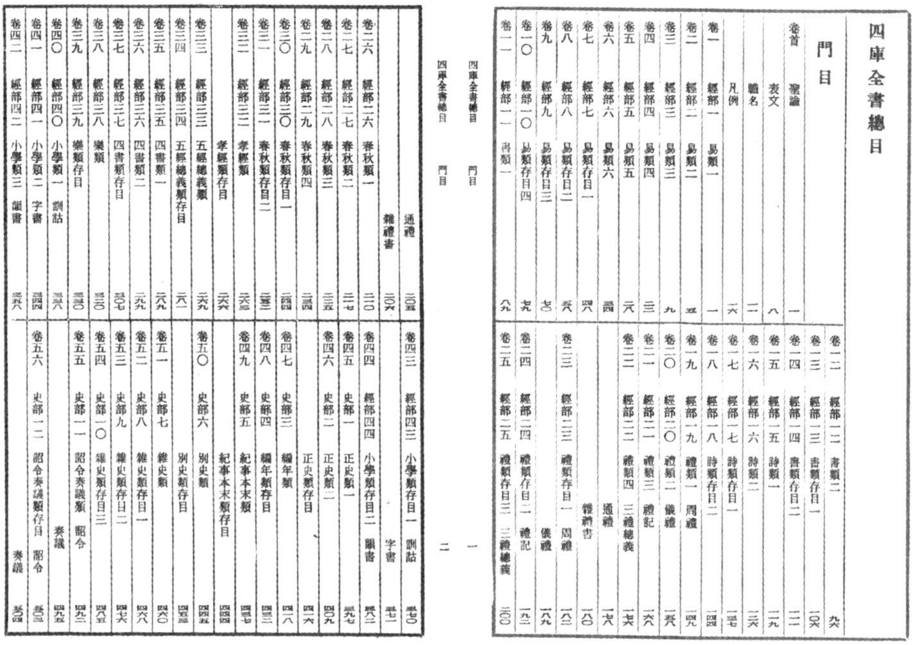
四庫全書總目
門目
卷首 聖諭 一
表文 八
職名 二
凡例 一六
卷一 經部一 易類一 一
卷二 經部二 易類二 五
卷三 經部三 易類三 九
卷四 經部四 易類四 二三
卷五 經部五 易類五 二八
卷六 經部六 易類六 三四
卷七 經部七 易類存目一 四八
卷八 經部八 易類存目二 五八
卷九 經部九 易類存目三 七〇
卷一〇 經部一〇 易類存目四 七九
卷一一 經部一一 書類一 八九
卷一二 經部一二 書類二 九六
卷一三 經部一三 書類存目一 一〇六
卷一四 經部一四 書類存目二 一一二
卷一五 經部一五 詩類一 一一九
卷一六 經部一六 詩類二 一二六
卷一七 經部一七 詩類存目一 一三七
卷一八 經部一八 詩類存目二 一四四
卷一九 經部一九 禮類一 周禮 一四九
卷二〇 經部二〇 禮類二 儀禮 一五六
卷二一 經部二一 禮類三 禮記 一六六
卷二二 經部二二 禮類四 三禮總義 一七五
通禮 一七八
雜禮書 一八〇
卷二三 經部二三 禮類存目一 周禮 一八二
儀禮 一八九
卷二四 經部二四 禮類存目二 禮記 一九二
卷二五 經部二五 禮類存目三 三禮總義 二〇〇
四庫全書總目 門目 一
通禮 二〇五
雜禮書 二〇六
卷二六 經部二六 春秋類一 二一〇
卷二七 經部二七 春秋類二 二一七
卷二八 經部二八 春秋類三 二二五
卷二九 經部二九 春秋類四 二三四
卷三〇 經部三〇 春秋類存目一 二四四
卷三一 經部三一 春秋類存目二 二五三
卷三二 經部三二 孝經類 二六四
孝經類存目 二六六
卷三三 經部三三 五經總義類 二六九
卷三四 經部三四 五經總義類存目 二八一
卷三五 經部三五 四書類一 二八九
卷三六 經部三六 四書類二 二九九
卷三七 經部三七 四書類存目 三〇七
卷三八 經部三八 樂類 三二〇
卷三九 經部三九 樂類存目 三三〇
卷四〇 經部四〇 小學類一 訓詁 三三八
卷四一 經部四一 小學類二 字書 三四四
卷四二 經部四二 小學類三 韻書 三五八
卷四三 經部四三 小學類存目一 訓詁 三七〇
字書 三七一
卷四四 經部四四 小學類存目二 韻書 三八二
卷四五 史部一 正史類一 三九七
卷四六 史部二 正史類二 四〇九
正史類存目 四一六
卷四七 史部三 編年類 四一八
卷四八 史部四 編年類存目 四三三
卷四九 史部五 紀事本末類 四三七
紀事本末類存目 四四四
卷五〇 史部六 別史類 四四五
別史類存目 四五五
卷五一 史部七 雜史類 四六〇
卷五二 史部八 雜史類存目一 四六八
卷五三 史部九 雜史類存目二 四七六
卷五四 史部一〇 雜史類存目三 四八五
卷五五 史部一一 詔令奏議類 詔令 四九二
奏議 四九五
卷五六 史部一二 詔令奏議類存目 詔令 五〇三
奏議 五〇四
四庫全書總目 門目 二

图 1-2　中华书局 2003 年版《四库全书总目》目录示例

## 2. 卡尔维诺论经典

西方经典的英文可翻译为 Canon①，通俗而言，“经典的原义是指我们的教育机构所遴选的书”②。意大利当代最有世界影响的作家伊塔洛·卡尔维诺（Italo Calvino，1923—1985）在他的著作《为什么读经典》中，站在西方文化的

① “在汉字系统中，与‘元典’含义近似的另一字汇是‘藏’。‘藏’指经典总汇、多卷本圣典”。“西方学者把‘藏’译成‘正经’（Canon），其实并不十分确切。在西方，‘正经’是《圣经》的专称。西方语汇中，与‘元典’概念类似的是‘经典’（Classics），指古希腊罗马的主要典籍；另一相近概念是‘圣典’（Scripture），指希伯莱圣书（《圣经》之类）。”（冯天瑜：《中华元典精神》，武汉大学出版社 2006 年版，第 4 页。）

② 哈罗德·布鲁姆：《西方正典》，江宁康译，译林出版社 2015 年版，第 13 页。

角度来讲经典(由于他是小说家,他眼中的经典包括巴尔扎克、狄更斯、马克·吐温的小说)。① 卡尔维诺给出了经典的十四个定义②:

一、经典是那些你经常听人家说"我正在重读……"而不是"我正在读……"的书。③

二、经典作品是这样一些书,它们对读过并喜爱它们的人构成一种宝贵的经验;但是对那些保留这个机会,等到享受它们的最佳状态来临时才阅读它们的人,它们也仍然是一种丰富的经验。

三、经典作品是一些产生某种特殊影响的书,它们要么本身以难忘的方式给我们的想象力打下印记④,要么乔装成个人或集体的无意识隐

---

① 卡尔维诺的小说《看不见的城市》是在马可·波罗的经典作品《马可波罗行纪》的基础上再创作,从经典产生出的新作品,也可以说是从经典产生经典。据卡尔维诺介绍《看不见的城市》的创作:"也许我们正在接近城市生活的一个危机时刻,而《看不见的城市》则是从这些不可生活的城市的心中生长出来的一个梦想。今天人们以相同的顽固谈论着自然环境的破坏和巨大的技术体系的脆弱,这种脆弱有可能制造连锁故障,使各个大都市整体瘫痪。过于巨大的城市的危机是自然危机的另一面。'特大城市',也就是正在覆盖全世界的连续的、单一的城市图景,也统治着我的书。""我的马可·波罗心中想的是要发现使人们生活在这些城市中的秘密理由,是能够胜过所有这些危机的理由。这些城市是众多事物的一个整体:记忆的整体,欲望的整体,一种言语的符号的整体;正如所有的经济史书籍所解释的,城市是一些交换的地点,但这些交换并不仅仅是货物的交换,它们还是话语的交换,欲望的交换,记录的交换。"(卡尔维诺:《看不见的城市》,张密译,译林出版社 2012 年版,第 7 页。)

② 卡尔维诺:《为什么读经典》,黄灿然、李桂蜜译,译林出版社 2012 年版,第 1~9 页。

③ 这个定义可结合《论语》介绍。同学们从小学便读诵《论语》,到了大学阶段,这门课还要讲《论语》,不断地"重读"。

④ "本身以难忘的方式给我们的想象力打下印记",这个可举《红楼梦》贾宝玉与林黛玉的故事为例。教材第六章的导引对比了两个爱情故事:一则是"待月西厢下,迎风户半开。拂墙花影动,疑是玉人来。"这出自唐代元稹的《莺莺传》,由此发展出《西厢记》,是张生与崔莺莺的"冒险刺激"式的爱情。另一则是"生者可以死,死可以生",出自《牡丹亭》,是柳梦梅与杜丽娘"惊心动魄"的爱情故事。在此之外,介绍席勒的《阴谋与爱情》,为讲解席勒的《审美教育书简》作铺垫。

藏在深层记忆中。①

四、一部经典作品是一本每次重读都像初读那样带来发现的书。

五、一部经典作品是一本即使我们初读也好像是在重温的书。

六、一部经典作品是一本永不会耗尽它要向读者说的一切东西的书。

七、经典作品是这样一些书，它们带着先前解释的气息走向我们，背后拖着它们经过文化或多种文化(或只是多种语言和风俗)时留下的足迹。

八、一部经典作品是这样一部作品，它不断在它周围制造批评话语的尘云，却也总是把那些微粒抖掉。

九、经典作品是这样一些书，我们越是道听途说，以为我们懂了，当我们实际读它们，我们就越是觉得它们独特、意想不到和新颖。

十、一部经典作品是这样一个名称，它用于形容任何一本表现整个宇宙的书②，一本与古代护身符不相上下的书。

十一、"你的"经典作品是这样一本书，它使你不能对它保持不闻不问，它帮助你在与它的关系中甚至在反对它的过程中确立你自己。③

十二、一部经典作品是一部早于其他经典作品的作品；但是那些先读过其他经典作品的人，一下子就认出它在众多经典作品的系谱中的位置。④

---

① 这个可以举教材第四章《史记》与历史"的三个例子说明：第一，"项庄舞剑，意在沛公"："今者项庄拔剑舞，其意常在沛公也。"(教材，第89页)第二，"人为刀俎，我为鱼肉"："如今人方为刀俎，我为鱼肉，何辞为。"(教材，第89页)第三，楚汉争霸(楚河汉界)：项羽是西楚霸王，代表楚国；与项羽相争的是汉王刘邦，象棋棋盘中间的"楚河汉界"，也是出自这个典故。"项羽恐，乃与汉王约，中分天下，割鸿沟而西者为汉，鸿沟而东者为楚。"(司马迁：《高祖本纪》，《史记》卷八，中华书局1982年版，第377页。)武汉原属楚国，"楚河汉街""楚天台"等现代名称还保留着这些历史文化的记忆。

② 这个可以举《庄子》为例说明，为讲第二章"《庄子》与天性"作铺垫。

③ 这个可以举《审美教育书简》为例说明，为讲第九章"《审美教育书简》与审美"作铺垫。举例其中的名句："只有当人是完全意义上的人，他才游戏；只有当人游戏时，他才完全是人。"(教材，第229页。)

④ 这个可通过罗尔斯的《正义论》说明，从《人文社科经典导引》教材选录的内容来看，《正义论》向前可追溯至柏拉图的《理想国》、孟德斯鸠的《论法的精神》。罗尔斯的《正义论》依赖于古希腊、启蒙时代等积累下来的正义论思想资源。

十三、一部经典作品是这样一部作品，它把现在的噪音调成一种背景轻音，而这种背景轻音对经典作品的存在是不可或缺的。

十四、一部经典作品是这样一部作品，哪怕与它格格不入的现在占统治地位，它也坚持至少成为一种背景噪音。

### 3. 经典的相互借鉴

中西经典各有特色，可以相互借鉴。具体到教材，也就是第一至六章的中学经典与第七至十二章的西学经典。举三个通俗的例子：第一个是中借西，如依据"梁山伯与祝英台"这个中国的经典故事，作曲家何占豪、陈钢创作出用西方乐器演奏的小提琴协奏曲，以及衍生的钢琴曲，成为中国原创性的经典作品。第二个是西借中，如歌德。[①] 第三个是关于爱情的，以《红楼梦》与《阴谋与爱情》为例。先看《红楼梦》第三回"贾雨村夤缘复旧职 林黛玉抛父进京都"，林黛玉与贾宝玉的初见即相恋：

> 一语未了，只听外面一阵脚步响，丫鬟进来笑道："宝玉来了！"黛玉心中正疑惑着："这个宝玉，不知是怎生个惫懒人物，懵懂顽童？——倒不见那蠢物也罢了。"心中想着，忽见丫鬟话未报完，已进来了一位年轻的公子……黛玉一见，便吃一大惊，心下想道："好生奇怪，倒像在那里见过一般，何等眼熟到如此！"……贾母因笑道："外客未见，就脱了衣裳，还不去见你妹妹！"宝玉早已看见多了一个姊妹，便料定是林姑妈之女，忙来作揖。厮见毕归坐，细看形容，与众各别……宝玉看罢，因笑道："这个妹妹我曾见过的。"贾母笑道："可又是胡说，你又何曾见过他？"宝玉笑道："虽然未曾见过他，然我看着面善，心里就算是旧相识，

---

① "中国人在思想、行为和情感方面几乎和我们一样，使我们很快就感到他们是我们的同类人，只是在他们那一切都比我们这里更明朗，更纯洁，也更合乎道德。""正是这种在一切方面保持严格的节制，使得中国维持到几千年之久，而且还会长存下去。"（爱克曼辑录：《歌德谈话录》，朱光潜译，人民文学出版社 1978 年版，第 112 页。）

今日只作远别重逢，亦未为不可。"①

再看席勒《阴谋与爱情》描写的主人公路易斯与费迪南的内心与表白，先看女主人公路易斯的内心与表白：

费迪南是我的意中人，成全两心相悦的圣父为我，为了使我快乐把他创造出来。(站在那里沉思) 当我第一次见到他时——(加快语速) 热血涌上脸颊，脉搏跳得更加欢快。每一次心跳都评说，每一次呼吸都低语：就是他！——而且当我这颗心认出这个众里寻他千百度的人时，它断定：就是他！——这句话在整个共享喜悦的世界发出多大的回响。当时——啊，当时在我的灵魂里晨曦初露，从我心中涌现千般柔情，宛如春来繁花从泥土里冒出。我看不到周围的一切了，可我又觉得世界从来也不是这般美丽。我不记得上帝了，可我又从来没有这样爱他。②

再看男主人公费迪南的内心与表白：

拆散我们！(跳起来) 你怎么有这种预感？路易丝？拆散我们？——谁能把连心的结解开？谁能把和弦的音拆开？……我什么都不怕——什么都不怕——就怕你对我的情意受到了束缚。就让种种障碍像高山一样堵在我们中间，我要把这些都当做石级，攀登上去，向路易丝的怀抱飞奔！就让厄运的风暴加深我们的感情，危险只会使我的路易丝更加动人——所以不要再说害怕了，我的意中人。我自己——我要保卫你，像魔龙守护掩埋在地下的黄金那样。……惟有爱情，才能最后塑造灵魂。③

---

① 曹雪芹：《红楼梦》，人民文学出版社 2008 年版，第 47~50 页。
② 席勒：《阴谋与爱情》，《席勒文集》Ⅱ，章鹏高译，人民文学出版社 2005 年版，人民文学出版社 2008 年版，第 417 页。
③ 席勒：《阴谋与爱情》，《席勒文集》Ⅱ，章鹏高译，人民文学出版社 2005 年版，人民文学出版社 2008 年版，第 421~422 页。

在这种一见钟情式的爱情方面，可谓是中西相通、古今相通。这很容易联想到圆形人的比喻："我们个个都是世人符片，像比目鱼从一个被切成了两片。所以，每一符片总在寻求自己的［另一半］符片。凡由［两性］合体——过去叫阴阳人——切成的男人就爱欲女人，多数有外遇的男人就出自这样一类。反之，凡由［两性］合体切成的女人就爱欲男人，有外遇的女人就出自这样一类。"①因此，在一半找另一半后，就会出现"灵魂里晨曦初露，从我心中涌现千般柔情，宛如春来繁花从泥土里冒出"。当找到后，发现要失去另一半时，就会出现"谁能把连心的结解开？谁能把和弦的音拆开？"费迪南说："惟有爱情，才能最后塑造灵魂。"这句话充满哲理，也可以从柏拉图找到其思想原型："从这儿这些［生生灭灭的］美开始，为了那个［自体自根的］美总是不断上升，有如把这儿这些［生生灭灭的］美用作阶梯，从一个［身体］上到两个［身体］，从两个［身体］上到所有美的身体；从美的身体上到美的生活方式的追求，从美的生活方式的追求上到美的诸学问，从诸学问最终圆满上到那个学问——不外乎就是那个美本身的学问，而且，最终圆满就在于认识何谓美本身。"②这又涉及美的事物与美本身的问题，这是柏拉图美学的主要问题，将在第七讲说明。通过爱情，认识到了美本身，也就是从感性世界飞跃到理性世界，实现了美的升华与圆满，以及与此兼带的灵魂塑造。用席勒的美学观点来看，这也就是统合了感性冲动与理性冲动的游戏冲动。

再回到卡尔维诺的经典观：

> 经典帮助我们理解我们是谁和我们所达到的位置，进而表明意大利经典对我们意大利人是不可或缺的，否则我们就无从比较外国的经典；同样，外国经典也是不可或缺的，否则我们就无从衡量意大利经典。③

---

① 柏拉图著，刘小枫编：《会饮》，《柏拉图四书》，生活·读书·新知三联书店2015年版，第205页。

② 柏拉图著，刘小枫编：《会饮》，《柏拉图四书》，生活·读书·新知三联书店2015年版，第249~250页。

③ 卡尔维诺：《为什么读经典》，黄灿然、李桂蜜译，译林出版社2012年版，第10页。

结合我们的中国经典，转化上述论述：

> 经典帮助我们理解我们是谁和我们所达到的位置，进而表明中国经典对我们中国人是不可或缺的，否则我们就无从比较西方的经典；同样，西方经典也是不可或缺的，否则我们就无从衡量中国经典。

经典既是民族的，也是世界的；既是世界的，也是民族的。在文明经典比较中，我们既要看到我们民族经典的特色与魅力，也要在与其他民族经典的对比中，更好地看清我们自己，衡量我们自己，① 进而将其他优秀的经典资源注入我们文化中，形成新的经典。

## （二）经典的形成与体系

经典的形成与体系是一个很大的题目，结合教材，通过以下两例说明：

一是《论语》，《论语》的形成与"四书"体系见图1-3：

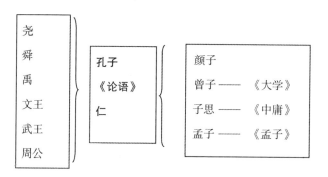

图1-3 《论语》的形成与"四书"体系

阅读经典可以开启我们的文化寻根之旅，旅途从作为我们文化主干的儒家开始。通过这次旅途，我们既能了解经典的内容，进入经典的世界，又能

---

① 有关文明冲突背景下的经典冲突，将在本书第四讲附录二中涉及。

了解经典的作者、经典的传承。顺着经典，我们可以追溯到中国传统文化形成的源头。《论语》是孔子与弟子的言行录，这部经典基于三代文化，文化代表有尧、舜、禹、文王、武王、周公等。孔子将三代文化集大成，形成了以"仁"为宗的儒学；孔子的学问传给颜子等弟子。《论语》奠基之后，儒学又有新的经典形成，如孔子的弟子曾子作《大学》，孔子之孙子思作《中庸》①，孟子及其后学作《孟子》，这三部经典与《论语》合称"四书"。经过宋代大儒朱熹的集注，在元明清时代，成为科举考试的教材，深刻影响了中国传统文化，渗透到传统生活的方方面面。因此，阅读经典，有助于"文化寻根"。

《论语》《大学》《中庸》《孟子》等经典可统称为"原始儒家"的经典，如同长江的源头；又如在长江东进中不断有支流加入，中国文化在流动发展中融合创造，如图 1-4：

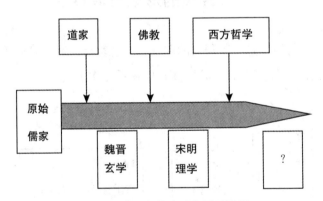

图 1-4 中国文化流动发展示意图

原始儒家融合道家，如教材第二章的《庄子》，形成魏晋玄学；融合佛教，如教材第三章的《坛经》，刺激产生了宋明理学。对于西方文化的经典，我们同样面临着吸收与创造性转化、集成创新的过程，这一过程从明末清初已经开始，今天仍在加速发展中。时代在呼唤实现中西经典会通的大思想家，在

① 这里介绍的都是通行的观点，对于人文学科的本科生，可以深入谈一下《中庸》文本的"今天下车同轨，书同文，行同伦"等问题，从考据学的角度来说明经典形成的年代。但作为通识课，不必引入疑古的观点。

融合西方思想资源的过程中，也必定会产生新的学说形态与新的经典。

第二是《坛经》。融合创造是一个漫长的过程，需要足够的文化积淀以及有创造性的思想家出现，才能实现集成创新，实现外国经典的中国化，进而形成中国的经典。《坛经》对此就有体现：佛教在汉代传入中国，至惠能时，已经过了六百多年。在这六百多年中，佛教不断与中国文化结合，实现了其本土化。在这一过程中，比如禅宗尊奉的经典，从《楞伽经》到《金刚经》再到《坛经》，其尊奉的经典逐渐与中国文化亲和，并与中国本土的道家《庄子》、儒家《孟子》等经典融合，形成中国本土化的经典《坛经》。《坛经》的形成，促进了中国禅宗的兴盛，形成了"五家七宗"的盛大局面，又催生出许多中国禅宗的经典。

经典不是孤立存在的，如同《论语》与《大学》《中庸》《孟子》可以共同组成一个体系，当然，我们可以说这个体系到宋代由朱子实现集成。在先秦，还有《荀子》等儒家经典。由此，引出一个"经典群"（A Cluster of Classic）的概念：

> "经典群"是指在相近时间内集中出现的经典；或者在不同时代出现的主旨相近的经典。这些经典相互映衬，相互发明，共同组成一个"经典群"。①

人文社科经典导引通识课的时间有限，只能从同一个"经典群"挑选一部经典来学习。学有余力的同学，可从一部经典拓展至一个经典群；或者在学习完本门课程之后，在今后的学习工作中，可按照导引的阅读方法，逐渐由

---

① 教材中说到的"经典群"定义是按照关注"人"的维度，分成四编，这四编分别是：甲编"人"的仁性、天性与悟性（《论语》与仁性、《庄子》与天性、《坛经》与悟性），乙编"人"的使命、博雅与爱恨（《史记》与使命、《文心雕龙》与博雅、《红楼梦》与爱恨），丙编"人"的历史、生命与审美（《历史》与历史、《斐多》与生命、《审美教育书简》与审美），丁编"人"的自由、理性与正义（《论法的精神》与自由、《国富论》与理性、《正义论》与正义）。按照新的"经典群"定义，《论语》与《庄子》因时间相近，尚勉强可以归入先秦哲学经典群；《坛经》却不能，一是时代远，二是主旨差异大。

一部经典拓展至整个经典群。

结合教材，举两例。其一，《庄子》(《南华真经》)，属于道家经典群，与之相关的经典有：《老子》(《道德经》)，《列子》(《冲虚经》)，《关尹子》(《文始经》)，以及《管子》《淮南子》《鹖冠子》《黄帝四经》《周易参同契》《太平经》《黄庭经》《阴符经》等。其二，《审美教育书简》，与之相关的经典有德国美学经典群有：鲍姆加登《美学》，康德《判断力批判》，黑格尔《美学》，谢林《艺术哲学》等。

# (三) 如何读经典

## 1. 中小学与大学阅读经典的差别

人文社科经典导引课程主要针对正在经历从中学到大学转变的本科一年级学生。首先介绍中国古人的小学与大学之别，通过朱子的两段文献来引入这个问题：

> 三代之隆，其法寖备，然后王宫、国都以及闾巷，莫不有学。人生八岁，则自王公以下至于庶人之子弟，皆入小学，而教之以洒扫、应对、进退之节，礼、乐、射、御、书、数之文。及其十有五年，则自天子之元子、众子以至公、卿、大夫、元士之適子，与凡民之俊秀，皆入大学，而教之以穷理、正心、修己、治人之道。此又学校之教、大小之节所以分也。①
>
> 古者初年入小学，只是教之以事，如礼乐射御书数及孝弟忠信之事。自十六七入大学，然后教之以理，如致知、格物及所以为忠信孝弟者。②

第一段引文说明了小学与大学的年龄差别：八岁至十五岁是小学阶段；

---

① 朱熹：《大学章句序》，《四书章句集注》，中华书局 2012 年版，第 1 页。
② 朱熹：《小学》，《朱子语类》卷七，中华书局 2020 年版，第 153 页。

十五以后，就是大学阶段。从教学内容来看，小学的教育对应具体的事情，而大学教育内容是穷理、正心等。这可结合《大学》来讲："大学之道，在明明德，在亲民，在止于至善。"《大学》主要有三纲领(明明德、亲民、止于至善)与八条目(格物、致知、诚意、正心、修身、齐家、治国、平天下)。第二段引文是朱子对小学与大学教育区分的进一步升华，也就是小学是学"事"，大学是明"理"。理事关系是朱子理学的重要内容，可以结合朱子理学阐释理事关系的相互作用，结合本课程主旨，主要表明两点：其一，小学教育是大学教育的基础，理的抽象以事的具体为基础；其二，大学教育超越小学教育，由事上升到理，是心智成熟的表现。

中小学时期的阅读学习奠定了学生的文字基础，使他们具有了一定量的知识储备，具备了一定的阅读技能，以及分析与表达能力，这是学习人文社科经典的基础。大学教育是"成人教育"，也就是我们人文社科经典导引的主旨——"学以成人"。未成年人(中小学)与成年人(大学)阅读经典的区别主要有五点：

第一点，阅读目的不同。中小学时代，以知识记诵、题海战术的应试教育为主，学生阅读与学习经典的目的是应试。熟读甚至背诵《论语》《庄子》《史记》等经典，是为了在考试中能够直接或间接引用这些经典。大学时代，倡导独立思考、探索创新，学生阅读、学习经典是为了"成人"教育("学以成人")。这门课程甚至不要求熟读背诵，而是作为博雅教育的重要组成部分，旨在提高学生的人文素养，享受阅读的乐趣。

第二点，阅读关注的内容不同。中小学生阅读经典，需要在老师或家长的指导、引导下进行，老师通常是解释的权威，老师的阐释、评论、参考书等对于经典的阅读理解具有重要作用，有时阐释与评论甚至超过了经典本身。大学时代，如同卡尔维诺指出："我们总要一再推荐读第一手文本，而尽量避免二手书目、评论和其他解释。中学和大学都应加强这样一个理念，即任何一本讨论另一本的书，所说的都永远比不上被讨论的书；然而学校却倾尽全力要让学生相信恰恰相反的事情。这里广泛存在着一种价值逆转，它意味着导言、批评资料和书目像烟幕那样，被用来遮蔽文本在没有中间人的情况下必须说和只能说的东西——而中间人总是宣称他们知道得比文本自身还多。"①教材提供了导读，对于《论语》《庄子》《坛经》还有注释，这些都是初学者进入经典的工具，我们不应该以工具为目的，轻视第一手文本，而应该得鱼忘筌，尽量多读原典，综合比较各种注释，做出自己的判断，真正深入到经典中去，体会琢磨经典的深意。

第三点，阅读形式不同。中小学时代，学生阅读经典，多为被动的学习，主要由考试所驱使。学生很多时候如同一个考试机器，通过阅读输入知识，然后在考试时再输出。在这一过程中，衡量标准是记忆的精确度与复述能力。人在阅读过程中是被动参与的，甚至会产生压迫感。大学阶段阅读经典应是非强制的、主动的、愉悦的。

第四点，阅读深度不同。中小学时代，学生阅读经典时，其阅读深度取决于考试难度。一般而言，主要是字词语句的理解、所选内容的主旨、段落的承转启合等。作为试题的设计者，他们要找出经典中基本成为定论的、争议较少的点，而这些点通常是处于经典的较浅层次；而尽量回避那些个性化的、争议性较大的内容，这些点通常处于经典的较深层次。考试的导向影响甚至决定了学生阅读的深度。在大学阶段，对于同一部经典，由于知识背景、认知能力的差异，同学们关注的细节与理解的层次不同，故而产生出差异，甚至导致激烈的辩论，如对幸福、美的理解，这将在第六讲、第七讲、第八讲讨论，这是人文经典导引课程的重要特点。

第五点，阅读经验不同。中小学生阅读经典，多处于浅层理解以及机械记忆的阶段，随着年龄的增长，这些经典渐渐被淡忘。大学阶段不同，侧重深层理解，悦读经典带来的体验，通过小班讨论、艺术呈现、激烈辩论形成的印象，将会久久难忘。

专业知识的学习固然是大学教育的重心，但是，作为全国重点综合性大学，武汉大学的学生更能表现出综合的人文素养，人文社科经典导引精选的十二部经典涉及诸多人文学科，如哲学(伦理学、美学、政治学)、文学、历

---

① 卡尔维诺：《为什么读经典》，黄灿然、李桂蜜译，译林出版社 2012 年版，第 4~5 页。

史等。我们选取的六部经典涉及的问题有：如何成为一个有道德的人，能审美的人，德美兼备的人；我们将思考自然的天性、生命的觉悟，思辨灵魂的不朽。对这些问题的思考，将会为我们的人生提供重要的指引。

**2. 悦读经典**

再回到卡尔维诺对于经典的论述：

> 无论你愿不愿意，学校都要教你读一些经典作品，在这些作品当中（或通过把它们作为一个基准），你将辨别"你的"经典作品。学校有责任向你提供这些工具，使你可以做出你自己的决定；但是，只有那些你在学校教育之后或之外选择的东西才有价值。只有在非强制的阅读中，你才会碰到将成为"你的"书的书。①

读者通过悦读，与大思想家建立思想的神交，从而把经典的思想转化为"你的"思想，这是文化的传承，也实现了经典的复活。当经典真正成为"你的"书，它就与你"终身相伴"，在人生迷茫时、遇到挫折时，经典会给你强大的支撑力量，帮助你走出迷茫、克服挫折。

阅读中国经典的方法有其特殊性，引入杜维明先生的经验：

> 我们在研读经典的时候，所面对的是凝聚了中华民族精神文明智慧结晶的文本，这就要有一种敬畏感，从而希望使自己提升到经典的水平。……我们阅读经典是一种对话，因为我们阅读的经典是人类智慧的结晶，与之对话是怀着虔敬的心态向长者智慧求教……人只要一出生，其基因里就有非常深厚的文化积淀，有很多是要回忆的，否则只存在于潜意识中。与经典文本的碰撞，就是把你拥有的人类的深刻记忆开发出来。而开发脑力资源，也就有一种深化智慧的作用与意义。人类历史发

---

① 卡尔维诺：《为什么读经典》，黄灿然、李桂蜜译，译林出版社 2012 年版，第 6 页。

展的过程中确有一些智慧发展的高峰，高峰和高峰之间可以对话，而我个人作为凡夫俗子，想要与经典融和，与古人成为同代人，直接进行对话，这如何可能？这一点陆象山很有体会，他说"读《孟子》而自得之"，就是读进去了。这不是熟读成诵，背诵有时候反而忽视了其意义；一点点阅读的话，说不定能有新的启发。①

杜先生的这段文字涉及阅读经典的四个要点：

第一，经典的性质："经典是人类智慧的结晶"②。中国经典是"凝聚了中华民族精神文明智慧结晶的文本"，经典代表了中华文化的底蕴与深度，值得我们投入时间、投入精力来认真阅读。阅读学习经典是传承人类智慧与中国文化精神文明的最直接、最有效的途径。

第二，阅读经典的方式：渐进式阅读。读经典不能囫囵吞枣，一下子读很多，不仅难于消化，反而容易引起滞胀。读一点点，"惟精惟一"，结合前人注疏，琢磨体会，切问近思，将这一点点理会透彻，才能有所"自得"，如同卡尔维诺说的，找到"你的"的经典。"自得"很重要，它一方面说明经典能够充实、润沃我们的心灵，丰富我们的精神世界，真正能有所受用；另一方面，又为我们进一步阅读增加动力，能够再有心得。我们这门课选了六部经典，其实每一部经典都不容易读，每个经典可以讲一学期，甚至更长。因此，在这个学期，如果有学生能够渐进式地阅读一部经典，由教材所选内容拓展至全文，且能有所启发，乃至有所受用，这门课的目的就达到了。

第三，对待经典的态度："敬畏"或"虔敬"，中心是一个"敬"字。在经典面前，我们应保持虔诚的态度，真诚、诚恳、恭敬，如同对待智慧的长者。

---

① 杜维明：《孔子文化奖学术精粹丛书：杜维明卷》，华夏出版社 2015 年版，第 80 页。

② "结晶"这个词可以稍作展开。如同食盐自然结晶，包括两个要点：第一是时间性。结晶是一个缓慢的过程，即使浓度、温度等条件适宜的情况下，晶体的长成仍需要较长时间。第二是竞争性选择。如同盐水中充满泥垢与其他盐类（氯化镁、氯化钙等），食盐在结晶过程中不断纯化，抖掉杂质尘土渣滓，与其他盐类分离，实现内在品质的根本转化。经典也是如此，竞争性选择有时是残酷的，时间也是漫长的，这也是经典实现自我纯化的过程。

据司马迁所述：

> 太史公曰："《诗》有之：'高山仰止，景行行止。'虽不能至，然心向往之。余读孔氏书，想见其为人。"①

从虔敬地景仰孔子延伸，司马迁继承孔子的史学传统(如孔子删定《尚书》《春秋》)，成就了《史记》。

又据刘勰所述：

> 予生七龄，乃梦彩云若锦，则攀而采之。齿在逾立，则尝夜梦执丹漆之礼器，随仲尼而南行；旦而寤，乃怡然而喜。大哉圣人之难见哉，乃小子之垂梦欤！自生人以来，未有如夫子者也。(《文心雕龙·序志》)

刘勰梦到手持朱红漆的礼器跟着孔子走，非常虔敬。如同司马迁继承了孔子的史学传统，刘勰继承了孔子的文学思想，成就了《文心雕龙》这部文学经典。

中国经典是我们祖先留下的智慧结晶，我们的文化倡导尊敬长者，更何况是作为"万世师表"的长者的著作？与此相对的反面典型便是"数典忘祖"者。

第四，阅读经典的方法：对话。阅读经典的过程也是我们和经典对话的过程。对话的深度取决于我们阅读的深度。大体可分为三种：(1)浅层：表现在刚开始阅读阶段，主要是文字的理解和大意，这种对话是浅层次的。如同初识一个人，多看其外表与概貌。(2)中层：阅读一段时间后，局部细节亦变得清晰，逐渐深入到作者的思想世界，并构建起经典的体系性，这是较深层的对话。如同与人久处，熟悉了性格与思想，并建立起牢固的友谊。(3)深层：彻底将经典融会贯通，与经典融为一体，用以丰富我们的精神人文世界，甚至结合时代特点进行经典的创造，实现"为往圣继绝学"。

我们来看两首诗：第一首是理学大家朱熹的诗，说明其如何与经典融为

---

① 司马迁：《孔子世家》，《史记》卷四十七，中华书局1982年版，第1947页。

一体：

## 春　日

胜日寻芳泗水滨，
无边光景一时新。
等闲识得东风面，
万紫千红总是春。①

　　这首诗给人的直观印象是作为游记的写景诗。实则不然，朱子作这首诗时，身在福建，他没有机会去孔子与颜回曾经讲学的洙泗之滨。从隐喻来看，"泗水滨"代指儒学文化，结合我们这门课，就是指阅读儒家经典，进入古人的精神人文世界。在美好的时光阅读儒学经典，如同"胜日寻芳"，这种阅读不是枯燥的，而是通过与往圣前贤的深层对话，进入到了往圣前贤的精神世界，一下子豁然开朗起来。这个敞开的精神世界如同春日，给人以舒适愉悦的体验，"万紫千红总是春"，春色满园，整个生活世界被春所润沃、所激活。事实上，朱子正是在深入阅读学习儒家经典的基础上，融合了北宋五子等新儒学传统，集成创新，构建起"致广大而尽精微"的理学体系。孔子之后，朱子成为中国文化发展的又一个高峰。

　　第二首是王阳明再传弟子万廷言的诗，可以说明经典对精神人文世界的影响：

## 读　易

浪迹浑如看泡影，生涯真似挽弓强。

---

　　① 朱熹：《晦庵先生朱文公文集》卷二，《朱子全书》（修订本）第1册，上海古籍出版社、安徽教育出版社2010年版，第285页。

渐磨闲虑因多病，稍中前期为不忙。

柳带湖烟侵小径，楼含树影入朝阳。

春怀不借春光有，却为春风吹更长。①

这首诗题名《读易》，《周易》是群经之首，万廷言在读"六经"中最难读的经典。但是，他并没有写阅读多么困难。表面上看，这首诗没有一处在写如何读《周易》，而实际上，全诗没有一处不在透视《周易》的精神。

这首诗的前部分刻画了人生如浪迹江湖而无所归，如泡影，时刻都可能一响而破。人生又如"强挽弓"，勉强支撑弓弯时的那一股张力，痛苦地活下去。加之病痛之困、烦虑之扰、俗事公务之忙碌，人生的境遇何等凄凉！枯杨生花，因春而成，在这个苦难的世界中，春无疑成为人的精神追求，表现人对生命的向往。

诗的后半部分将春引入，如同荒漠变为绿洲。春天万物生意盎然，嫩绿如带的垂柳、弯曲幽远的小路、湖上微微泛起的薄薄烟雾，加之春阳之沐浴、春风之微拂，感觉、视觉与心境共融，人与宇宙的生生精神直接交流（这种生生精神便是《周易》的真精神，也就是传说中的伏羲画卦、文王重卦、周公作爻辞、孔子系传这四圣相传的易学真精神）。忧虑、烦恼、困苦、病痛等因春的意境而消逝，代之以宇宙生生春意的笼罩与渗入，春意在时间中得到了延续与持久。

从感官上来看，春代表了一种充满空间、无法琢磨的愉悦，这就是诗中的春意。春光是一种"看入"的视觉愉悦以及"体知"的温暖，沐浴在明媚柔和的春光中，融入温和舒适的感觉中。春风能创造出细腻温馨的精神氛围，常被宋明理学家代指接受道德熏陶时的愉悦。春怀在宇宙生生春意的笼罩与渗入中延续持久。春风、春光是外，春怀是内，从而内外交相渗透。"春怀不借春光有，却为春风吹更长"两句与前文所言的病痛烦恼形成强烈

---

① 万廷言著，张昭炜点校：《读易》，《学易斋集》卷十七，《万廷言集》，中华书局2015年版，第348页。

对比。

以上两首诗都显示出阅读者与经典的深层对话，以及由此带来的人文精神享受，也是"悦读"经典的范例。

### 3. 评判借鉴

本着"古为今用，西为中用"的原则，我们既要吸收中国经典的精华，也要勇于去除其中残留的糟粕。对于西方经典，更要注意批判性借鉴。对于其中的经验，要善于学习，如"修昔底德陷阱"①，可以鉴往知来，仍有现实意义。我们还要注意经典的独占性，"经典是具有宗教起源的词汇，如今已成了为生存而互相争斗的文本之间的选择"②。我们现在开放性地学习西方经典，说明西方经典对我们的影响日趋加深；而我们的经典对西方文化的影响亟待加强。在学习过程中，在关注中西经典会通时，还要注意中西经典的内在冲突、彼此的不相容。在经典阅读中，在精准深入理解的基础上，还要有一定的辨别能力，捍卫我们文化的主体性，注意防范陷入盲目推崇西方文明优越性的误区，要认识到西方经典产生的特定历史背景、视野的限制性、阶级偏见、民族偏见、殖民主义倾向③等。

---

① 希腊历史的两次大战：希波战争(希腊与波斯)打通了黑海通道，使得希腊迅速发展；伯罗奔尼撒战争(雅典崛起与斯巴达对抗)，希腊由盛转衰。两次战争形成了两部经典，即希罗多德的《历史》与修昔底德《伯罗奔尼撒战争史》。教材选择了前者，大概是前者故事性强，引人入胜。后者的优长之处在于事实与理性："我这部历史著作很可能读起来不引人入胜，因为书中缺少虚构的故事。但是如果那些想要了解过去所发生的事件和将来也会发生的类似的事件(因为人性总是人性)的人，认为我的著作还有一点益处的话，那么，我就心满意足了。我的著作不是想迎合群众一时的嗜好，而是想垂诸永远的。"(修昔底德：《伯罗奔尼撒战争史》，谢德风译，商务印书馆 1960 年版，第 20 页。)

② 哈罗德·布鲁姆：《西方正典》，江宁康译，译林出版社 2015 年版，第 17 页。

③ 举例如下："古典学受益于其研究对象长久绵延的崇高地位，也受益于其意识形态力量——它是得意扬扬的帝国主义西方的一种文化优越性标志。古典学者是这样一种世事洞明的成熟之士：他乐于走出去统治帝国，也乐于带上他的学识之果，去开化那些欧洲之外地区的无知之民。"(内维里·莫利：《古典学为什么重要》，曾毅译，北京大学出版社 2020 年版，第 20 页。)这提醒我们要警惕西方古典学的傲慢与偏见，批判带有殖民文化的西方优越性论调。

# 第二讲：《论语》与仁性

这一讲开始学习中国人文经典。我们选择教材第一、二、三章的《论语》《庄子》《坛经》三部中国经典，先简要说明这三部经典的整体性。按照思想主旨分类，三者分别属于儒道佛三教，这是中国传统文化的主体。我们在三教经典中各选一部，从而有利于展现中国传统文化的整体性与多元性。从儒到道、从道到佛，三者如何过渡，这涉及三教的内在关系。当然，可以按照三部经典产生的时代讲下去，也就是按照历史的自然顺序递进，但这样的递进会产生跳跃式的断裂感：孔子之后，应该讲孟子或荀子，但教材是讲庄子；孔庄都在先秦，后面直接跳到唐代的慧能。解决跳跃、断裂的方案是从思想中挖掘三者的内部联系，从而将三部经典形成一个整体。

教材第一章是"《论语》与仁性"，这可承接第一讲的"为什么读经典"。在中国传统的"十三经"体系中，在整个《人文社科经典导引》教材中，唯有《论语》属于"经"，因此，《论语》在整部教材中具有特殊重要的地位，有助于我们从原初的、最符合中国经典观念的经典来学习。从更严格的定义来看，唯有"五经"最符合"经"的古典定义，因此，在讲《论语》时，有必要对古典定义的"经"有初步的直观印象。由此之故，在第二讲开始，叙述"四书"与"五经"的关系，并选择《周易》与《诗经》两例说明。

"《论语》与仁性"主要有以下五部分内容：

一是"四书"与"五经"。

二是孔子对中国三代文化的集成(仁学形成的历史经验)。

三是孔子与《论语》。

四是学以成仁(人)。

五是孔颜之学。

# (一)"四书"与"五经"

### 1.《论语》在儒家经典群的位置

《论语》是儒家"经典群"中的重要经典。按照宋代以来形成的"四书"体系,《论语》是"四书"之一,且在"四书"中成书时间最早,并与孔子直接相关,因此,其重要性不言而喻,但不能因此说《论语》能够涵盖其他经典。即使在"四书"这个"小经典群"中,《论语》较之于其他三者,亦有逊色之处:如《大学》纲目清晰、《中庸》超越深邃、《孟子》体系性强。因此,我们需要从"四书"的整个体系来看《论语》,乃至从整个儒学的"四书""五经"的大体系来看《论语》,从而既有利于凸显《论语》的特色,又有利于注重《论语》与其他经典的关联,从而能更好理解《论语》,整体性把握儒学经典。

关于《论语》的成书,《汉书·艺文志》有明确说明:"《论语》者,孔子应答弟子时人及弟子相与言而接闻于夫子之语也。当时弟子各有所记。夫子既卒,门人相与辑而论纂,故谓之《论语》。"①这句话可凝练为《三字经》的十二个字:

> 《论语》者,二十篇。
>
> 群弟子,记善言。

《论语》是群弟子记录孔子及其重要弟子的语录,虽然编辑者将语录分类成二十篇,各篇有主旨;但是,语录的特点决定了《论语》的松散型结构。二十篇分成上下两编,篇名如下:

---

① 班固:《艺文志》,《汉书》卷三十,中华书局 1962 年版,第 1717 页。可以在此引申讲一下《论语》版本的问题,如"汉兴,有齐、鲁之说"。

上编

学而第一、为政第二、八佾第三、里仁第四、公冶长第五、雍也第六、述而第七、泰伯第八、子罕第九、乡党第十。

下编

先进第十一、颜渊第十二、子路第十三、宪问第十四、卫灵公第十五、季氏第十六、阳货第十七、微子第十八、子张第十九、尧曰第二十。

《论语》成为儒学的核心经典，朱子做了很大贡献。朱子集注《论语》，并完成《大学》《中庸》《孟子》的新经典体系，"四书"成为元明清科举考试的范本。当然，朱子集注"四书"的初心并不是为了编写"考试教材"，而是在经典诠释中表达其理学思想，也就是将理学思想表达在《四书章句集注》中；换言之，是以"四书"经典的权威性增强理学的底蕴。读"四书"，是为明理学；明理学，也就是为了明"四书"。这体现出宋明理学与先秦儒学的学脉（道统）的一致性。"四书"的阅读方法包括两个方面：第一是阅读顺序，先读什么，后读什么；第二是怎样读。

首先来看第一方面：

学问须以《大学》为先，次《论语》，次《孟子》，次《中庸》。《中庸》工夫密，规模大。①

按照这个说法，读"四书"，应首先读《大学》，然后再读《论语》。根据这个建议：我们阅读《论语》之前，应该先读《大学》；阅读《论语》之后，可以看《孟子》，最后再学习《中庸》。为什么采用这个顺序呢？

某要人先读《大学》，以定其规模；次读《论语》，以立其根本；次读《孟子》，以观其发越；次读《中庸》，以求古人之微妙处。《大学》一篇有等级次第，总作一处，易晓，宜先看。《论语》却实，但言语散见，初看

① 朱熹：《朱子语类》卷十四，中华书局 2020 年版，第 305 页。

亦难。《孟子》有感激兴发人心处。《中庸》亦难读，看三书后，方宜读之。①

先读《大学》，因为《大学》可以定规模，也就是通过《大学》可以获得儒学的全貌。《大学》是纲领性著作，包括三纲领、八条目，八条目之间次第等级分明，这有利于学者提纲挈领，步步有据。《论语》的特点是"言语散见，初看亦难"，《论语》总体表现为场景不断切换式的对话，如果直接去读，就会感到全书缺乏系统性，前后不连贯。要克服这个困难，可通过《大学》的纲领条目引导，将不同的言语场景归入纲领条目，就能够既有《大学》的系统性，亦有《论语》的内容充实性、鲜活性。孔子的言行比较平实，要观看儒学的发越处（精微的地方、激昂的地方），可以读《孟子》。孟子的思想比较系统，语言富有感染力。在阅读《大学》《论语》《孟子》之后，可以去看《中庸》，《中庸》的魅力在于思想的深度，道体功夫细腻密实，底蕴深厚。

再看第二方面，怎样读《论语》？

先看《大学》，次《语》《孟》，次《中庸》。果然下工夫，句句字字，涵泳切己，看得透彻，一生受用不尽。只怕人不下工夫，虽多读古人书，无益。②

读《论语》，应是一句一句地读，一个字一个字地读，沉浸其中，结合切身体会，琢磨玩味。通俗来说，读《论语》不能采用泛读式的阅读方法，而要采用精读；不在广度，而在深度。精到每一句、每一字的透彻理解，得之于心，验之于身，行之以事，以至于将圣人的言行思想内化为我们的思想言行。

读书，且从易晓易解处去读。如《大学》《中庸》《语》《孟》四书，道理粲然，人只是不去看。若理会得此四书，何书不可读！何理不可究！何

---

① 朱熹：《朱子语类》卷十四，中华书局 2020 年版，第 305~306 页。
② 朱熹：《朱子语类》卷十四，中华书局 2020 年版，第 306 页。

事不可处！①

最后一段引文三个"何"组成的排比句，说明"四书"是古人读书、明理、处事的基本依据。从理学角度讲，"四书"是朱子构建理学体系的重要依据，读"四书"，可以将儒学的道与理看得清清楚楚。当然，从更广范围来看，"四书"是"六经"的阶梯，这在后面会讲到。

综上，归纳"四书"的学习顺序图如图 2-1 所示：

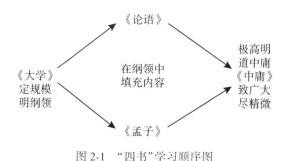

图 2-1 "四书"学习顺序图

（1）入门顺序（由易到难）：《大学》—《论语》《孟子》—《中庸》。这个顺序是朱子说的正常进阶次序。

（2）进阶顺序（由难返易）：《中庸》—《论语》《孟子》—《大学》。在达到最高阶后，还需要返回，朱子并没有讲这个顺序。前一顺序可以说是"即着实而超越"，如同孔子十五志学，即凡而圣；这个顺序相当于"即超越而着实"，如同孔子在乡党，即圣而凡。

（3）高级阶段：相互兼带，一即是四，四即是一，"四书"是一理。前面两个顺序是建立在"四书"有差别的基础上，从而显示各自的特性与学习阶次。这个顺序表明"四书"作为儒学经典的共通性，四者是从不同侧面阐释儒家学说，"四书"是一理。这可以借助朱子的格物说来看："所以谓格得多后自能贯通者，只为是一理。释氏云：'一月普现一切水，一切水月一月摄。'这是那释

---

① 朱熹：《朱子语类》卷十四，中华书局 2020 年版，第 305 页。

氏也窥见得这些道理。"①结合史实，"四书"都是孔子的学说：孔子传曾子，曾子作《大学》；孔子传子思，子思作《中庸》；子思传孟子，孟子及后学编成《孟子》。因此，"四书"之源都在孔子之"一月"，此"一月"普现在"四书"中，"四书"又被这"一月"所涵摄。"释氏云"出自永嘉玄觉的《证道歌》，也就是"月印万川"之意："本只是一太极，而万物各有禀受，又自各全具一太极尔。如月在天，只一而已，及散在江湖，则随处而见，不可谓月已分也。"②从"一月"来看，尽管《大学》《中庸》《孟子》都有孔子的语录，但《论语》最为集中，且最为可信，这相当于强化了《论语》在"四书"中的基础性地位。

按照朱子的阅读方法，我们应该看了《大学》之后，再读《论语》。教材没有选录《大学》的内容，课上也没时间全读(原文见本讲附录)，在此，我们主要看一下《大学》的经一章，这一章是《大学》的纲领，由此可以对《大学》的规模有个总体印象：

> 《大学》之道，在明明德，在亲民，在止于至善。知止而后有定，定而后能静，静而后能安，安而后能虑，虑而后能得。物有本末，事有终始，知所先后，则近道矣。古之欲明明德于天下者，先治其国；欲治其国者，先齐其家；欲齐其家者，先修其身；欲修其身者，先正其心；欲正其心者，先诚其意；欲诚其意者，先致其知；致知在格物。物格而后知至，知至而后意诚，意诚而后心正，心正而后身修，身修而后家齐，家齐而后国治，国治而后天下平。自天子以至于庶人，壹是皆以修身为本。其本乱而末治者否矣。其所厚者薄，而其所薄者厚，未之有也！

《大学》的规模主要是三纲领、八条目。三纲领是明明德、亲民、止于至善。八条目是格物、致知、诚意、正心、修身、齐家、治国、平天下。如图2-2所示：上半部分是显性的，下半部分是隐性的。当然，经过阳明学的改

---

① 朱熹：《朱子语类》卷十八，中华书局 2020 年版，第 488 页。
② 朱熹：《朱子语类》卷九十四，中华书局 2020 年版，第 2938 页。

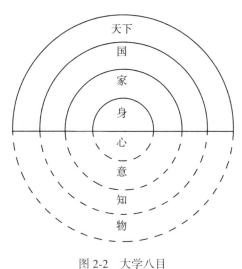

图 2-2　大学八目

（实线有形分大小。虚线无形别精粗。①）

造，每一条目都可以打通，显隐相互表达，每一点都能体现出全体。这里就不多讲了。

以上说明了从"四书"来读《论语》，下面从"五经"的经典群来看《论语》：

> 孔子谓老聃曰："丘治《诗》《书》《礼》《乐》《易》《春秋》六经，自以为久矣，孰知其故矣。"（《庄子·天运》）

我们上一讲提到了"六经"或"五经"，以上引文是借助道家的视角来看孔子之学，说的是孔子自认为最有成就之处在于"六经"。我们通常以《论语》来看孔子的言行思想，而孔子自认为其思想的核心、精力的凝聚在于"六经"。孔子为什么这么重视"六经"呢？

> 孔子所以定"五经"者何？以为孔子居周之末世，王道陵迟，礼乐废

---

① 伍庸伯、严立三著，梁漱溟编著：《儒家修身之门径——〈礼记·大学篇〉伍严两家解说》，商务印书馆 2016 年版，第 38 页。

坏，强凌弱，众暴寡，天子不敢诛，方伯不敢伐。闵道德之不行，故周流应聘，冀行其圣德。自卫反鲁，自知不用，故追定"五经"以行其道。（《白虎通·五经》）

孔子"追定"五经"以行其道"，孔子之道（儒家之道）的精神体现在"五经"中，删定"五经"是孔子的现实关怀、文化使命，当然也是孔子"圣德"的集中体现。因此，在这个意义上，记录孔子语录的《论语》与承载孔子圣德的"五经"相为表里，"五经"与《论语》相通，也可以说是"五经"与"四书"相通。通过《论语》，可以直接进入儒家的"六经"体系的内核，这是儒家的根本教义之所在。反之，通读"六经"，那《论语》等经典自然也就能贯通。关于"四书"与"五经"（或"六经"）的关系，朱子的论述极具代表性：

"四子"，"六经"之阶梯；《近思录》，"四子"之阶梯。①

"四子"指"四书"。这句话有两个"阶梯"：由《近思录》到"四书"，由"四书"到"六经"。好像爬楼，第一个阶梯是爬到楼上，发现楼上还有楼，还要爬第二个阶梯。《近思录》是朱子与吕祖谦选编的宋代理学代表周敦颐、张载、程颢、程颐、邵雍等人的语录，是朱子思想的直接来源。新儒学思想是进入"四书"的阶梯，换言之，宋代新儒学展开的基础是"四书"。同理，包括《论语》的"四书"是进入"六经"的阶梯，换言之，《论语》展开的基础是"六经"，孔子删述"六经"，奠基了中国传统文化。阶梯的含义包括三个方面：

第一，从《论语》到"六经"，是由易到难的学习顺序，也是正常的循序渐进的进阶方法。按照程颐之说："《论语》《孟子》既治，则《六经》可不治而明矣。"②

第二，《论语》不能替代"六经"。虽然《论语》很重要，但仅仅是作为进入"六经"的阶梯，"六经"的权威性依然不可撼动。这提醒我们，在深入了解

---

① 朱熹：《论自注书》，《朱子语类》卷一百五，中华书局 2020 年版，第 3206 页。

② 朱熹：《读论语孟子法》，《四书章句集注》，中华书局 2012 年版，第 45 页。

《论语》之后，可以尝试向"六经"突破。从实际情况来看，"四书"不能替代"六经"，即使是朱子以后，"六经"仍在元明清社会发挥其权威性作用。

第三，从较容易的"四书"入手，便于经典的传播以及影响世俗社会。自从朱子构建出"四书"体系之后，中国经典的版图发生了一个显著的变化，也就是从"六经"体系转向"四书"体系，这个变化也伴随着中国历史社会的"近世化"。

**2.《论语》与《周易》：以《乾》卦为例**

以上是比较抽象的讲"六经"与"四书"，结合《论语》，我举一个与"六经"有关的实例：如《论语》中提到的"弘毅"和"任重道远"。

"弘毅"是我们武汉大学的校训的重要组成部分，出自《论语·泰伯》，与此相应的还有个成语"任重道远"。

> 曾子曰："士不可以不弘毅，任重而道远。仁以为己任，不亦重乎？死而后已，不亦远乎？"（《论语·泰伯》）

我们来看"弘毅"的意思，教材解释为"强毅"，杨伯峻的《论语译注》引章太炎说"弘"就是"强"。何晏集解、邢昺疏的《论语注疏》与朱熹的《四书章句集注》并不是这样解释的。《论语注疏》解释为："弘，大也。毅，强而能断也。言士能弘毅，然后能负重任，致远路也。"①按照这个解释，弘就是大，有远大的志向；毅就是强，有坚强的毅力。如果将"弘"解释为强，后面的"毅"也是强，语义重复。另外，据朱熹的解释："弘，宽广也。毅，强忍也。非弘不能胜其重，非毅无以致其远。"②在继承《论语注疏》的基础上，《四书章句集注》将弘、毅与下文关联。"弘"在"大"的意思上引申为"宽广"，正因为胸怀宽广，所以能担负重大的使命，也就是"任重"。在孔

---

① 何晏集解，邢昺疏：《论语注疏》卷八，《十三经注疏》，上海古籍出版社1997年版，第2487页。

② 朱熹：《四书章句集注》，中华书局2012年版，第104页。

子看来，最大的使命便是仁，所以要"仁以为己任"。《论语注疏》"强而能断"突出了强的力量与果敢，表现为一种强有力的刚性；《四书章句集注》将其解释为"强忍"，不仅有强的刚性，而且有忍的韧性。正如久经锻打、百炼成钢的宝剑，不仅锋利，具有刚性，而且具有柔韧性。只有刚性，当剑遇到强大的阻力，容易折断；但如果有韧性，则既有杀伤力，也能在遇到强大阻力后，暂时屈折，积聚反弹的力量。因此，"非毅无以致其远"，强忍的毅力可以使得一个人走得很远，"死而后已"，直到死的那天才停止，能够成大事。北宋的理学家程颐讲这句话时说："重担子须是硬脊梁汉方担得。"①我相信，同学们在大学毕业以后，能够秉持武汉大学的校训"自强、弘毅、求是、拓新"，做一个有担当的硬脊梁汉，敢于为国家挑重担。孔子说"文王既没，文不在兹乎"（《论语·子罕》），孔子以继承实践文王之学为己任，即使在面临绝境时，仍然表现出高度的自信，这是"弘毅""任重道远"的典范。

在"弘毅"之前，武大的校训"自强"出自《周易》。这里补充一个背景知识，孔子删定"五经"，其中当然包含《周易》。相对于其他四经，孔子更重视《周易》：

> 子曰："加我数年，五十以学《易》，可以无大过矣。"（《论语·述而》）

司马迁称"孔子晚而喜《易》"，"读《易》，韦编三绝。曰：'假我数年，若是，我于《易》则彬彬矣'"。②孔子晚年尤其好《易》，这或许是孔子倾慕于《周易》的体系性、严整性，以及由此可作为修身"无大过"的重要理论依据。按照朱子的解释："此章之言，《史记》作'假我数年，若是，我于《易》则彬彬矣'。加正作假，而无五十字。盖是时，孔子年已几七十矣，五十字误无疑也。学

---

① 程颢、程颐：《河南程氏遗书》卷三，《二程集》，中华书局 2004 年版，第 61 页。

② 马迁：《孔子世家》，《史记》卷四十七，中华书局 1982 年版，第 1937 页。

《易》,则明乎吉凶消长之理,进退存亡之道,故可以无大过。盖圣人深见《易》道之无穷,而言此以教人,使知其不可不学,而又不可以易而学也。"①在朱子看来,司马迁的记述更符合孔子的实际情况,也就是强化了《周易》作为孔子晚年精神旨归。当然,也有观点认为"学《易》"之《易》当作"亦",连下读,便是"五十以学,亦可以无大过矣",这样的解读便显得平淡无奇:孔子十有五志于学,五十亦学,显得啰嗦拖沓。按照朱子的看法,孔子晚年"亦不求仕,乃叙《书传》《礼记》。删《诗》正《乐》,序《易》《彖》《系》《象》《说卦》《文言》。(有假我数年之语。)"②综合来看,无论是记述,还是用功的方向,《周易》当是孔子晚年极为重视的经典,从中学习"吉凶消长之理,进退存亡之道"当是事实,这些道理当然也体现在作为《周易》经文之首的《乾》卦:

乾,元亨利贞。

《象》曰:天行健,君子以自强不息。

初九,潜龙勿用。

《象》曰:潜龙勿用,阳在下也。

九二。见龙在田,利见大人。

《象》曰:见龙在田,德施普也。

九三。君子终日乾乾,夕惕若厉,无咎。

《象》曰:终日乾乾,反复道也。

九四。或跃在渊,无咎。

《象》曰:或跃在渊,进无咎也。

九五。飞龙在天,利见大人。

《象》曰:飞龙在天,大人造也。

上九。亢龙有悔。

---

① 朱熹:《四书章句集注》,中华书局 2012 年版,第 97 页。
② 朱熹:《四书章句集注》,中华书局 2012 年版,第 43 页。

《象》曰：亢龙有悔，盈不可久也。

用九。见群龙无首，吉。

《象》曰：用九，天德不可为首也。

从直观来看，《周易》的经文极具体系性，是一套精密的哲学体系，这与《论语》散漫式的对话语录风格迥异。"自强不息"是《乾》卦的总象，分解到各爻之象，在初九时要自强不息，如同庄子讲的鲲之息养，潜藏积攒；在九二时要自强不息，有机会来了，就要敢于抓住，如同鲲鹏之待海运，怒而飞；九三时要自强不息，终日乾乾，如同八大山人讲的"时惕乾称"。

**3.《论语》与《诗经》：以《淇奥》为例**

据《论语·学而》：

子贡曰："贫而无谄，富而无骄，何如？"

子曰："可也。未若贫而乐，富而好礼者也。"

子贡曰："《诗》云：'如切如磋，如琢如磨。'其斯之谓与？"

子曰："赐也，始可与言《诗》已矣！告诸往而知来者。"

其引用的《淇奥》原文如下：

瞻彼淇奥，绿竹猗猗。

有匪君子，如切如磋，如琢如磨。

瑟兮僩兮，赫兮咺兮。有匪君子，终不可谖兮。

瞻彼淇奥，绿竹青青。

有匪君子，充耳琇莹，会弁如星。

瑟兮僩兮，赫兮咺兮。有匪君子，终不可谖兮。

瞻彼淇奥，绿竹如箦。

有匪君子，如金如锡，如圭如璧。

宽兮绰兮，猗重较兮。善戏谑兮，不为虐兮。


疏解如表 2-1 所示：


表 2-1 　　　　　　　　　　　《淇奥》疏解

| 序号 | 起点 | 功夫 | 境界一 | 境界二 | 备注 | 绿竹 |
|---|---|---|---|---|---|---|
| 1 | 常人<br>（凡人）<br>自然状态 | 切（骨）<br>磋（象）<br>琢（玉）<br>磨（石） | 瑟（严密）<br>僴（武毅）<br>赫（宣著）<br>咺（盛大） | 斐然君子<br>终不可谖 | 治之有序<br>益致其精 | 猗猗<br>春生 |
| 2 | 切磋琢磨后 | 穿缀<br>搭配 | 充耳琇莹<br>会弁如星 | 有匪君子<br>终不可谖 | 即凡而圣 | 青青<br>茂盛 |
| 3 | 金矿<br>锡矿<br>有珉白圭<br>璞玉 | 冶炼<br>镃<br>打磨<br>雕琢 | 如金<br>如锡<br>如圭<br>如璧 | 善戏谑<br>不为虐 | 即圣而凡 | 如箦<br>积聚 |
| — | — | 圣<br>纯粹精 | 凡<br>返回入世 | 即高明而道<br>中庸 | — |


# （二）孔子对中国三代文化的集成（仁学形成的历史经验）

在轴心文明之前，中国已经有深厚的文化积淀，孔子奠基儒家文化，推崇尧舜与文武。在《论语》的最后一篇，即《论语》第二十篇《尧曰》有集中的呈现，或许是《论语》编纂者在其中寄托了孔子之学的学统，也是儒家构建的道统雏形。这一篇的核心内容可概括为《中庸》第三十章的一句话，即"仲尼祖述尧舜，宪章文武"。按照朱熹的注释："祖述者，远宗其道。宪章者，近取其法。"①按照年代的顺序，尧舜的时代大约在公元前4000年，也就是夏代之前，目前，考古学界正在做的一个重要课题便是确定夏代的开始时间，由于缺乏相关的文字，这个时代确定比较困难，但也取得了一些成果，比如有考古专家将公元前3800年到前3500年河南洛阳的二里头文明作为夏代文明，但是，也缺乏足够的证据。尧舜生活的年代比二里头文明还要久远，不仅在现代很难确定，甚至在孔子那个时代就已经变得模糊不清了，所以只能用"祖述"来表明孔子追寻一个遥远的文明传统。周代以后，文化的传承逐渐清晰，文化典章制度都还在，所以说"宪章"，也就是"近取其法"。

下面，我们以此为指引，以《论语》中的部分章节为主，结合《尚书》《史记》《孟子》等经典，来简单梳理一下孔子的文化传承，以此呈现《论语》的文化背景、仁学思想形成的历史经验。

我们来看第一位圣王——尧。按照孔子之言：

> 子曰："大哉尧之为君也！巍巍乎！唯天为大，唯尧则之。荡荡乎！民无能名焉。巍巍乎！其有成功也；焕乎，其有文章！"（《论语·泰伯》）

尧的人文精神有两个方面值得重视：第一是天，"唯天为大"，只有天能那么高大。"巍巍"是高大貌；"则"就是准则、取法，"唯尧则之"，尧以高大的天为准则，就是效法天；"荡荡乎"，"广远之称也"②，表示非常广大，除了天，人民没有别的什么能够称赞尧的了，就是说尧能够配天。第二是文章，这就是礼乐制度的彰显，这是中国文明出现的一个重要标志。

《尚书·尧典》与《论语·泰伯》言尧可以相互发明：

> 曰若稽古，帝尧曰放勋，钦明文思安安，允恭克让，光被四表，格于上下。克明俊德，以亲九族。九族既睦，平章百姓。百姓昭明，协和万邦。黎民于变时雍。（《尚书·尧典》）

---

① 朱熹：《中庸章句》，《四书章句集注》，中华书局2012年版，第38页。
② 朱熹：《四书章句集注》，中华书局2012年版，第107页。

这段话的大意是说尧能够继承古道，并付诸实践，能够以钦、明、文、思治理天下。这里面要注意"文"，尧的政治视野不仅是他的国民，还有天地，《尚书正义》解释为"经纬天地谓之文"，这也可以呼应《论语》中的"唯天为大，唯尧则之"，以此成文，可以呼应《论语》的"焕乎，其有文章"。《尚书·尧典》还特别强调尧的"德"，尧的伟大之处在亲睦九族、平章百姓、协和万邦，也就是实现《大学》的齐家、治国、平天下，其中的内在根源是"克明俊德"，在《大学》中诠释为"明明德"。德是儒学的基本概念，而且是能够实现的，这正是《论语》之德的源头。

我们来看第二位圣王——舜。尧将帝位禅让给了舜，按照孔子之言：

> 子曰："无为而治者，其舜也与？夫何为哉，恭己正南面而已矣。"（《论语·卫灵公》）

这是讲舜的治国之道，表现为"无为而治"。"无为"不是指什么也不做，而是说政治清明，百官各司其职，每个人都能很好的发挥作用，舜不必事必躬亲。按照朱熹的注释："无为而治者，圣人德盛而民化，不待其有所作为也。"[1]承接尧之德，舜亦表现为至德，人民已经被完全感化，以至于根本就不需要舜亲自治理，这说明德行典范的重要性。舜"恭己正南面而已矣"，恭恭敬敬、端端正正，面南莅朝，也就是位居天子之位。"恭"可以解读为孔子所讲的"行笃敬"（《论语·卫灵公》）。"无为"传统的另一发展路径便是道家的"道常无为而无不为"（《道德经》第三十七章），但是这里要注意：儒家的"无为"是不需要亲为，民便能感化；之所以感化，是因为尧的"德盛"。而道家的"无为"不需依赖德。还要补充说明一下，与舜的"无为"相应，还有臣的"有为"："舜有臣五人而天下治。"（《论语·泰伯》）换言之，五臣的有为使得舜能够无为，从而"君君臣臣"，君恭己南面，臣兢兢业业。

> 孔子曰："大哉尧之为君！惟天为大，惟尧则之，荡荡乎民无能名

---

[1] 朱熹：《四书章句集注》，中华书局 2012 年版，第 163 页。

焉！君哉舜也！巍巍乎有天下而不与焉！"(《孟子·滕文公上》)

《孟子》的这段话是讲尧舜传承的一致性，舜亦是巍巍的高大貌，"有天下而不与"也就是"无为而治"。舜对儒学伦理的重大贡献便是"孝"，重在家庭伦理的建设，是"万世大孝"的典范：

> 瞽子，父顽，母嚚，象傲；克谐以孝，烝烝乂，不格奸。(《尚书·尧典》)

舜出生在一个伦理极度混乱的家庭，"父顽，母嚚，象傲"，家有三恶：父亲顽劣；母亲嚚张(这里的母不是舜的亲生母亲，是继母)；弟弟傲慢(这个弟弟也不是亲弟弟，是继弟)。"瞽"有两种意思，一是实指，目盲；二是代指，不辨是非善恶。司马迁认为是第一种意思："舜父瞽叟盲"[1]。《尚书正义》认为是第二种意思："无目曰瞽。舜父有目，不能分别好恶，故时人谓之瞽。配字曰叟。叟，无目之称。"[2]"《论语》云：'未见颜色而言谓之瞽'，则言瞽者，非谓无目。《史记》又说瞽叟使舜上廪，从下纵火焚廪；使舜穿井，下土实井。若其身自能然，不得谓之无目。明以不识善恶，故称瞽叟。"[3]结合瞽叟的行为以及要表达的内容，第二种更为合适。

如果仅仅是续弦引起的家庭不和谐，可以通过躲避的方式得以缓解；但是，舜的父亲与继母想将舜置之死地而后快：

> 舜父瞽叟盲，而舜母死，瞽叟更娶妻而生象，象傲。瞽叟爱后妻子，常欲杀舜，舜避逃；及有小过，则受罪。顺事父及后母与弟，日以笃谨，

---

[1] 司马迁：《五帝本纪》，《史记》卷一，中华书局 1982 年版，第 32 页。

[2] 孔安国传，孔颖达正义：《尚书正义》，上海古籍出版社 2007 年版，第 58 页。

[3] 孔安国传，孔颖达正义：《尚书正义》，上海古籍出版社 2007 年版，第 61 页。引《论语·季氏》："孔子曰：'侍于君子有三愆：言未及之而言谓之躁，言及之而不言谓之隐，未见颜色而言谓之瞽。'"朱熹注释："瞽，无目，不能察色观颜。"(朱熹：《四书章句集注》，中华书局 2012 年版，第 137 页。)

匡有解……瞽叟尚复欲杀之，使舜上涂廪，瞽叟从下纵火焚廪。舜乃以两笠自扦而下，去，得不死。后瞽叟又使舜穿井，舜穿井为匿空旁出。舜既入深，瞽叟与象共下土实井，舜从匿空出，去。瞽叟、象喜，以舜为已死。①

瞽叟让舜去修补粮仓，待舜上粮仓后，他在粮仓下放火；瞽叟让舜去挖井，待舜下井后，然后用土埋井。俗话说，"虎毒不食子"，面对比禽兽还凶狠的父母兄弟，舜没有嫉恨，反而是通过大孝的伦理行为，感化家人，使得家人安定和谐，从而树立起家庭伦理建设的典范。

"克谐以孝，烝烝义，不格奸。"（《尚书·尧典》）"克"是能的意思，"谐"就是我们现代说的和谐社会，能够达到家庭的和谐，实现手段是"以孝"，通过孝来实现家庭的和谐。"义"是治理安定之义。"烝，进也。言能以至孝和谐顽嚚昏傲，使进进以善自治，不至于奸恶。"②这句话还可以这样断句："克谐，以孝烝烝，义不格奸。"这是依据王引之的解释："谓之烝烝者，即孝德之美厚也。"③这句话可以翻译为："家庭和谐，孝德美厚，家庭治理，不至于恶。"

> 舜尽事亲之道而瞽瞍底豫，瞽瞍底豫而天下化，瞽瞍底豫而天下之为父子者定，此之谓大孝。（《孟子·离娄上》）

"底豫"，据朱熹注："底，致也。豫，悦乐也。"④简单来说，也就是孝能够做到让父亲高兴。舜的起点是伦理混乱的家庭，父不父，母不母，父母都没有做父母的样子，但是，通过舜的大孝，实现了"父父子子"，家庭和谐。孟子进一步引申，通过齐家，达到家庭的和谐，便能推广到治国平天下，使

① 司马迁：《五帝本纪》，《史记》卷一，中华书局1982年版，第32~34页。
② 孔安国传，孔颖达正义：《尚书正义》，上海古籍出版社2007年版，第58页。
③ 李民、王健：《尚书译注》，上海古籍出版社2016年版，第10页。
④ 朱熹：《四书章句集注》，中华书局2012年版，第293页。

得"天下化"。由此来看，孝不仅是一个单纯的孝顺父母的个体行为或者家庭伦理问题，它关系到儒家治国与平天下的政治实践。因此，《论语》重孝，有助于我们理解"君子务本，本立而道生。孝弟也者，其为仁之本与！"（《论语·学而》），教材选的第一句话便是这句，直接将我们引入仁之本。汉代尊奉《孝经》，《孝经》的地位要高于《论语》，也反映出孝的重要性。

我们来看第三位圣王——禹。按照孔子之言：

> 子曰："巍巍乎！舜禹之有天下也，而不与焉。"（《论语·泰伯》）

禹继承了尧舜的"巍巍"之意，以此合天德。"舜禹之有天下也，而不与焉。"按照朱熹的注释："与，去声。犹言不相关，言其不以位为乐也。"[1]有没有天下，有没有居帝位，禹不在乎。不以得位为喜，不以去位为忧，类似于舜的无为，可以从"恭己正南面而已矣"来理解。孟子亦是以此称舜："君哉舜也！巍巍乎有天下而不与焉！"（《孟子·滕文公上》）尧则天，以天为效法对象；舜重视家庭的伦理建设；禹的特点在于个人的德行，我们应该都知道大禹治水的故事，洪水泛滥，大禹集中精力去治水："当是时也，禹八年于外，三过其门而不入。"（《孟子·滕文公上》）

> 子曰："禹，吾无间然矣。菲饮食，而致孝乎鬼神；恶衣服，而致美乎黻冕；卑宫室，而尽力乎沟洫。禹，吾无间然矣。"（《论语·泰伯》）

与正面直接赞美尧舜不同，孔子间接赞美大禹的克己躬行，反复说"吾无间然矣"。据朱熹集注："间，去声。""间，罅隙也。谓指其罅隙而非议之也。"[2]也就是无可非议，非常好，挑不出瑕疵。孔子列举了大禹的三个方面：第一个就是"菲饮食，而致孝乎鬼神"，据集注："菲，薄也。致孝鬼神，谓享祀丰

---

① 朱熹：《四书章句集注》，中华书局 2012 年版，第 293 页。
② 朱熹：《四书章句集注》，中华书局 2012 年版，第 108 页。

洁。"①对自己很刻薄，但是对鬼神的祭祀既丰盛又高洁。第二个是"恶衣服，而致美乎黻冕"，黻冕是祭祀用的衣服，对于平常的穿着很是简单，但是对于祭祀的礼服追求完美。第三，"卑宫室，而尽力乎沟洫"，"沟洫"就是田间的水道，大禹对于自己的居所看得很低，而将全部精力投入到修治水道。这种克己躬行、兢兢业业、以天下为公的精神在今天仍有典型，比如艰苦朴素、勇于奉献的河南省兰考县委书记焦裕禄。儒学是重视践行的伦理学，行胜于言，禹树立了儒学躬行的典范。

以上我们大概了解了这三位圣王，这就是孔子称道的儒家人格典范。尧舜禹三圣有个共同点："巍巍"，圣的标准非常崇高。古人认为天最高大、最神圣，三圣均以天为效法的对象。儒家倡导学以成仁、学作圣，也就是要向尧舜禹学习，学习他们天下为公的高尚追求，学习他们大孝的伦理践行，学习他们克己躬行的道德情操。

> 子曰："若圣与仁，则吾岂敢？抑为之不厌，诲人不倦，则可谓云尔已矣。"公西华曰："正唯弟子不能学也。"（《论语·述而》）

或许有人以圣自称孔，孔子自谦不敢以圣自称。较之于尧舜禹，孔子有德无位，这亦是不敢自比于尧舜禹，在德行方面，三圣树立了非常高的标准：尧之于天道、舜之于人伦、禹之于克己。孔子不敢与之比肩，亦有实情，但这并不妨碍我们效法圣人的决心，正如"圣希天、贤希圣、士希贤"②，我们可以说圣法天，贤法圣，如果说孔子法圣，那应当是确凿无误的。在法圣时，孔子亦直接法天，在这一点上，其心与三圣等同，因此可以称孔子为圣人。

在尧舜禹之后，天有两种发展方向，第一是神秘化的，这为殷商继承并发扬；第二是人文化的，以德配天、敬天保民，是周代文化的特征。我们学的是人文经典导引，也正是在这个意义上讲的，孔子继承了周代文化的天，

---

① 朱熹：《四书章句集注》，中华书局 2012 年版，第 108 页。
② 周敦颐：《志学第十》，《通书》，《元公周濂溪先生集》，岳麓书社 2006 年版，第 59 页。

重视德。"子不语怪，力，乱，神。"（《论语·述而》）"樊迟问知。子曰：'务民之义，敬鬼神而远之，可谓知矣。'"（《论语·雍也》）

三圣之后，是夏商，商汤亦是贤君，我们从他的祈雨文来看其思想特色：

> 曰："予小子履，敢用玄牡，敢昭告于皇皇后帝：有罪不敢赦。帝臣不蔽，简在帝心。朕躬有罪，无以万方；万方有罪，罪在朕躬。"（《论语·尧曰》）

"敢昭告于皇皇后帝"，昭即明，也就是说明尊崇天帝，将天视作人格神。对于有罪者，不敢擅自赦免；对于贤臣，不敢遮蔽——一切都是由天帝主宰。"朕躬有罪""罪在朕躬"，表现出汤敢于担当、勇于自责的精神，这是很难得的。

> 由汤至于武丁，贤圣之君六七作。天下归殷久矣，久则难变也。武丁朝诸侯有天下，犹运之掌也。纣之去武丁未久也，其故家遗俗，流风善政，犹有存者，又有微子、微仲、王子比干、箕子、胶鬲皆贤人也，相与辅相之，故久而后失之也。（《孟子·公孙丑上》）

商代不乏贤君明主，但是，到了殷商后期，商纣王出现了，他破坏了这一规则。"其故家遗俗，流风善政，犹有存者"，国家还大体能够维持，主要是贤臣的辅佐。前文讲到"舜有臣五人而天下治"，纣王时的贤臣也不少，孟子列举了五人："微子、微仲、王子比干、箕子、胶鬲"。这五位大臣皆贤人也，相与辅佐，维持着商代的政体。但是，商纣王容不下这些贤臣：

> 微子去之，箕子为之奴，比干谏而死。孔子曰："殷有三仁焉。"（《论语·微子》）

微子是纣王的庶兄，他见纣王无道，便离开了；箕子是纣王的叔父，数次上谏不听,佯狂装疯,被纣王囚为奴;比干也是纣王的叔父,因为上谏被杀,《封神榜》里面还有"比干剖心"的故事。孔子认为微子、箕子、比干是仁人,因为他们在昏君乱世中,仍然坚守正义,不忘使命。随着殷代三仁的离去,商朝也即将走到终点。

随着商代的衰落,周代崛起,与纣王的昏庸无道相比,周代特别重视德:

> 周监于二代,郁郁乎文哉,吾从周。(《论语·八佾》)

"郁郁"是文盛之貌,文化繁荣。相对于夏商两代,周代文化大繁荣,主体是礼乐文化。孔子"从周",表明孔子继承的正是以礼乐为特色的周代文化。《礼记》中也说仲尼"祖述尧舜,宪章文武","宪章文武"就是取法周文王与周武王。我们讲《论语》,从文化史来看,就是孔子对于周代文化的继承与新诠释。

> 周之德,其可谓至德也已矣。(《论语·泰伯》)

"至"相当于最高等级,周代的德,可以说是最高的、最好的德。由此可以看出,孔子对于周代德行的推崇。

> 周有大赉,善人是富。(《论语·尧曰》)

"赉"就是赐予,周代得到了天命的大赐,因此,德行美善的人特别多。既有德行之至,又有善人之富,周代文化繁盛,为孔子所向往。

在周代文化的形成与奠基,三人最为重要,分别是周文王、周武王、周公。在纣王昏庸无道时,周文王姬昌施行仁政,并预示了周代文化的崛起。这引起了纣王的警惕,因此,他派人将文王囚禁在羑里。在牢狱中,文王演《周易》,为周人崛起在哲学文化层次奠基。文王是周代文化的奠基者,他承前启后:

子曰：无忧者其惟文王乎！以王季为父，以武王为子，父作之，子述之。武王缵大王、王季、文王之绪，壹戎衣而有天下，身不失天下之显名，尊为天子，富有四海之内，宗庙飨之，子孙保之。（《中庸》第十八章）

伴随着殷商的衰落，周人崛起。从文王的祖父开始，便有歼灭铲除殷商之志。"大，音泰"。"缵，继也。大王，王季之父。"《诗》云：'至于大王，实始翦商。'"①这种志向在大王、王季、文王三代逐步成熟放大，文王的文化奠基为其子周武王姬发讨伐商纣王积攒了足够的资源。周武王重用姜太公（姜子牙）、周公旦等，"壹戎衣而有天下"，通过身披战甲，伐纣成功，获得了天下，建立周朝。

文王以"文"为名称，这个文可以对接"郁郁乎文哉"中的"文"。这是从文化的呈现，也就是现象上来讲；从文化的底蕴，也就是从本质来看，文还有更深层的含义：

《诗》云："维天之命，於穆不已！"盖曰天之所以为天也。
"於乎不显！文王之德之纯！"盖曰文王之所以为文也，纯亦不已。（《中庸》第二十六章）

"文王"之"文"与"天命"之"天"具有相同的结构，"文"代表了一种超越的力量，在幽深中生生不息，表现出来便是礼乐文明。对于德行而言，这一本体是纯粹的德行，也可以说是至善，如同纯金，没有一点杂质，只有这样，才能称得上是"文"。"文"还有更深层的指向，便是"於穆不已"，在幽暗中生成，且生生不息。武王继承文王之志，并发扬光大：

武王末受命，周公成文武之德，追王大王、王季，上祀先公以天子之礼。斯礼也，达乎诸侯大夫，及士、庶人。父为大夫，子为士，葬

---

① 朱熹：《四书章句集注》，中华书局2012年版，第26页。

以大夫，祭以士。父为士，子为大夫，葬以士，祭以大夫。期之丧达乎大夫，三年之丧达乎天子，父母之丧无贵贱一也。"(《中庸》第十八章)

这段引文中有个关键词，那就是"礼"，这里面涉及天子、诸侯大夫、士人、庶民的祭礼与丧礼，也就是制定并实施一套礼仪规范。从文王到武王，我们可以看到，在文化底蕴、文化内核，以及文化的具体化、制度化等方面，周代文化都已经成熟；而流弊四起的殷商文化，纣王荒淫无度，残暴苛政，可以说"文"的对立面。从《论语》的"仁"来看，崛起的周代文化表现为仁，文王、武王好仁，他们的军队是仁义之师；而衰落的殷商文王表现为不仁。因此，当武王克商时，在哲学文化层次上，是"仁"与"不仁"的对决：

国君好仁，天下无敌焉。……武王之伐殷也，革车三百两，虎贲三千人。王曰："无畏！宁尔也，非敌百姓也。"若崩厥角稽首。征之为言正也，各欲正己也，焉用战？"(《孟子·尽心下》)

从孟子的记述来看，武王好仁，深得民心，天下无敌；纣王不仁，为民所厌，兵败身亡。据《尚书·牧誓序》："武王戎车三百两，虎贲三百人。"虎贲(勇士)三千人，从数量来看，武王的军队规模并不大。但是，作为仁义之师，是为了安宁商朝的百姓(宁尔也)，不是为了和百姓敌对。因此，深得殷商百姓之心："商人稽首至地，如角之崩也。"①从利簋铭文来看：

武王征商，唯甲子朝，岁鼎，克昏凤有商，辛未，王在阑师，赐有

---

① 朱熹：《四书章句集注》，中华书局2012年版，第373页。《尚书·泰誓中》："百姓懔懔，若崩厥角。"孔传："言民畏纣之虐，危惧不安，若崩摧其角，无所容头。"孔颖达疏："懔懔，是怖惧之意。言民畏纣之虐，危惧不安，其志懔懔然。以畜兽为喻，民之怖惧，若似畜兽崩摧其头角然，无所容头。"(孔安国传，孔颖达正义：《尚书正义》，上海古籍出版社2007年版，第413页。)

事利金，用作檀公宝尊彝。①

武王克商，一夜之间就将商灭亡，在岁星当空的甲子日早晨，占领了朝歌。按照《论语》的"仁"的观点来看，武王伐纣，便是仁与不仁的一次对决，最终以"仁"大获全胜。这次实际的历史经验，正是孔孟宣扬仁政的政治学依据，孔子讲仁，不是凭空抽象出来，而是从历史中得来，孔子从周，便是向往周文王、周武王推行的仁政。

在武王伐纣时，诸侯大会，做誓师词——《泰誓》，在这篇誓词中，武王突出了"仁"，并追述他的父亲文王：

> 虽有周亲，不如仁人。
> 百姓有过，在予一人。
> 惟我文考若日月之照临，光于四方，显于西土。（《尚书·泰誓》）

"虽有周亲，不如仁人。""百姓有过，在予一人。"这两句收录在《论语·尧曰》中。按照朱熹的集注："孔氏曰：'周，至也。言纣至亲虽多，不如周家之多仁人。'"②通俗来说，商纣王亲戚多，人多势众；周人的人数少，但是仁人多，周人都是有正义、有担当的人。虽然在数量上周人寡不敌众，但周人在道义上占据优势，以仁克不仁，这是武王的誓词，也是武王伐纣成功的根

---

① 周武王征伐商纣王。一夜之间就将商灭亡，在岁星当空的甲子日早晨，占领了朝歌。在第八天后的辛未日，武王在阑师论功行赏，赐给右史利许多铜、锡等金属，右史利用其为祖先檀公作此祭器，以纪念先祖檀公。（张政琅：《利簋释文》，《考古》1978 年第 1 期。）

② 朱熹：《四书章句集注》，中华书局 2012 年版，第 195 页。然而据《尚书正义》，"多仁人"为"少仁人"。（孔安国传，孔颖达正义：《尚书正义》，上海古籍出版社 2007 年版，第 411 页。）据《论语·尧曰》："'虽有周亲，不如仁人。''百姓有过，在予一人。'谨权量，审法度，修废官，四方之政行焉。兴灭国，继绝世，举逸民，天下之民归心焉。所重：民、食、丧、祭。宽则得众，信则民任焉，敏则有功，公则说。"周亲即是至亲，指血缘关系而言；仁人，也就是像殷代三仁比干、微子那样的人。纣王诛杀驱逐仁人，而武王敬重、崇尚仁人，其敬重、崇尚的程度超过了至亲之人。

本原因，也充分体现了周代尚德的传统。"百姓有过，在予一人。"据注释："己能无恶于民。民之有过，在我教不至。"①过不在民，而在我，这表明武王的敢于担当。

"惟我文考，若日月之照临，光于四方，显于西土。"据注释："称父以感众也。言其明德充塞四方，明著岐周。"②考就是老的意思，《释名》："父死曰考。"文考就是指文王，文王之德明如日月。这是讲文王的德行，如《大学》三纲领的"明明德"，充塞四方，推至国家天下，能够治国、平天下。武王在誓师时追述文王之德，以明确他们是仁义之师；同时，也表明武王在继承发扬文王未竟的事业。

> 且以文王之德，百年而后崩，犹未洽于天下，武王、周公继之，然后大行。（《孟子·公孙丑上》）

孟子的这段话是直接讲武王继承文王之德，据注释："文王九十七而崩，言百年，举成数也。文王三分天下，才有其二；武王克商，乃有天下。周公相成王，制礼作乐，教化大行。"③武王通过克商，获得了当时中国的全部疆域，使得"未洽天下"转为"洽天下"，洽可理解为统一，也就是武王完成了文王的统一大业。在国家统一后，周公通过制礼作乐，使得文化统一，奠定了周代礼乐文化的基础。实现文王的志向，推动并完成文王未竟的事业，作为文王后人的武王与周公是儒家之"孝"的典范：

> 子曰：武王、周公，其达孝矣乎！夫孝者，善继人之志，善述人之事者也。（《中庸》第十九章）

舜之孝是对父母的付出，由于"父顽"，他没有继承父亲之志的考虑。武

---

① 孔安国传，孔颖达正义：《尚书正义》，上海古籍出版社 2007 年版，第 412 页。
② 孔安国传，孔颖达正义：《尚书正义》，上海古籍出版社 2007 年版，第 417 页。
③ 朱熹：《四书章句集注》，中华书局 2012 年版，第 229 页。

王与周公树立孝的典范，升华了孝的内容，这不仅仅是在物质层次取悦、奉养父亲，而且在精神层次继承父亲之志，完成父亲未完成的事业，具有使命担当。《论语》重视孝，也可以说是承接了武王、周公重孝的传统。

> 卫公孙朝问于子贡曰："仲尼焉学?"子贡曰："文武之道，未坠于地，在人。贤者识其大者，不贤者识其小者，莫不有文武之道焉。夫子焉不学? 而亦何常师之有?"(《论语·子张》)

以上是卫国大夫公孙朝与孔子的弟子子贡的对话。公孙朝问子贡："孔子的学问从哪里得到的呢?"(也可以说"孔子效法的典范是谁呢?")子贡首先以周文王与周武王的大道来回答，相当于"宪章文武"。文武之道不仅包括大孝，而且代指整个周代文化，如朱熹注释："文武之道，谓文王、武王之谟训功烈，与凡周之礼乐文章皆是也"①"谟"，《尔雅》解释："谋也。""谟训"，如柳宗元所说："著述者流，盖出于《书》之谟、训，《易》之象、系"②。这句话可以理解为文王、武王之道体现在《尚书》记载的丰功伟绩以及各种礼乐制度等，也就是孔子所说的"郁郁乎文哉，吾从周。"(《论语·八佾》)在孔子的时代，周代文化还"未坠于地"，就是说还没有完全成为文物;"在人"，指的是还有人传承践行。在此情况下，孔子从大纲领(贤者记住大的方面)与小细目(不贤者记住小的方面)两个方面复现文武之道。孔子的学习对象既有贤者，亦有不贤者，看上去像没有固定的老师，比较散漫，但是，这些都是表面现象，其真实目的是全面学习继承文武之道，将周代的礼乐文化制度一以贯之。

周代的礼乐文化制度经周文王、周武王，至周公集大成。周武王于克殷三年后去世，年幼的成王继位，周公辅政。周公(姓姬名旦，称周公旦，文王的四子)继续周文王、周武王的大业，通过东征，平定三监之乱;制礼作乐，在洛阳确定天地之中，由此形成以洛阳为中心的中国文化与政治版图。

---

① 朱熹:《四书章句集注》，中华书局 2012 年版，第 193 页。
② 柳宗元:《杨评事文集后序》，《柳宗元集》，中华书局 1979 年版，第 579 页。

周公之才之美。(《论语·泰伯》)

据朱熹注释："才美，谓智能技艺之美。"①周公之才美，由此能够将文武之道转化为宪章制度，将"於穆不已"表达为礼乐文章，从而将文武之道推广发扬。"於穆不已"可称作"罕言"，是大道的隐晦状态，普通人很难进入；周公的伟大之处在于将"罕言"转化成"雅言"，即人人可见可学的礼乐文章与宪章制度。周公实现了从罕言到雅言的转化，相当于"寓罕言于雅言"；对于普通人而言，知道雅言就够了，但是，若要追求大道之体，还要从雅言中解析出罕言，读出礼乐文章与宪章制度的深层本体。中国是礼仪之邦，礼乐文化是核心，周公的奠基具有至关重要的作用，因此，有学者称周公为"中国文化的总设计师"，这是有依据的。杜维明先生也是这样认为：

周公制礼作乐深深地影响了中国。商朝时，世人信奉鬼神，事事占卜；直到周公制礼作乐，中国人的视野才更多地由神转向人、转向伦理、转向礼仪……中国从此真正地成为礼仪之邦。②

孔子学习周代文化，周公是其学习的典范。周公的后代封鲁国，孔子是鲁国人，这是孔子学习周公的先天有利条件。

子曰："甚矣吾衰也，久矣吾不复梦见周公。"(《论语·述而》)

这句话是孔子的感叹，"衰"与"盛"相对，"吾衰也"指孔子老了；前面还有个副词，"甚矣"，指孔子非常老了。在这种情况下，年轻时志学的盛气也减弱了。按照朱熹的注释："孔子盛时，志欲行周公之道，故梦寐之间，如或

---

① 朱熹：《四书章句集注》，中华书局 2012 年版，第 106 页。
② 卜宪群总撰稿：《中国通史——从中华先祖到春秋战国》，华夏出版社 2016 年版，第 193 页。

见之。至其老而不能行也，则无复是心，而亦无复是梦矣，故因此而自叹其衰之甚也。"①这句话可以反过来看，就是说孔子志向在周公，年盛时，不管白天还是黑夜，无论清醒还是梦寐，处处时时都是向往周公。年纪很大了，虽然白天、清醒时还在继续学习周公，但是梦寐中已经不能见到了，于是孔子感叹力不从心。综上，孔子是完全效法周公，致力于周公的礼乐文章，后人多以"周孔"并称。《论语》重视"礼乐"，礼乐是"仁"的核心，这是孔子从周公那里继承的文化遗产。

> 如有用我者，吾其为东周乎？（《论语·阳货》）

孔子的这句话更加表明了其文化政治志向，如果孔子能够得其位，治理国家，必将发扬周代文化制度。按照朱熹的注释："为东周，言兴周道于东方。"②也就是能够在位于中国东部的鲁国重振周代文化。另外一种说法是："东周指平王东迁以后，孔子谓如有用我者，我不致如东周指一无所为，言必兴起西周之盛也。"③这两种说法中，都表明了孔子对于周代文化的信心，以传播、发扬、实践周代文化为己任。最后，我们来看司马迁的感叹：

> 夫周室衰而《关雎》作，幽厉微而礼乐坏，诸侯恣行，政由强国。故孔子闵王路废而邪道兴，于是论次《诗》《书》，修起礼乐。适齐闻《韶》，三月不知肉味。自卫返鲁，然后《乐》正，《雅》《颂》各得其所。（郑玄云："鲁哀公十一年。是时道废乐衰，孔子还，修正之，故《雅》《颂》各得其所。"）世以混浊莫能用，是以仲尼干七十余君无所遇，曰"苟有用我者，期月而已矣"。④ 西狩获麟，曰"吾道穷矣"。故因史记作《春秋》，以当王法，其辞微而指博，后世学者多录焉。⑤

---

① 朱熹：《四书章句集注》，中华书局 2012 年版，第 94 页。
② 朱熹：《四书章句集注》，中华书局 2012 年版，第 178 页。
③ 钱穆：《论语新解》，生活·读书·新知三联书店 2018 年版，第 404 页。
④ 子曰："苟有用我者，期月而已可也，三年有成。"（《论语·子路》）
⑤ 司马迁：《儒林列传》，《史记》卷一百二十一，中华书局 1982 年版，第 3115 页。

周代王室衰落，雅言随之亦衰，雅诗已不足反映民情，讽刺时政的风诗出现了。周代昏乱之君幽王与厉王，其势衰微，礼崩乐坏，周公制作的礼乐文化被摧毁。孔子在周代文化崩溃之后，致力于文化的复兴，他删定六经，传承并发扬周公的礼乐文化。但是，孔子有德无位，没有遇到帮他实施仁政的国君。孔子说，如果有明君任命他，可以在一年内便有效果，三年大成。但是，孔子始终没有等来那一天。孔子将他的政治理想寓居在删定六经中的《春秋》，在《春秋》末尾是鲁哀公十四年(公元前481年)猎获麒麟事，孔子至此而绝笔。麒麟是太平吉祥之兽，麒麟之死也预设着孔子将不久于人世(孔子卒于公元前479年)，故而孔子说"我的道已经终结了"。但是，孔子的后学者能够将孔子之道发扬光大。

通过以上的梳理，我们其实已经触及到了孔学之"仁"的基本含义，如图2-3所示：

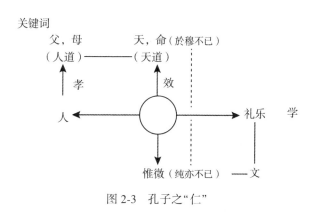

图 2-3 孔子之"仁"

第一，对于天之效法，也就是"圣希天"，尧舜禹以天为效法的对象，效法天的高大，展现出圣人的气象。

第二，对于父母之孝，如舜之大孝，如武王、周公之达孝，也就是孝为仁之本："尧舜之道，孝弟而已矣。"(《孟子·告子下》)

第一与第二的关系相当于《中庸》的"极高明而道中庸"，天是天道，孝是人道，极高明的天道与极平常的人道具有一致的结构，且效天、孝父母，亦是类似的指向。"唯天为大，唯尧则之。"天是一个最崇高的概念，巍巍，指非常高大的状貌。天是万物生成的母体，是造物主；父母是个体创造者。正如人对父母之孝是对于母体的尊重或反哺，返回个体生成的母体；对于天之效亦是对天的尊重或反哺，返回人类生成的母体。孝与效同构，两者又通于学，下面会讲到"学以成人"，亦可称作"孝（效）以成人"。

第三，礼乐文化，这是仁的具体表现形式，也是仁的载体。礼乐是中国文化的主要内容，换言之，中国文化是以礼乐为特征的文化。

第四，深层的本体，在幽暗中的生生不息，这是文王之文的深层含义，按照文王的颂词，应是"维天之命，於穆不已"。子曰："天何言哉？四时行焉，百物生焉，天何言哉？"（《论语·阳货》)类似于十六字心传的"道心惟微"。

我们的课程是人文经典导引，重点在于人和文。至于人文之上的，在超越的、神秘的天，可以归入不可知论，也可以说是神秘（或者说神）的部分，不是我们要探讨的对象。我们只关心人文的精神，这是孔子开辟的儒学，也是我们中国文化的主要特色。

# （三）孔子与《论语》

## 1. 孔子的形体与真形体

我们先了解一下孔子的生平与形象：

> 孔子生鲁昌平乡陬邑。其先宋人也，曰孔防叔。防叔生伯夏，伯夏生叔梁纥。纥与颜氏女野合（居）而生孔子，祷于尼丘得孔子。鲁襄公二十二年而孔子生。生而首上圩顶，故因名曰丘云。字仲尼，姓孔氏……孔子为儿嬉戏，常陈俎豆，设礼容……孔子贫且贱……孔子长九尺有六寸，人皆谓之"长人"而异之。①

---

① 司马迁：《孔子世家》，《史记》卷四十七，中华书局 1982 年版，第 1905～1909 页。

孔子是鲁国人，孔子的父亲叔梁纥，母亲颜氏，两人"野合"而生孔子。据新发现的海昏侯汉墓的孔子衣镜(见图2-4)，应是"野居"，指在郊区居住，住在城外，孔子"贫且贱"，说明生活条件比较差。孔子的头是圩顶，头顶凹陷，像小丘，也就是火山坑的形状，中间低，四周高。根据这个头部特征，孔子取名为孔丘。孔子从小喜欢礼仪，这应当是天性，常常和小朋友一起摆设礼器(俎豆)，模仿行礼的样子。孔子身高九尺六寸①，所以说是"长人"。长人、圩顶，这是孔子个性化的体貌特征。

图2-4　海昏侯墓孔子衣镜中的孔子传记

孔子的真形体是：

子温而厉，威而不猛，恭而安。(《论语·述而》)

"温"，温润如良玉，但又不是一味的温润、温柔，而是有"厉"。朱熹注释："厉，严肃也。"②温属于柔，厉属于刚，"温而厉"显示出刚柔并济的中和

---

① 按照战国23.1厘米一尺来计算，一尺十寸，那孔子身高是：23.1×9+0.6×23.1＝221.76厘米，约为2.2米，当然，这种算法是否合理，还有待推敲，但孔子个头比较大，那是肯定的。

② 朱熹：《四书章句集注》，中华书局2012年版，第102页。

气象。威，威严，不怒而自威；但不是猛，猛有张扬、凶悍的嫌疑，因此，通过"不猛"来否定这种嫌疑，从而使得威向内收敛，不张扬，不凶悍，与温合德。"恭而安"，如尧之真形体："钦明文思安安，允恭克让"。钦是敬义，有威仪，若只有恭，容易向谦卑处坍塌，没有内在的精神支撑，通过"安"，内在恬愉充沛，与恭相配。安如温，恭如厉，这句话都是显示孔子的中和气象。这种气象可以学可效，是孔子的真形体。

### 2. 孔子的年谱与真年谱

下面我们来看孔子的年谱。我们通常所说的年谱，就是用编年的体裁记载一个人的生平事迹，通常的形式是某年某月某人做某事。后人为孔子编年谱，有助于厘清孔子的行迹，下面是一个摘选的钱穆编写的《孔子年表》：

> 鲁襄公二十二年（公元前551年），孔子生。
>
> 鲁襄公二十四年，孔子年三岁。父叔梁纥卒。
>
> 鲁昭公十年，孔子年二十岁。生子鲤，字伯鱼。
>
> 鲁昭公二十年，孔子年三十岁。孔子至是始授徒设教。颜无繇、仲由、曾点、冉伯牛、闵损、冉求、仲弓、颜回、高柴、公西赤诸人先后从学。
>
> 鲁昭公二十五年，孔子年三十五岁。在齐闻韶乐。齐景公问政于孔子。
>
> 鲁定公八年，孔子年五十岁。鲁三家攻阳货，阳货奔阳关。是年，公山弗扰召孔子。
>
> 鲁定公九年，孔子年五十一岁。孔子始出仕，为鲁中都宰。
>
> 鲁定公十年，孔子年五十二岁。由中都宰为司空，又为大司寇。相定公与齐会夹谷。
>
> 鲁定公十二年，孔子年五十四岁。鲁听孔子主张堕三都。
>
> 鲁定公十三年，孔子年五十五岁。去鲁适卫。
>
> 鲁定公十四年，孔子年五十六岁。去卫过匡。
>
> 鲁定公十五年，孔子年五十七岁。始见卫灵公，出仕卫。

鲁哀公三年，孔子年六十岁。孔子由卫适曹又适宋，宋司马桓魋欲杀之，孔子微服去，适陈。遂仕于陈。

鲁哀公六年，孔子年六十三岁。吴伐陈，孔子去陈。绝粮于陈、蔡之间，遂适蔡，见楚叶公。又自叶反陈，自陈反卫。

鲁哀公十一年，孔子年六十八岁。孔子反鲁。自其去鲁适卫，先后凡十四年而重反鲁。此下乃开始其晚年期的教育生活，有若、曾参、言偃、卜商、颛孙师诸人皆先后从学。

鲁哀公十二，孔子年六十九岁。子孔鲤卒。

鲁哀公十四年，孔子年七十一岁。颜回卒。是年，鲁西狩获麟，孔子《春秋》绝笔。

鲁哀公十六年，（公元前479年），孔子年七十三，卒。①

如果以孔子继承尧舜文武之道编年，抽象出孔子学圣人之道的"真年谱"：

子曰："吾十有五而志于学，

三十而立，

四十而不惑，

五十而知天命，

六十而耳顺，

七十而从心所欲不逾矩。"（《论语·为政》）

对于这个"真年谱"说明如下：

十五岁，孔子致力于大学之道，相当于《大学》的三纲领——明明德、亲民、止于至善。

三十岁，孔子自立，确立起内在的主体性。

四十岁，经过多年的积聚，孔子对于大学之道已经完全知晓，没有疑惑之处了。

---

① 钱穆：《论语新解》，生活·读书·新知三联书店2018年版，第465~467页。

五十岁，又经过十年积累，孔子知晓了超越的天命，向深层本体超越。我们知道，"文王"之"文"与"维天"之"天"具有一致的结构，如《中庸》第二十六章："《诗》云：'维天之命，於穆不已！'盖曰天之所以为天也。'於乎不显！文王之德之纯！'盖曰文王之所以为文也，纯亦不已。"深入到於穆不已的天命层次，亦是不显之德的"文"。

六十岁，也就是做到了知人知天，无论什么事，都想明白了，都听得顺耳了。朱熹说："声入心通，无所违逆，知之之至，不思而得。"①朱熹的解释侧重于明理基础上的"知之之至"。

七十岁，从心所欲不逾矩。耳顺是外入，从心所欲是内发。向外表达，没有逾越规矩。这个规矩，可以理解为中庸之道，处处符合中，时时能够达到中，也就是时中、圣之时者。

以上是孔子自述的学习进阶之路，是孔子自述的求道为学的过程，是孔子"祖述尧舜，宪章文武"的心路历程，也是孔子的"真年谱"。这个真年谱为后学树立了典范，明确了阶次，是学圣人、学孔子的依据。②

小结如表 2-2 所示：

表 2-2 　　　　　　　　　　**孔子的年谱与真年谱**

| 序号 | 通常理解 | 人文精神 |
| --- | --- | --- |
| 1 | 宗谱<br>"先宋人"之类 | 真宗谱<br>"祖述尧舜，宪章文武"之类 |
| 2 | 年谱<br>"堕三都"之类 | 真年谱<br>"五十而知天命"之类 |
| 3 | 形体<br>"长九尺有六寸"之类 | 真形体<br>"温而厉，威而不猛，恭而安"之类 |
| 4 | 不可学 | 可学 |

---

① 朱熹：《四书章句集注》，中华书局 2012 年版，第 54 页。

② 孔子的"真形体""真年谱"之说据明儒胡直，参见张昭炜：《阳明学的孔学及学孔》，《中州学刊》，2017 年第 10 期。

孔子曾担任过司寇（负责追捕盗贼等，管刑狱），为政也卓有成效。他建议鲁定公堕三都，以消解三桓（鲁国三卿）的势力扩张。"家不藏甲，邑无百雉之城，今三家过制，请皆损之。"（《孔子家语·相鲁》）但这件事情最终没有成功，五十五至五十八岁，孔子开始周游列国。在此过程中，孔子仍不忘使命：

> 子畏于匡。曰："文王既没，文不在兹乎？天之将丧斯文也，后死者不得与于斯文也；天之未丧斯文也，匡人其如予何？"（《论语·子罕》）

> 将适陈，过匡，颜刻为仆，以其策指之曰："昔吾入此，由彼缺也。"匡人闻之，以为鲁之阳虎。阳虎尝暴匡人，匡人于是遂止孔子。孔子状类阳虎，拘焉五日。颜渊后，子曰："吾以汝为死矣。"颜渊曰："子在，回何敢死！"匡人拘孔子益急，弟子惧。孔子曰："文王既没，文不在兹乎？天之将丧斯文也，后死者不得与于斯文也；天之未丧斯文也，匡人其如予何！"①

孔子过匡城，弟子颜刻用赶马的鞭子指着说："以前进入匡城时，就是从这个缺口进去的。"匡城的人听到这句话，以为鲁国的阳虎来了。鲁国的阳虎原是季桓子的家臣，后来把持鲁国朝政。阳虎与孔子的外貌很像，以前欺负过匡城的人。由此，匡人将孔子拘禁。在生死攸关之际，孔子感叹文王的"斯文"在此。"文王已经死去，道不就是在这里吗？"孔子将自己视为文王之道的传承者、实现者，体现出患难中的担当与使命。"天之将丧斯文也，后死者不得与于斯文也"，如果天欲将道终结，那么后死者不会获得道。"斯文"指道，代指礼乐制度，也就是周代的礼乐文化，文王、武王、周公之道。"后死者"，指孔子自己。换句话说，孔子能够传承文王之道，说明天意是此道不绝。"天之未丧斯文也，匡人其如予何？"既然天意不会使得道中断，那么匡人又能把我怎么样呢？这句话可以呼应前面讲的"郁郁乎文哉，吾从周"。周代文化繁

---

① 司马迁：《孔子世家》，《史记》卷四十七，中华书局1982年版，第1919页。

盛，这是孔子从周的主要原因；周代文化的奠基者是文王，所以他以继承、发扬文王之学为使命。《史记》注释引《琴操》，颜渊(颜回)指缺口说："往与阳货正从此入。"①颜回是孔子最欣赏的弟子，"子在，回何敢死？"也表现出他对于孔子之学的认同与担当。从文王到孔子以至于颜回，都能默契地达到这一深层的本体；在孔门弟子中，唯有颜回之默能够接得上，我们在下面会讲到。

据《史记》："景公十六年，鲁阳虎来奔，已复去。二十五年(公元前 493 年)，孔子过宋，宋司马桓魋恶之，欲杀孔子，孔子微服去。"②桓魋为自己打造的石椁，孔子说其奢靡逾礼，桓魋得知后，厌恶孔子。

> 孔子去曹适宋，与弟子习礼大树下。宋司马桓魋欲杀孔子，拔其树。孔子去。弟子曰："可以速矣。"孔子曰："天生德于予，桓魋其如予何!"③

> 子曰："天生德于予，桓魋其如予何!"(《论语·述而》)

这句话可以直接翻译为："天生德于我，这是天命，桓魋是无法改变的。"孔子效法尧、舜、文王、武王，敢于承担天德，以德配天，这表现出孔子对于天德的认同与使命的担当，与往圣同心同德。当然，面对恶人与险境，孔子还是选择了微服速去，这才是真正的知命。如《孟子·尽心上》中所说，孟子曰："莫非命也，顺受其正。是故知命者，不立乎岩墙之下。尽其道而死者，正命也。桎梏死者，非正命也。"孔子远离恶人险境，如同"不立乎岩墙之下"。

**3.《论语》的结构与安排**

《论语》的结构总体分为上下两编，各十篇，共计二十篇，也就是《三字

---

① 司马迁：《孔子世家》，《史记》卷四十七，中华书局 1982 年版，第 1919 页。
② 司马迁：《宋微子世家》，《史记》卷三十八，中华书局 1982 年版，第 1603 页。
③ 司马迁：《孔子世家》，《史记》卷四十七，中华书局 1982 年版，第 1921 页。

经》说的《论语》"二十篇"。

（1）上编首篇《学而第一》

据朱熹集注："此为书之首篇，故所记多务本之意，乃入道之门、积德之基、学者之先务也。"①《学而第一》开门见山，直入主题，显示孔子之学的本体性、基础性概念，如仁、孝等。如第二节"君子务本，本立而道生。孝弟也者，其为仁之本与!"《论语》的核心概念是仁，仁是"孝弟"为本：孝是孝敬父母，如舜之大孝，武王、周公之达孝；弟又作"悌"，敬爱兄长，这都是仁之本。结合《大学》的纲目，治国与平天下以修身与齐家为本，因此，家庭伦理的孝弟便成为"仁"之本，也是儒家之德的基础。

> 子曰："学而时习之，不亦说乎？有朋自远方来，不亦乐乎？人不知而不愠，不亦君子乎？"（《论语·学而》）

教材里没有选这句话，应该是考虑到我们从小学就能背诵这一章，所以省略了，但有必要在此补充说明。《论语》首篇首字是"学"，朱熹解释为："学之为言效也"②。学、孝是动词，主语是指学习者，那宾语是指什么呢？也就是学什么？孔子并没有在这句话中直接说明。我们通常将"学"理解为学习，泛化为学习知识。如果我们结合前面所讲孔子的文化传统，"仲尼祖述尧舜，宪章文武。"（《中庸》第三十章）对于孔子而言，他是远学尧舜，近学文武，就是学圣人，学作圣。按照"效"的解释，也就是效法尧舜文武，以圣人为临摹的典范，而且还要付诸于"时习"，并传递给后学。当然，也有人将"学"解释为"觉"，先觉觉后觉，这样的解释更具有内在主动性，并能获得内在的愉悦感。

第二章是讲孝弟为仁之本。

---

① 朱熹：《四书章句集注》，中华书局 2012 年版，第 47 页。
② 朱熹：《四书章句集注》，中华书局 2012 年版，第 47 页。

有子曰："其为人也孝弟，而好犯上者，鲜矣；不好犯上，而好作乱者，未之有也。君子务本，本立而道生。孝弟也者，其为仁之本与！"（《论语·学而》）

在有子的语境中，我们可以看到儒学从家庭伦理到政治实践的一致性理路：如果在家孝弟，在治国从政时，便不会犯上。因此，儒学特别重视孝，在汉代"罢黜百家，独尊儒术"后，主政者选拔官员，举孝廉者当官，也是继承了孔学重孝的传统。后来又有"求忠臣必于孝子之门"，也是这个意思。

第三章反面讲仁：

子曰："巧言令色，鲜矣仁！"（《论语·学而》）

据朱熹注释："巧，好。令，善也。好其言，善其色，致饰于外，务以悦人，则人欲肆而本心之德亡矣。""程子曰：'知巧言令色之非仁，则知仁也。'"①说话甜如蜜，色貌美好，善于取悦人、逢迎人，在孔子看来，这远离了仁。为什么呢？因为仁是一种内在的品德，当一个人将精力放在巧言令色时，也表明他忽略了笃实躬行。通俗来说，巧言令色者喜欢虚的、花里胡哨的，这是仁的反面教材。与此截然相反，孔子最器重的弟子颜回，便默识如愚，是仁的典范。

首篇三章有主题，有正说，有反说。通过以上的简单分析，虽然《论语》形式上是散漫式的、镜头切换式的组合，我们仍可以体会到《论语》编纂者的用心。

（2）上编末篇《乡党第十》

据朱熹集注引尹氏曰："甚矣孔门诸子之嗜学也！于圣人之容色言动，无不谨书而备录之，以贻后世。今读其书，即其事，宛然如圣人之在目也。""学

---

① 朱熹：《四书章句集注》，中华书局 2012 年版，第 48 页。

者欲潜心于圣人，宜于此求焉。"① 孔子学尧舜文武，孔子弟子学孔子。尧舜文武只能通过历史文献想象其容貌，对于孔子的弟子来说，孔子平日的容貌言行历历在目，他们可以准确传神地记录写生，为我们画一幅圣人写真图。举例如下：

> 孔子于乡党，恂恂如也，似不能言者……入公门，鞠躬如也，如不容。(《论语·乡党》)

"乡党"，据朱熹注释："乡党，父兄宗族之所在，故孔子居之，其容貌辞气如此。"②用通俗的话说，就是孔子在老家，与乡亲们相处时。据《说文解字》："恂，信也。"朱熹注释："恂恂，信实之貌。似不能言者，谦卑逊顺，不以贤知先人也。"③虽然孔子既贤且智，但孔子居乡里，并不是做出高人一等的姿态，侃侃而谈，而是诚恳、信实，感觉像不能说话的样子。这一方面反映出孔子在父老乡亲面前的谦逊，另一方面，也显示出孔子的诚恳，不虚伪，不掩饰，不做作。

"入公门，鞠躬如也，如不容。"进王公诸侯大门时，也同样保持谨慎的态度。据朱熹注解："鞠躬，曲身也。公门高大而不容，敬之至也。"④鞠躬，不是现在弯腰行礼意义上的鞠躬，朱熹解释的"曲身"之意不太好，容易理解成点头哈腰的意思。杨伯峻按此翻译为："孔子走进朝廷的门，弯腰显出害怕小心的样子，如同没有容身之地。"⑤按照《仪礼·聘礼》："执圭，入门，鞠躬焉，如恐失之。"鞠躬是恭敬谨慎的样子，据钱穆注释："当读为鞠窮(穷)，谨敬自敛之状。""若言曲身，依文法不得再加一如字。"⑥我们来看图 2-5 这幅圣迹图，便是执圭谨慎的样子。

---

① 朱熹：《四书章句集注》，中华书局 2012 年版，第 47 页。
② 朱熹：《四书章句集注》，中华书局 2012 年版，第 117 页。
③ 朱熹：《四书章句集注》，中华书局 2012 年版，第 117 页。
④ 朱熹：《四书章句集注》，中华书局 2012 年版，第 118 页。
⑤ 杨伯峻：《杨伯峻四书全译》，中华书局 2020 年版，第 125 页。
⑥ 钱穆：《论语新解》，生活·读书·新知三联书店 2018 年版，第 228 页。

图 2-5　（清）于敏中绘《圣迹全图》，故宫出版社 2013 年版

由于时间关系，我们只能举这两个例子，同学们有兴趣的话，可以细读《乡党》篇。对于孔子弟子及后学来看，要学圣人、习圣人，就可以从《乡党》入手。

《乡党》篇最后一章：

> 色斯举矣，翔而后集。曰："山梁雌雉，时哉！时哉！"子路共之，三嗅而作。（《论语·乡党》）

"色斯举矣"，只要人稍有异动，野鸡便飞上天了。"嗅"，据朱熹集注："《石经》'嗅'作'戛，谓雉鸣也。'""嗅，当作臭"，"张两翅也。见《尔雅》。"①《尔雅·释兽》："鸟曰'臭'。"《康熙字典》："张两翅，臭臭然摇动。"钱穆解释为："嗅，本作臭，当是臭字，从目从犬，乃犬视貌。借作鸟之惊视。雉见子路上拱其手，疑将篡己，遂三臭而起飞。"②孔子感叹说时哉时哉，有人说这可以呼应开篇的"学而时习"之"时"。但两个"时"是两种意思：首篇首句是

---

① 朱熹：《四书章句集注》，中华书局 2012 年版，第 123 页。
② 钱穆：《论语新解》，生活·读书·新知三联书店 2018 年版，第 245 页。

时间经常性的重复；末篇末句是时机，时宜之时。①

> 此章实千古妙文，而《论语》编者置此于《乡党》篇末，更见深义。孔子一生，车辙马迹环于中国，行止久速，无不得乎时中。而终老死于阙里。其处乡党，言行卧起，饮食衣着，一切以礼自守，可谓谨惧之至，不苟且，不鲁莽之至。学者试取庄子《逍遥游》《人间世》与此对读，可见圣人之学养意境，至平实，至深细，较之庄生想象，迥乎远矣。然犹疑若琐屑而拘泥。得此一章，画龙点睛，竟体灵活，真可谓神而化之也。②

钱穆的这句话有两点值得注意：第一，是时的问题。"行止久速，无不得乎时中"，这就是不管外部环境如何变化，孔子均能够秉持中道而不失，做到时宜。这种"时中"的意思可以赋予《论语》首章首句，"学而时习之"，在任何环境下，都能够学圣人，效仿圣人，自觉为内圣。"孔子，圣之时者也。"(《孟子·万章下》)也可以说孔子是"时圣"。第二，就是孔子的平实。孔子之圣，并不是在于多高超，而是在高超处表现为平实，"极高明而道中庸"。孔子之学亦有向天道的敞开，但是，他总能将天道贯彻到人道中，这也是通常所言的"即圣而凡"。圣人就是一个普通人，在平实的日常生活中展现圣人之道。《中庸》继承了这一思想，强调愚夫愚妇的知与能。

(3) 下编首篇《先进第十一》

据朱熹注释："此篇多评弟子贤否。"③"贤否"直接翻译为好坏，这样的意思太过直接，没有绝对坏的学生，孔门七十二贤应该都是好学生，都是学圣的贤人。这篇主要评价弟子的德行品阶，在由贤学圣之路呈现的不同特征。

---

① 参见张昭炜：《阳明学发展的困境及出路》，中国社会科学出版社 2017 年版，第 439~442 页。

② 钱穆：《论语新解》，生活·读书·新知三联书店 2018 年版，第 245 页。

③ 朱熹：《四书章句集注》，中华书局 2012 年版，第 124 页。

子曰："先进于礼乐，野人也；后进于礼乐，君子也。如用之，则吾从先进。"(《论语·先进》)

学人可分成两类：先进与后进，"犹言前辈与后辈"①。这样的解释有点儿过了，可以更为平实一些，就是先学习的是"先进"，表现比较突出的；后学习的是"后进"，入门比较晚，落后一些。按照孔门弟子而言，先进是跟随孔子时间较长、学习较深入的学生；后进是刚入门或学习时间较短的学生。孔子向往"郁郁乎文哉"的周代礼乐文化，学生刚开始学礼乐，于文上用功较多，像君子；随着学习的深入，探究礼乐之本，就会转向文王的於穆、暗然，质上用功较多，反而像野人。按照《中庸》第三十三章"故君子之道，暗然而日章；小人之道，的然而日亡。"质上用功，方是真正的君子之道；而只在表面做文章，最终会导致一无所有。从本末来看，文如同花，显见、的然；质如同根，隐晦、暗然。求本如同养花，重点在于培根，根深叶茂花盛，这是由本达末的顺序；而不是相反，一味在花之末上做文章，这容易导致形具而乏质。孔子欣赏文质彬彬，"子曰：'质胜文则野，文胜质则史。文质彬彬，然后君子。'"(《论语·雍也》)"史，掌文书，多闻习事，而诚或不足也。"②文之人看上去很规矩，但多是外在摆设，没有内在本体支撑。只有文质相互配合得当，才能称作君子。根据文质的变化，学习的过程分成三个阶段：

第一，未学前的状态，有质而无文。

第二，开始入门，后进的状态，用功于文，学礼乐，像君子。此时仅是像君子，而不是真正的君子。

第三，学习深入，先进的状态，由文入质，由表入里，由外在的文饰返回内在的本体，此时质胜过文，貌似野人。由于其融合了文，因此，能够达到文质彬彬，实则是真正的君子。

在总评之后，具体来评论：

---

① 朱熹：《四书章句集注》，中华书局2012年版，第124页。
② 朱熹：《四书章句集注》，中华书局2012年版，第69页。

子曰：“从我于陈、蔡者，皆不及门也。”德行：颜渊，闵子骞，冉伯牛，仲弓。言语：宰我，子贡。政事：冉有，季路。文学：子游，子夏。

子曰：“回也非助我者也，于吾言无所不说。”（《论语·先进》）

按照孔子对弟子的评判，德行以颜渊（回）居首，并且能够助发孔子之学。（见图2-6）颜回在孔门中最为先进，且用功于质。在此稍作扩充，《孟子·尽心上》言："舜之居深山之中，与木石居，与鹿豕游，其所以异于深山之野人者几希。及其闻一善言，见一善行，若决江河，沛然莫之能御也。"舜看上去特别像野人，"几希"是基本上没有差别了，也可以说百分之九十九像野人了，但是，舜的内在本质是渴望与奉持善言善行。仅凭这一个内在的特质，不仅使他与真正的野人区分开来，而且也是他成为儒家圣人的真正依据。舜当然是先进，甚至比孔子还先进；颜回的内在特质直接继承舜，一善言、一善行，都能奉持而恪守，据《中庸》第八章："子曰：'回之为人也，择乎中庸，得一善，则拳拳服膺而弗失之矣。'"因此，在内圣方面，舜、孔子、颜回具有一致的特质。

图2-6 （清）于敏中绘《圣迹全图》，故宫出版社2013年版

（4）下编末篇《尧曰第二十》

这一章主要是讲道统，也就是孔子"祖述尧舜，宪章文武"，《孟子》末章

末节也采用了这个形式。《论语》《孟子》都是在最后一章讲道统，既有总结全书之意，也突出学问来源，希望后学继承发扬这个传统。这部分内容已经在前面讲过了，此处从略。在追述道统之后，最后一章总结全书：

> 子曰："不知命，无以为君子也。不知礼，无以立也。不知言，无以知人也。"（《论语·尧曰》）

这一章的内容可概括为"三知"：知命、知礼、知言。"知命"是知天命，孔子"五十而知天命"（《论语·为政》）。《中庸》首章讲"天命之谓性，率性之谓道"。从被动义来讲，命是天生的，不可改变的，也就是命运；从主动义来讲，命是使命，是主动承担的使命，如孔子以从周为使命，致力于重振周代礼乐文化，不管处境顺逆，都念兹在兹，甚至梦寐中依然如此。如上所讲，在危亡之际，孔子仍不忘使命，"文王既没，文不在兹乎？"（《论语·子罕》）

礼是周代文化的载体，是孔子"从周"的下手处，以此而立。具体来说，朱熹引程子曰："不知礼，则耳目无所加，手足无所措。"①如孔子为颜回言仁之四目："非礼勿视，非礼勿听，非礼勿言，非礼勿动。"（《论语·颜渊》）

"不知言，无以知人也。"浅层意思就是通过言语来知人，通过一个人的言谈，可以判断其品质。孔子的知言还有更深刻的含义，孟子对此有解释：

> 公孙丑问："何谓知言？"孟子答曰："诐辞知其所蔽，淫辞知其所陷，邪辞知其所离，遁辞知其所穷。"（《孟子·公孙丑上》）②

---

① 朱熹：《四书章句集注》，中华书局 2012 年版，第 196 页。
② "诐，偏陂也。淫，放荡也。邪，邪僻也。遁，逃避也。四者相因，言之病也。蔽，遮隔也。陷，沉溺也。离，叛去也。穷，困屈也。四者亦相因，则心之失也。人之有言，皆本于心。其心明乎正理而无蔽，然后其言平正通达而无病；苟为不然，则必有是四者之病矣。即其言之病，而知其心之失，又知其害于政事之决然而不可易者如此。非心通于道，而无疑于天下之理，其孰能之？"（朱熹：《四书章句集注》，中华书局 2012 年版，第 234 页。）

对于偏激的、放荡的、邪恶的、逃避的话，不仅要知道这些话的错误，还要看到引起这些错误的原因：偏激是因为被真相遮蔽，放荡是因为沉溺，邪恶是因为叛离正道，逃避是因为穷困，无力承担。能够做到知言，便能找到每种过失的针对性解决方案，并纠正之，从而踏上成仁之道。

最后一章应该能够集中反映孔子之学，以知命、知礼、知言"三知"总结全书，这可对应《中庸》首章三句的"三谓"："天命之谓性，率性之谓道，修道之谓教"，"三谓"与"三知"相互发明。我们阅读《论语》文本，想当然认为最后的是最重要的，但在《论语》编纂时，这一章原本不是在最后。而且，从编排顺序来看，这一章与上文的道统文本关系也不直接相关。从海昏侯墓出土的《论语》来看，这一章原本是独立的。应该是编纂者反复考量，将其放置最后。这也提醒我们要重视这一章。

司马迁曰："余读孔子书，想见其为人。"后世欲知孔子，舍从《论语》之语言文字求之，又将何从？记者将此章列《论语》之最终，其亦有俟诸百世之思乎！望之深，而忧其不得于言，用意远矣。[1]

《论语》全面呈现了孔子知命，承载厚重的使命，继承往圣的绝学，传承儒家的道统。《乡党》等篇展现了孔子的视听言动之礼，为我们树立了圣人在日用伦常的典范，《论语》探究了礼乐与仁的关系，周代礼乐制度如何在孔子的仁学语境下呈现。从知言来说，《论语》是一部记载孔子之言的书，通过圣人之言的"子曰"，我们亦可以想见孔子之为人以及孔子之言承载的尧舜文武之道。毋庸置疑，《论语》是追思圣人、学习孔子的最为直接、最可信赖的经典。孔子重视"知言"，这也提醒我们以孔子之言为工具，看到言语深处的儒家精神人文世界。

---

① 钱穆：《论语新解》，生活·读书·新知三联书店 2018 年版，第 464 页。

# (四)学以成仁(人)

## 1. 仁之四义

关于仁的含义,可以学习教材里的融媒体。我在这里再略作补充。我们通过追述孔子的文化传统,其实已经梳理了仁的基本含义。下面从四个方面说明:

### (1)仁是亲(爱)

狭义的仁是对父母的爱,广义的仁是对天地万物的爱。据许慎《说文解字》:"仁,亲也,从人从二。"又据《国语·晋语一》:"为仁者,爱亲之谓仁。为国者,利国之谓仁。"以上都是从亲来讲爱,也就是狭义的爱;广义的爱是兼爱,是墨家的观点。

> 樊迟问仁。子曰:"爱人。"(《论语·颜渊》)

樊迟是孔门中属于比较后进的弟子。对于樊迟问仁,孔子回答说:仁就是爱人。简单通俗,"仁者爱人"广为流传。朱熹认为:"仁者,爱之理,心之德也"[1],其中的"爱之理"便是由此发展出来。

> 子曰:"弟子入则孝,出则弟,谨而信,泛爱众而亲仁。行有余力,则以学文。"(《论语·学而》)

"泛爱众"可以说是广义的爱;但是,孔子话锋一转,"而亲仁",转向亲仁,也就是从广义收窄到狭义。儒家的爱以爱亲为基础,以爱亲来定义仁,由此近情且牢固,并成为儒家伦理体系的基础。在这个牢固的爱亲基础上,向外

---

[1] 朱熹:《四书章句集注》,中华书局 2012 年版,第 48 页。

推，推到民、推到物，而不是直接从爱物着手。这里要注意仁与爱、亲三者的区别。孟子曰："君子之于物也，爱之而弗仁；于民也，仁之而弗亲。亲亲而仁民，仁民而爱物。"(《孟子·尽心上》)从民与物来看，孟子对于民，实行仁，是收窄的爱，这是在亲的基础上推广；对于物之爱是广义的爱。

(2)仁是人(任)

亲爱之仁指向他者，是外向的；而人(任)之仁面向自己，内在的担当。

> 仁者，人也，亲亲为大。(《中庸》第二十章)

这涉及第一义"亲"与第二义"人"的关联，"亲亲"是仁人之首务，所以亲亲是仁。人能亲其亲，不能亲其亲者是不仁。按照这个定义，不能亲亲者不是人，如同禽兽；乌鸦尚能反哺，不能亲亲者甚至不如禽兽。这个仁人不是生理、身体意义上的人，而是道德意义的人。

> 孟子曰："仁也者，人也。合而言之，道也。"(《孟子·尽心下》)

孟子的解释更为内化，朱熹注释："仁者，人之所以为人之理也。""程子曰：'《中庸》所谓率性之谓道是也。'"①这是指按照人的本性所行的路；换言之，按照人之所以为人之理来做事，便是仁，这也是道德意义上的。在日常生活场景中，骂一个人道德败坏："不是人!"所骂之人丧失了仁，不具备人之为人的道德性。

> 子曰："人而不仁，如礼何! 人而不仁，如乐何!"(《论语·八佾》)

如果一个人不具备人之为人的道德品质，礼乐对他有什么用呢? 这就提醒我们，礼乐是仁的表现形式；仁人是礼乐的承载者、表达者，只有仁人才

---

① 朱熹：《四书章句集注》，中华书局 2012 年版，第 375 页。

能通过礼乐展现仁。

> 曾子曰:"士不可以不弘毅,任重而道远。仁以为己任,不亦重乎? 死而后已,不亦远乎?"(《论语·泰伯》)

作为道德意义上的人,要勇于承担使命,"仁以为己任",不仅要承担人之为人的重任,承担亲亲的使命,还要将亲亲之仁推广,推及他者:

> 夫仁者,己欲立而立人,己欲达而达人。能近取譬,可谓仁之方也已。(《论语·雍也》)

由一人之立,推致到他人之立;由一人之仁,推广到他人。"能近取譬",就是从己出发,这是仁的立足点,也是推致的基础、实现仁的正确方向。以上是由内向外推致,由立己到达人,这是正确的、渴望的方向。另外,还可以反推:

> 仲弓问仁。子曰:"出门如见大宾,使民如承大祭。己所不欲,勿施于人。在邦无怨,在家无怨。"仲弓曰:"雍虽不敏,请事斯语矣。"(《论语·颜渊》)

> 子贡问曰:"有一言而可以终身行之者乎?"子曰:"其恕乎!己所不欲,勿施于人。"(《论语·卫灵公》)

对于自己不想要的(不想得到的)、厌恶的,就要在己处终止,勿施于人,不要再推出去。连自己都厌恶,怎么能施加给别人呢?据《说文解字》"恕,仁也。"按照"恕"字的构成,上"如"下"心",简单理解为"如心",如同自己心里想的那样。自己想要的、好的,推给别人;自己不想要的、不好的,不推给别人,亦如孟子所说:"强恕而行,求仁莫近焉。"(《孟子·尽心上》)

（3）仁是人心

在强恕时，如心便是恕，便是仁。孟子讲："仁，人心也。"（《孟子·告子上》）朱熹讲仁是"心之德"。郑玄说："在心为德，施之为行。"①都是从人心处讲仁。

> 子曰："不仁者，不可以久处约，不可以长处乐。仁者安仁，知者利仁。"（《论语·里仁》）

> 子张问仁于孔子。孔子曰："能行五者于天下为仁矣。"请问之。曰："恭、宽、信、敏、惠。恭则不侮，宽则得众，信则人任焉，敏则有功，惠则足以使人。"（《论语·阳货》）

> 樊迟问仁，子曰："居处恭，执事敬，与人忠。虽之夷狄，不可弃也。"（《论语·子路》）

"仁者安仁"，如尧之"安安"，又如孔子"恭而安"，指内心恬愉自足的状态。"恭则不侮""居处恭"的"恭"，与"恭而安"之"恭"同。人心处于恭而安的状态，才能说是仁。"恭"指身体的恭敬，"安"指内心的自足，身心都符合仁的状态，由此可以联系到郭店楚简的上身下心之"仁"。

（4）身心仁

身心仁在郭店楚简出土之后，引起了学界的广泛讨论，表明仁与身心相关。综上，仁为道德之总名：

> 子曰："君子而不仁者有矣夫，未有小人而仁者也。"（《论语·宪问》）

---

① 郑玄注，贾公彦疏：《周礼注疏》卷一四，《十三经注疏》，上海古籍出版社1997年版，第730页。

## 2. 学以成仁

由仁的第二义发展，"学以成人"相当于"学以成仁"，通过学，成就仁人：一个有爱的人、有道德的人、有担当的人、内心安定的人、身心觉悟的人。从中国哲学的显微无间来说，仁可以归纳为三个方面。一是外在的：爱（亲）；人（任）之担当，可称之为显化的仁，用方以智的哲学概念来表述，相当于显冒、费均。二是内在的：人心安定，道德觉解；身心觉之仁，可称之为隐微的仁，用方以智的哲学概念来表述，相当于密冒、隐均。此外，借助《中庸》的"君子之道费而隐"与中国哲学的"显微无间"，还有一个统合内外（微显）的仁，用方以智的哲学概念来表述，相当于统冒、公均。"三冒三均"可以相互兼带，相互轮转，从而将仁的四个方面以三冒的形式充分展开，并在展开中旋转成一体。由道体对应功夫，统称为"学以成仁"之"学"：对应显冒、费均，"学"是孝或效，孝向人道敞开，效向天道敞开①；对应密冒、隐均，"学"是觉，人的道德心、身心觉；对应统冒、公均，"学"与"教"互释（见表2-3），统合显冒与密冒。综合以上三个"学"的方面，从觉（密冒）、孝与效（显冒）、学与教（统冒）三方面展开主体，实现三冒的"学以成仁（人）"。在"学"的三个方面："孝者，学也，教也，觉也，一也。"②由此，不仅"仁"是三冒一体，"学"亦是三冒一体，从而"学以成人（仁）"亦是三冒一体（见表2-4）。③

---

① "天地生人，人肖天地。""苟孝其心，即孝其天；孝其天，则天其亲矣。""觉有几焉，几在伦其人而理其天。"（方以智著，张昭炜整理：《孝觉》，《易余》卷下，《易余（外一种）》，上海古籍出版社2018年版，第143~144页。）

② 方以智著，张昭炜整理：《孝觉》，《易余》卷下，《易余（外一种）》，上海古籍出版社2018年版，第143页。

③ 参见张昭炜：《方以智三冒思想与儒学发展》，《哲学动态》2015年第7期。以及张昭炜：《三冒以成"吾"——方以智论哲学主体的展开》，《哲学动态》2017年第4期。综合两者，参见张昭炜：《阳明学发展的困境及出路》，中国社会科学出版社2017年版，第471~513页。

表2-3             郭店楚简中的"学"与"教"

| 学 | | | | | |
|---|---|---|---|---|---|
| 教 | | | | | |

表2-4         学以成人（仁）与三冒一体的对应关系

| 序号 | 三冒 | 仁之含义 | 学之含义 | 合称 | 成就的对象 | 渊源 |
|---|---|---|---|---|---|---|
| 1 | 显冒 | 亲（爱） | 孝 | 孝以成人（伦其人） | 父母　家庭 | 舜、文王、武王、周公 |
| 2 | | 人（任） | 效 | 效以成人（理其天） | 天地　宇宙 | 尧"圣希天"禹、汤之资任 |
| 3 | 密冒 | 人心 | 觉（悟） | 觉（悟）以成人 | 道德觉解 | 文王 |
| 4 | | 身心 | 觉 | 觉以成人 | 身心一体 | 有觉德行 |
| 5 | 统冒 | 亲（爱）人（任）人心身心 | 孝者，学也，教也，觉也，一也 | 教以成人 | 授道者 | 道统谱系的先进者 |
| 6 | | | 学以成人 | | 受道者 | 后进者 |

摘抄《论语》重要篇章，展现"学以成人"纲目：

（1）总纲：学以致道，学以成仁

    子夏曰："百工居肆以成其事，君子学以致其道。"（《论语·子张》）

（2）学以成仁之易：以此而有信心

    子曰："仁远乎哉？我欲仁，斯仁至矣。"（《论语·述而》）

有能一日用力于仁矣乎，我未见力不足者。盖有之矣，我未之见也。"(《论语·里仁》)

冉求曰："非不说子之道，力不足也。"子曰："力不足者，中道而废。今女画。"(《论语·雍也》)

(3) 学以成仁之难：以此而立典范

子曰："若圣与仁，则吾岂敢？抑为之不厌，诲人不倦，则可谓云尔已矣。"公西华曰："正唯弟子不能学也。"(《论语·述而》)

君子无终食之间违仁，造次必于是，颠沛必于是。(《论语·里仁》)

子曰："志士仁人，无求生以害仁，有杀身以成仁。"(《论语·卫灵公》)

(4) 学以成仁之方：以此而定方法

子夏曰："博学而笃志，切问而近思，仁在其中矣。"(《论语·子张》)

子夏的这句话可以倒过来读：仁在哪里呢？在博学而笃志中，在切问而近思里。根据前面讲的仁，是从认识层次、概念定义的角度讲，而此处是强调行的重要性。在《中庸》二十章，有"博学之，审问之，慎思之，明辨之，笃行之"。基本与此相同。

这里要注意从外向内收以及笃行的重要性。博学，是泛观博览，在获得认知时，也有外向驰逐的危险，因此，通过笃志来收摄博学，笃实而行，将这些博览之学实现从知向行的内化。切问，就是急切地问，在通过仓促的问答求知后，还要"近思"，近就是近身，具身性的思，比如恭忠敬等日履、非礼勿视听言动等。通过笃志、近思，仁之人心义、身心义得以具体化、实在化，由此可以说"仁在其中矣"。反之，如果没有笃志、近思的内化与笃行，将会导致"博学而志不笃，则大而无成；泛问远思，则劳而无功"①。学仁并不是要追求百科全书式的学问，而是要做个顶天立地的人，弘毅，任重道远，敢于承担，不辱使命。学仁也不是走马观花，追求那些与身心无关的知识，而是在近身转化，由身心实现仁，视听言动均合乎礼，举手投足均不逾矩。结合我们今天的教育来看，子夏讲到的问题仍具有显示意义："博学而不笃志，切问而不近思"的人，学习了很多知识，甚至是被灌输知识，却没有远大、坚定的志向，如同一盘散沙，没有凝聚性；堆砌繁芜，没有方向性。问了很多，读了很多，知道了很多，但是，没有结合身心真正去思考这些问题，转化为行，尤其是在道德领域，能够掌握丰富的道德知识、具备明辨的能力，只是适用于他者，而与自己不相关。

### 3. "学"以成仁

《论语》的核心概念是仁，教材的题目是"《论语》与仁性"，也是突出了仁的核心概念。我在这里要强调的是：只讲"仁"还不够，必须配之以"学"，也就是"学以成仁"。学是实现、证成仁的必要条件，如果没有学，孤立地讲仁，则会出现问题。当然，如果不学，不仅仁容易出现问题，而且知、信、直、勇、刚等都是如此，这就是孔子所讲的"六言六蔽"：

> 子曰："由也，女闻六言六蔽矣乎？"
>
> 对曰："未也。"
>
> "居，吾语女。
>
> 好仁不好学，其蔽也愚；好知不好学，其蔽也荡；
>
> 好信不好学，其蔽也贼；好直不好学，其蔽也绞；
>
> 好勇不好学，其蔽也乱；好刚不好学，其蔽也狂。"(《论语·阳货》)

这句话呈现的是孔子与弟子讲仁论学的一个场景。我们根据语境及人物性格，来尝试还原一下这个场景。首先是因材施教的问题，这句话是孔子与

---

① 朱熹：《四书章句集注》，中华书局 2012 年版，第 190 页。

子路的对话，子路好勇，名"仲由"，也就是孔子所称的"由"。据注释，"女，音汝"，"蔽，遮掩也。"①这里面有个对立概念，就是言与蔽。朱熹将蔽解释为"遮掩"，这只是表面意思，《荀子》有《解蔽》篇："凡人之患，蔽于一曲，而暗于大理"，只看到事物的一个方面，而得不到全体的认识。孔子在此处所言的蔽，也就是"蔽于言之一曲"所导致的问题，怎么来克服呢？那就要学。六言必须经过学，才能克服六蔽，获得大理。朱熹的注释当是借鉴了荀子："六言皆美德，然徒好之而不学以明其理，则各有所蔽。"②朱熹的解释具有很强的知识论色彩，我觉得这个还不够，不能跟上孔子学以解蔽的意思。学表现为一种行动，用阳明学的知行合一来看，六言只是知的层面，明理亦是知的层面，要能够解蔽，不仅要在知上明理，而且更要在行上证成，"学"是行义，是功夫义，只有这样，才能真正得以解蔽。

孔子所说问题在今天依然存在，我们说"六言"，分别是仁、知、信、直、勇、刚，这都是好的德性，也需被我们用以称赞人。但是，这段对话的重心在于：不仅要说，还要去做，如果只是说(光说不练)，便出现与六言对应的六蔽。我们现在仍在延续这个问题，比如说我们学《论语》，主要还是想在知解、言语层次上了解"仁"，了解仁与孝、礼之间的概念如何关联。要将这些概念转化成自己的品行，将认知转化成实践，这就需要"学"。通过学，我们通过前面的梳理，说仁是爱、亲亲、人、人心、身心等，这些解释各有所长。如果没有"学"，就会陷入"愚"，两种表现形式："若可陷可罔之类"③。"陷"是"臽，小阱也。"(《说文解字》)例如理解仁的四种含义，陷入其中一种不能自拔，"举一隅不以三隅反"(《论语·述而》)。四种理解混乱糊涂，分不清，迷失了。当然，我们通过分类辨析，辨名析理，可以在概念层次不至于"陷罔"，但是，这还是停留在知解层次，只有通过学，才能真正实现仁。如同真正孝父母，虽然不必在知解层次说认识了仁，但是仁已在其中，真正践行了仁道。后来阳明学的泰州学派重视百姓日常即是道，也可以说孝悌慈便是仁，

---

① 朱熹：《四书章句集注》，中华书局2012年版，第179页。
② 朱熹：《四书章句集注》，中华书局2012年版，第179页。
③ 朱熹：《四书章句集注》，中华书局2012年版，第179页。

应该说是孔子之学展开的重要方向。

通过学,避免仁向愚堕落;同理,亦可避免知向荡、信向贼、直向绞、勇向乱、刚向狂的堕落。通俗来讲,智慧聪明的人容易追求高妙,荡而无归。做人要讲诚信,但是,如果没有学,就会造成伤害。钱穆先生举例:"尾生与女子期而死于梁下是也。"①此据《庄子·盗跖》:"尾生与女子期于梁下,女子不来,水至不去,抱梁柱而死。"做人正直固然好,但是,如果没有学,直的人太急切,就容易变成草率唐突。勇和刚,这两种美德联系紧密,如朱熹说:"勇者,刚之发。刚者,勇之体。"②刚为用,勇为体,两者是体用关系。这段对话是孔子与子路的对话,尤其针对子路的勇与刚的问题,孔子因材施教,对症下药:勇者敢于超越和挑战,由此容易冲垮稳定的秩序,导致混乱;刚者不屈,独立不改,容易导致自信狂妄。当然,尽管孔子早已劝告过子路,但是最终子路也未能摆脱"结缨而死"的悲壮结局。

## (五)孔颜之学

我们在第二讲中谈到仁的四种含义,在此,我们再引入第五种含义,仁为讱。如同仁为人,这也可以从音韵训诂建立"仁"与"讱"的语义关联。

> 司马牛问仁。子曰:"仁者其言也讱。"曰:"其言也讱,斯谓之仁已乎?"子曰:"为之难,言之得无讱乎?"(《论语·颜渊》)

从因材施教来看,司马牛多言而躁,故孔子告之以"讱"。"讱,忍也,难也。"③讱就是少言而贞定,以克治司马牛的多言而躁动。当然,多言而躁动普遍存在,司马牛并不是特例。讱既为难言,总体表现为心之所存大于口之所言,可有两种发展方向:第一,谨言。少说话只是从数量而言,讱的真实

---

① 钱穆:《论语新解》,生活·读书·新知三联书店 2018 年版,第 407 页。
② 朱熹:《四书章句集注》,中华书局 2012 年版,第 179 页。
③ 朱熹:《四书章句集注》,中华书局 2012 年版,第 134 页。

用意就是谨言，能够做到谨言，多说一些也没关系。第二，行胜于言，也就是少说多做。这两种发展方向的极端表现便是缄默不言。

司马牛对于孔子的回答将信将疑，如同我们前面讲的仁之四义(爱(亲)、人(任)、人心、身心)，这些仁的指向都比较宏大，而孔子在此只说"讱"为仁，显然格局有点小，且貌似容易实现。因此，司马牛反问孔子：能够达到言之讱，这能称作仁吗？孔子答以"为之难"，这并不容易实现。与讱类似的还有"木""讷"：

> 子曰："刚、毅、木、讷，近仁。"(《论语·子路》)

"刚毅"近仁，如同我们反复强调的弘毅，这个很容易理解。难解之处在于：孔子认为"木讷"近仁，其重要性与刚毅相当。据《说文》："讷，言难也。"按此而言，讷与讱为同义词。据朱熹集注："程子曰：'木者，质朴。讷者，迟钝。四者，质之近乎仁也。'"又引杨氏曰："木讷不至于外驰，故近仁。"①这里强调了两点：第一，木讷是重质轻文，指人将精力集中在"质"，重此轻彼，从而导致"文"的欠缺，故呈现出木讷的状态。第二，与"外驰"相对，木讷是向内用功。求仁者为集中精力向内，减少语言，重视躬行，所以表现为重内轻外。另外，"木"的德性的表述可借助《庄子·达生》来看："几矣。鸡虽有鸣者，已无变矣，望之似木鸡矣，其德全矣。"木鸡是全德的体现，不战则已，战之必胜。当然，我们今天理解的"呆若木鸡"与本义完全相反。

> 子曰："巧言令色，鲜矣仁。(《论语·学而》)

与孔子以讱言仁、以木讷近仁相对，巧言令色则违背仁、远离仁。能够远离巧言令色，且能够做到讱言木讷者，在孔门弟子中，非颜子莫属。我们以《史记·仲尼弟子列传》为线索，来具体深入颜回的人文精神世界：

---

① 朱熹：《四书章句集注》，中华书局 2012 年版，第 149 页。

颜回者，鲁人也，字子渊，少孔子三十岁。

颜渊问仁，孔子曰："克己复礼，天下归仁焉。"

孔子曰："贤哉回也！一箪食，一瓢饮，在陋巷，人不堪其忧，回也不改其乐。"

"回也如愚；退而省其私，亦足以发，回也不愚。"

"用之则行，舍之则藏，唯我与尔有是夫！"

回年二十九，发尽白，蚤死。孔子哭之恸，曰："自吾有回，门人益亲。"

鲁哀公问："弟子孰为好学？"孔子对曰："有颜回者好学，不迁怒，不贰过。不幸短命死矣，今也则亡。"①

以上是《史记·仲尼弟子列传》中有关颜回传记的全部内容，我们将其分成六个部分，结合《论语》，依次讲解：

第一部分是介绍颜回的生平，颜回，字子渊，也称为颜渊，《论语》中第十二篇《颜渊》便是以其命名。颜回是孔子最器重的弟子，有亚圣、复圣之称。

第二部分是孔子与颜回讨论克己复礼之仁。据《论语》：

颜渊问仁，子曰："克己复礼为仁。一日克己复礼，天下归仁焉。为仁由己，而由人乎哉？"颜渊曰："请问其目？"子曰："非礼勿视，非礼勿听，非礼勿言，非礼勿动。"颜渊曰："回虽不敏，请事斯语矣。"（《论语·颜渊》）

如上所述，仁有五种主要含义。在此之外，在不同的场景下，针对不同的弟子，孔子言仁的方式也不尽相同。由于颜回在孔门的特殊地位，孔子对颜回的言仁极有代表性，可视作孔门授受心法。孔子与颜回言仁的结构形式为总纲与四目。《史记》只选择了总纲，那就是"克己复礼"。"克"当理解为约

① 司马迁：《仲尼弟子列传》，《史记》卷六十七，中华书局 1982 年版，第 2187～2188 页。

束，"克己"就是约束自己，约束是手段，目的是"复礼"。我们按照起点、实现手段、达到的目的来说明：如同我们从武汉大学信息学部的教学楼出发，这是起点；到一个地方，比如到樱顶，这是要达到的目的；实现手段是步行、骑自行车、骑电动车、乘坐校车。"己"，就是我当下的身心状态，就是起点。"克复"便是手段，包括内外两种手段：第一种是约束自己，注重外在的规范，以礼来约束；第二种是能，注重内在的能动性。两种手段的目的是天下归仁。

纲举目张，总纲进一步可以分解成四目，也就是"非礼勿视，非礼勿听，非礼勿言，非礼勿动"，视听言动是"己"向外界展开、与外界交流的四个主要方式，在这些方式中，都要遵循礼，依照礼的规范。在以上的解读中，人始终受制于外在的礼，处于约束状态，谨严有余，但缺乏内在的自适、愉悦。为避免这一问题，可引入宋明理学家的"核仁喻"，如同核桃仁，"仁"内在具有生意，要实现生意的怒放，需要具备两个条件：内在条件是核桃仁的生机冲力，从内向外，冲击封闭的外壳。克己，也就是能己，也就是"为仁由己"。我们接下来要讲佛教禅宗的经典《坛经》，佛教的创立者是释迦牟尼，"释迦牟尼"是音译，其意译是"能仁"，能够实现仁。克己复礼为仁，如同核仁破壳，自己能够冲破自己，展现仁的盎然生意，在这一过程中，自我得以实现。礼本于天地，也就是於穆流行的显化，仁的盎然生机亦合乎此於穆流行，从而克己复礼。从具体之目来说，视听言动，均是这种盎然生机的展现，天下归仁，都是在此盎然生机的润沃中呈现。这种解读主要表现为自我能动性展开，需要有礼的节制与相印，如同核桃树生长的过程，需要果农的整理与修饬。这两种解读可以相互参照，更能全面展现孔颜之仁。

以上是正向说"克"，反向说是"不违"：

> 子曰："回也，其心三月不违仁，其余则日月至焉而已矣。"（《论语·雍也》）

"其心三月不违仁，其余则日月至焉而已矣"，钱穆解释为："颜渊已能以仁为安宅，余人则欲仁而屡至。日月至，谓一日来至，一月来至。所异在尚不能安。"①子曰："不仁者不可以久处约，不可以长处乐。仁者安仁，知者利仁。"(《论语·里仁》)这是说颜回能够安于仁，在仁的安宅中，保持长久。能够处于仁之安宅，其追求至高至大，超越了物质层次，并驾驭之。

第三部分是孔子曰："贤哉回也！一箪食，一瓢饮，在陋巷，人不堪其忧，回也不改其乐。"据《论语》：

> 子曰："贤哉回也！一箪食，一瓢饮，在陋巷，人不堪其忧，回也不改其乐。贤哉回也！"(《论语·雍也》)

> 子曰："饭疏食，饮水，曲肱而枕之，乐亦在其中矣。不义而富且贵，于我如浮云。"(《论语·述而》)

箪，指古代用竹子等编成的盛饭用的器具。箪食、瓢饮、陋巷，在今天看来，饮食与居住都非常的简单，也就是仅能够维持人最基本的生存。这段话可接着上一段来讲，天下归仁，归于仁后，是一种什么状态呢？其实是内在的充裕、恬愉、自足自适。即使受物质条件限制，也不能改变。

第四部分是"回也如愚；退而省其私，亦足以发，回也不愚。"据《论语》：

> 子曰："吾与回言终日，不违如愚。退而省其私，亦足以发。回也不愚。"(《论语·为政》)

"如愚"近似于木讷、切言、呆若木鸡。"如愚"与"足以发"是相互印证，从而表明不是向愚笨方向发展。《史记》中写"回也如愚"，是"吾与回言终日，不违如愚"简化，只剩下"如愚"。按照《论语》的原文，孔子对颜回整天说话，颜回不违，笃实行之。据《中庸》："子曰：'回之为人也，择乎中庸，得一善，则拳拳服膺而弗失之矣。'"颜回的不违表现为尊奉孔子之言；同时，也显示出笃实之行，没有心思去争辩、反问，而是拳拳服膺。"退而省其私"，是

---

① 钱穆：《论语新解》，生活·读书·新知三联书店 2018 年版，第 132 页。

颜回从孔子处告退；"省其私"，是向内反躬自省。"亦足以发"指发明孔子之言，其中有超越孔子之处。综上，"如愚"是颜回给孔子以及他者的直观印象；"不愚"是颜回的内在特质。颜回不仅不愚，而且可以说是大智，如同老子所说的"大智若愚"。

读到这里，可能有人会问，颜回安在仁宅，表现为如愚，这样的境界是不是会导致荡漾在自我的顺适中，虽然精神愉悦充实，但缺乏实际的效验。针对这样的疑问，第五部分可以给出解答："用之则行，舍之则藏，惟我与尔有是夫！"据《论语》：

> 子谓颜渊曰："用之则行，舍之则藏，惟我与尔有是夫！"（《论语·述而》）

"用之则行，舍之则藏"，按照钱穆的解释："有用我者，则行此道于世。不能有用我者，则藏此道在身。舍即是捨，即不用义。"①用之，如孔子讲："如有用我者，吾其为东周乎？"（《论语·述而》）在孔子看来，只有自己和颜回能够做到这一点，从授受来看，孔门贤者七十二，弟子三千，唯有颜回能够继承孔子之学。从言与默来看，藏是默，行是言，颜回如愚不言，是为了将精力集中在行，拳拳服膺，充实内在，这正是宋明儒学的内圣典范。对于用与藏的问题，我们下一讲将结合《庄子·逍遥游》《庄子·养生主》《庄子·秋水》来引申。

在以上《史记》五部分的基础上，我们认识到孔子与颜回之间的默契与助发，以及孔子"惟我与尔有是夫"的感慨。当颜回早逝时，我们就不难理解孔子的悲痛，第六部分写到"回年二十九，发尽白，蚤死。孔子哭之恸，曰：'自吾有回，门人益亲。'"据《论语》：

> 颜渊死。子曰："噫！天丧予！天丧予！"（《论语·先进》）

---

① 钱穆：《论语新解》，生活·读书·新知三联书店 2018 年版，第 158 页。

颜渊死，子哭之恸。从者曰："子恸矣。"曰："有恸乎？非夫人之为恸而谁为！"（《论语·先进》）

第七部分是孔子追思颜回。"鲁哀公问：'弟子孰为好学？'孔子对曰：'有颜回者好学，不迁怒，不贰过。不幸短命死矣，今也则亡。'"据《论语》：

哀公问："弟子孰为好学？"孔子对曰："有颜回者好学，不迁怒，不贰过。不幸短命死矣！今也则亡，未闻好学者也。"（《论语·雍也》）

季康子问："弟子孰为好学？"孔子对曰："有颜回者好学，不幸短命死矣！今也则亡。"（《论语·先进》）

在颜回去世后，"今也则亡"，孔子再也没有像颜回那么好的学生。孔子的追思，更强化了颜回对于孔门之学的重要性。又据孟子的评价：

禹、稷当平世，三过其门而不入，孔子贤之。颜子当乱世，居于陋巷。一箪食，一瓢饮。人不堪其忧，颜子不改其乐，孔子贤之。孟子曰："禹、稷、颜回同道。禹思天下有溺者，由己溺之也；稷思天下有饥者，由己饥之也，是以如是其急也。禹、稷、颜子易地则皆然。（《孟子·离娄下》）

我们在前面已讲到孔子的思想源于三代文化的厚重积淀，《论语·尧曰》亦申明了尧舜禹的道统。按照孟子评价，简化的孔学道统谱系为：

禹（稷）——孔子——颜回

以孔子为中心，向前追溯至以禹为代表的三代文化，先后传递至颜回，由此形成道统的连续。颜回早死，等于打断了孔学向后传递的谱系，故而孔子言"天丧予"。

从事功来看，大禹治水，"禹思天下有溺者，由己溺之也"，解决了水灾问题。水灾在那个时代是中国人生存遇到的最大挑战，大禹解决了水灾，事功显赫。后稷教民稼穑，解决了吃饭问题。能够让那个时代的中国人吃饱饭，用现代的话说，就是装满了国家的"粮袋子"，功绩显赫。相对于大禹、后稷，颜回只是箪食瓢饮、在陋巷，颜回的事功是苍白的，那为什么能够敢于比肩禹稷呢？根本原因在于内圣，具体指精神追求的超越，表现为"体"之厚重，"藏"之深厚。颜回的圣人体段已具，只是没有机会表现为用。从行藏来看，"平世"时可"行"，仁体表现为禹、稷的"三过其门而不入"；"乱世"时不可行，表现为"藏"，体现为颜回的箪食瓢饮。"用之则行，舍之则藏"，其仁之心一也。只不过是在不同的外界条件下，呈现出不同的状态。颜子的这个传统后来被周敦颐继承，从内在精神层次阐发颜子之学，复活了儒学的内圣传统，从而接续了儒家的道统。

我们再返回去看孔子评价弟子：

> 子曰："从我于陈、蔡者，皆不及门也。"德行：颜渊，闵子骞，冉伯牛，仲弓。言语：宰我，子贡。政事：冉有，季路。文学：子游，子夏。（《论语·先进》）

颜回以德行居孔门之首。由上可知，颜回缄默不言，德行的表现为讱言、木讷、藏、克复；从功夫路径来看，是向内默识躬行。从表现来看，是罕言，专注于质；与之相对的是雅言，专注于文。在文学科中，子游居首。子游是孔门雅言的典范。按照文质区分，形成仁的两种分化：第一，缄默不言，重质，重行，称之为罕言，以颜回为代表；第二，优雅表达，重文，重言，称之为雅言，以言偃（子游）为代表。在我们的教材中，优雅表达的典范是刘勰的《文心雕龙》，教材题目是"《文心雕龙》与博雅"：

> 予生七龄，乃梦彩云若锦，则攀而采之。齿在逾立，则尝夜梦执丹

　　漆之礼器，随仲尼而南行；旦而寤，乃怡然而喜。大哉圣人之难见哉，乃小子之垂梦欤！自生人以来，未有如夫子者也。(《文心雕龙·序志第五十》)①

　　如同孔子梦周公，刘勰以梦见孔子为喜。据此而言，刘勰的文学思想以孔子为宗。《文心雕龙》的雅言主要表现为：

　　　　盖文心之作也，本乎道，师乎圣，体乎经，酌乎纬，变乎骚，文之枢纽，亦云极矣。(《文心雕龙·序志第五十》)②

　　文心的创作"本乎道"，也可以直接理解为本乎孔子的文学之道；"师乎圣"，也可以直接理解为师法孔子；"体乎经"，以经为体，可以直接理解为以"六经"为体，如同经纬交织，酌情采取纬书的变化，如同织布的经纬交织而成布，体经变纬而成文。从文风来说，在《诗经》基础上，刘勰还引入《离骚》的瑰丽，这涉及到《诗经》与《离骚》的兼取，表现出刘勰的创新，是对雅言的新发展。在这里要注意，如同经的恒常不变，刘勰以《诗经》为经，以《离骚》为变，前者是主，后者是从，不能反客为主。以上是讲雅言，《文心雕龙》亦有罕言的寓居：

　　　　是以陶钧文思，贵在虚静。疏瀹五藏，澡雪精神。(《文心雕龙·神思第二十六》)③

　　在这段话中，渗透着庄子的"虚静之心"，洋溢着孔颜的缄默传统。"陶

---

　　①　李建中主编：《人文社科经典导引》(第三版)，武汉大学出版社 2021 年版，第113 页。
　　②　李建中主编：《人文社科经典导引》(第三版)，武汉大学出版社 2021 年版，第114 页。
　　③　李建中主编：《人文社科经典导引》(第三版)，武汉大学出版社 2021 年版，第105 页。

钧"是制陶的器具，是在旋转中制作，其枢机便是中轴，而作为中轴的枢机是虚静。具体来说，便是"疏瀹五藏，澡雪精神"。这出自《庄子·知北游》，"五藏"原作"而心"，疏通五藏，洗净精神，如同沐浴，洗去身上的尘垢；给心灵沐浴，让精神回复到本真的纯净状态。据《庄子·知北游》：

> 孔子问于老聃曰："今日晏闲，敢问至道。"
>
> 老聃曰："汝齐戒，疏瀹而心，澡雪而精神，掊击而知。"

正是在这个基础上，庄子通过颜回，引出心斋，也就是给心灵一个宁静的空间，如同"虚室生白，吉祥止止"，在虚灵之中，神思得以萌动，精神得以生息。我们会在下面两讲阐释这些内容。

# 附录一：《大学》《中庸》原文

## 《大学》

大学之道，在明明德，在亲民，在止于至善。知止而后有定，定而后能静，静而后能安，安而后能虑，虑而后能得。物有本末，事有终始，知所先后，则近道矣。古之欲明明德于天下者，先治其国；欲治其国者，先齐其家；欲齐其家者，先修其身；欲修其身者，先正其心者，先诚其意；欲诚其意者，先致其知；致知在格物。物格而后知至，知至而后意诚，意诚而后心正，心正而后身修，身修而后家齐，家齐而后国治，国治而后天下平。自天子以至于庶人，壹是皆以修身为本。其本乱而末治者否矣，其所厚者薄，而其所薄者厚，未之有也！

《康诰》曰："克明德。"《太甲》曰："顾諟天之明命。"《帝典》曰："克明峻德。"皆自明也。

汤之《盘铭》曰："苟日新，日日新，又日新。"《康诰》曰："作新民。"《诗》曰："周虽旧邦，其命维新。"是故君子无所不用其极。

《诗》云："邦畿千里，惟民所止。"《诗》云："缗蛮黄鸟，止于丘隅。"子曰："于止，知其所止，可以人而不如鸟乎？"《诗》云："穆穆文王，於缉熙敬止。"为人君，止于仁；为人臣，止于敬；为人子，止于孝；为人父，止于慈；与国人交，止于信。《诗》云："瞻彼淇澳，菉竹猗猗。有斐君子，如切如磋，如琢如磨。瑟兮僩兮，赫兮喧兮。有斐君子，终不可諠兮。"如切如磋者，道学也；如琢如磨者，自修也；瑟兮僩兮者，恂栗也；赫兮喧兮者，威仪也；有斐君子，终不可諠兮者，道盛德至善，民之不能忘也。《诗》云："於戏前王不忘！"君子贤其贤而亲其亲，小人乐其乐而利其利，此以没世不忘也。

子曰："听讼，吾犹人也，必也使无讼乎！"无情者不得尽其辞。大畏民志，此谓知本。此谓知本，此谓知之至也。

所谓诚其意者，毋自欺也，如恶恶臭，如好好色，此之谓自谦，故君子必慎其独也！小人闲居为不善，无所不至，见君子而后厌然，掩其不善，而著其善。人之视已，如见其肺肝然，则何益矣。此谓诚于中，形于外，故君子必慎其独也。曾子曰："十目所视，十手所指，其严乎！"富润屋，德润身，心广体胖，故君子必诚其意。

所谓修身在正其心者，身有所忿懥，则不得其正；有所恐惧，则不得其正；有所好乐，则不得其正；有所忧患，则不得其正。心不在焉，视而不见，听而不闻，食而不知其味。此谓修身在正其心。

所谓齐其家在修其身者：人之其所亲爱而辟焉，之其所贱恶而辟焉，之其所畏敬而辟焉，之其所哀矜而辟焉，之其所敖惰而辟焉。故好而知其恶，恶而知其美者，天下鲜矣！故谚有之曰："人莫知其子之恶，莫知其苗之硕。"此谓身不修不可以齐其家。

所谓治国必先齐其家者，其家不可教而能教人者，无之。故君子不出家而成教于国：孝者，所以事君也；弟者，所以事长也；慈者，所以使众也。《康诰》曰："如保赤子。"心诚求之，虽不中，不远矣。未有学养子而后嫁者也！一家仁，一国兴仁；一家让，一国兴让；一人贪戾，一国作乱：其机如此。此谓一言偾事，一人定国。尧舜帅天下以仁，而民从之；桀纣帅天下以暴，而民从之；其所令反其所好，而民不从。是故君子有诸己而后求诸人，无诸己而后非诸人。所藏乎身不恕，而能喻诸人者，未之有也。故治国在齐其家。《诗》云："桃之夭夭，其叶蓁蓁；之子于归，宜其家人。"宜其家人，而后可以教国人。《诗》云："宜兄宜弟。"宜兄宜弟，而后可以教国人。《诗》云："其仪不忒，正是四国。"其为父子兄弟足法，而后民法之也。此谓治国在齐其家。

所谓平天下在治其国者：上老老而民兴孝，上长长而民兴弟，上恤孤而民不倍，是以君子有絜矩之道也。所恶于上，毋以使下；所恶于下，毋以事上；所恶于前，毋以先后；所恶于后，毋以从前；所恶于右，毋以交于左；所恶于左，毋以交于右：此之谓絜矩之道。《诗》云："乐只君子，民之父母。"民之所好好之，民之所恶恶之，此之谓民之父母。《诗》

云："节彼南山，维石岩岩，赫赫师尹，民具尔瞻。"有国者不可以不慎，辟则为天下僇矣。《诗》云："殷之未丧师，克配上帝；仪监于殷，峻命不易。"道得众则得国，失众则失国。是故君子先慎乎德。有德此有人，有人此有土，有土此有财，有财此有用。德者本也，财者末也。外本内末，争民施夺。是故财聚则民散，财散则民聚。是故言悖而出者，亦悖而入；货悖而入者，亦悖而出。《康诰》曰："惟命不于常！"道善则得之，不善则失之矣。《楚书》曰："楚国无以为宝，惟善以为宝。"舅犯曰："亡人无以为宝，仁亲以为宝。"《秦誓》曰："若有一个臣，断断兮无他技，其心休休焉，其如有容焉。人之有技，若己有之，人之彦圣，其心好之，不啻若自其口出。寔能容之，以能保我子孙黎民，尚亦有利哉。人之有技，媢嫉以恶之，人之彦圣，而违之俾不通，寔不能容，以不能保我子孙黎民，亦曰殆哉。"唯仁人放流之，迸诸四夷，不与同中国。此谓唯仁人为能爱人，能恶人。见贤而不能举，举而不能先，命也；见不善而不能退，退而不能远，过也。好人之所恶，恶人之所好，是谓拂人之性，灾必逮夫身。是故君子有大道，必忠信以得之，骄泰以失之。生财有大道，生之者众，食之者寡，为之者疾，用之者舒，则财恒足矣。仁者以财发身，不仁者以身发财。未有上好仁而下不好义者也，未有好义其事不终者也，未有府库财非其财者也。孟献子曰："畜马乘不察于鸡豚，伐冰之家不畜牛羊，百乘之家不畜聚敛之臣，与其有聚敛之臣，宁有盗臣。"此谓国不以利为利，以义为利也。长国家而务财用者，必自小人矣。彼为善之，小人之使为国家，灾害并至。虽有善者，亦无如之何矣！此谓国不以利为利，以义为利也。

## 《中庸》

天命之谓性，率性之谓道，修道之谓教。道也者，不可须臾离也，可离非道也。是故君子戒慎乎其所不睹，恐惧乎其所不闻。莫见乎隐，莫显乎微，故君子慎其独也。喜怒哀乐之未发，谓之中；发而皆中节，谓之和。中也者，天下之大本也；和也者，天下之达道也。致中和，天地位焉，万物育焉。

仲尼曰："君子中庸，小人反中庸。君子之中庸也，君子而时中；小人之中庸也，小人而无忌惮也。"

子曰："中庸其至矣乎！民鲜能久矣！"

子曰："道之不行也，我知之矣，知者过之，愚者不及也；道之不明也，我知之矣，贤者过之，不肖者不及也。人莫不饮食也，鲜能知味也。"

子曰："道其不行矣夫！"

子曰："舜其大知也与！舜好问而好察迩言，隐恶而扬善，执其两端，用其中于民，其斯以为舜乎！"

子曰："人皆曰予知，驱而纳诸罟擭陷阱之中，而莫之知辟也。人皆曰予知，择乎中庸而不能期月守也。"

子曰："回之为人也，择乎中庸，得一善，则拳拳服膺而弗失之矣。"

子曰："天下国家可均也，爵禄可辞也，白刃可蹈也，中庸不可能也。"

子路问强。子曰："南方之强与？北方之强与？抑而强与？宽柔以教，不报无道，南方之强也，君子居之。衽金革，死而不厌，北方之强也，而强者居之。故君子和而不流，强哉矫！中立而不倚，强哉矫！国有道，不变塞焉，强哉矫！国无道，至死不变，强哉矫！"

子曰："素隐行怪，后世有述焉，吾弗为之矣。君子遵道而行，半途而废，吾弗能已矣。君子依乎中庸，遁世不见知而不悔，唯圣者能之。"

君子之道费而隐。夫妇之愚，可以与知焉，及其至也，虽圣人亦有所不知焉；夫妇之不肖，可以能行焉，及其至也，虽圣人亦有所不能焉。天地之大也，人犹有所憾。故君子语大，天下莫能载焉；语小，天下莫能破焉。《诗》云："鸢飞戾天，鱼跃于渊。"言其上下察也。君子之道，造端乎夫妇；及其至也，察乎天地。

子曰："道不远人。人之为道而远人，不可以为道。《诗》云：'伐柯伐柯，其则不远。'执柯以伐柯，睨而视之，犹以为远。故君子以人治人，改而止。忠恕违道不远，施诸己而不愿，亦勿施于人。君子之道四，丘未能一焉：所求乎子以事父，未能也；所求乎臣以事君，未能也；所求乎弟以事兄，未能也；所求乎朋友先施之，未能也。庸德之行，庸言之谨，有所不足，不敢不勉，有余不敢尽；言顾行，行顾言，君子胡不慥慥尔！"

君子素其位而行，不愿乎其外。素富贵，行乎富贵；素贫贱，行乎贫贱；素夷狄，行乎夷狄；素患难，行乎患难；君子无入而不自得焉。在上位不陵下，在下位不援上，正己而不求于人则无怨。上不怨天，下不尤人。故君子居易以俟命，小人行险以徼幸。子曰："射有似乎君子，失诸正鹄，反求诸其身。"

君子之道，辟如行远必自迩，辟如登高必自卑。《诗》曰："妻子好合，如鼓瑟琴；兄弟既翕，和乐且耽；宜尔室家，乐尔妻帑。"子曰："父母其顺矣乎！"

子曰："鬼神之为德，其盛矣乎！视之而弗见，听之而弗闻，体物而不可遗。使天下之人齐明盛服，以承祭祀。洋洋乎！如在其上，如在其左右。《诗》曰：'神之格思，不可度思！矧可射思！'夫微之显，诚之不可掩如此夫。"

子曰："舜其大孝也与！德为圣人，尊为天子，富有四海之内。宗庙飨之，子孙保之。故大德必得其位，必得其禄，必得其名，必得其寿。故天之生物，必因其材而笃焉。故栽者培之，倾者覆之。《诗》曰：'嘉乐君子，宪宪令德！宜民宜人，受禄于天；保佑命之，自天申之！'故大德者必受命。"

子曰："无忧者其惟文王乎！以王季为父，以武王为子，父作之，子述之。武王缵大王、王季、文王之绪，壹戎衣而有天下，身不失天下之显名，尊为天子，富有四海之内，宗庙飨之，子孙保之。武王末受命，周公成文、武之德，追王大王、王季，上祀先公以天子之礼。斯礼也，达乎诸侯大夫，及士庶人。父为大夫，子为士，葬以大夫，祭以士。父为士，子为大夫，葬以士，祭以大夫。期之丧，达乎大夫；三年之丧，达乎天子。父母之丧，无贵贱一也。"

子曰："武王、周公，其达孝矣乎! 夫孝者，善继人之志，善述人之事者也。春秋修其祖庙，陈其宗器，设其裳衣，荐其时食。宗庙之礼，所以序昭穆也；序爵，所以辨贵贱也；序事，所以辨贤也；旅酬下为上，所以逮贱也；燕毛，所以序齿也。践其位，行其礼，奏其乐，敬其所尊，爱其所亲，事死如事生，事亡如事存，孝之至也。郊社之礼，所以事上帝也；宗庙之礼，所以祀乎其先也。明乎郊社之礼、禘尝之义，治国其如示诸掌乎。"

哀公问政。子曰："文武之政，布在方策。其人存，则其政举；其人亡，则其政息。人道敏政，地道敏树。夫政也者，蒲卢也。故为政在人，取人以身，修身以道，修道以仁。仁者人也，亲亲为大；义者宜也，尊贤为大；亲亲之杀，尊贤之等，礼所生也。在下位不获乎上，民不可得而治矣! 故君子不可以不修身；思修身，不可以不事亲；思事亲，不可以不知人；思知人，不可以不知天。天下之达道五，所以行之者三：曰君臣也，父子也，夫妇也，昆弟也，朋友之交也：五者天下之达道也。知、仁、勇三者，天下之达德也，所以行之者一也。或生而知之，或学而知之，或困而知之，及其知之一也；或安而行之，或利而行之，或勉强而行之，及其成功一也。"子曰："好学近乎知，力行近乎仁，知耻近乎勇。知斯三者，则知所以修身；知所以修身，则知所以治人；知所以治人，则知所以治天下国家矣。"凡为天下国家有九经，曰：修身也，尊贤也，亲亲也，敬大臣也，体群臣也，子庶民也，来百工也，柔远人也，怀诸侯也。修身则道立，尊贤则不惑，亲亲则诸父昆弟不怨，敬大臣则不眩，体群臣则士之报礼重，子庶民则百姓劝，来百工则财用足，柔远人则四方归之，怀诸侯则天下畏之。齐明盛服，非礼不动，所以修身也；去谗远色，贱货而贵德，所以劝贤也；尊其位，重其禄，同其好恶，所以劝亲亲也；官盛任使，所以劝大臣也；忠信重禄，所以劝士也；时使薄敛，所以劝百姓也；日省月试，既禀称事，所以劝百工也；送往迎来，嘉善而矜不能，所以柔远人也；继绝世，举废国，治乱持危，朝聘以时，厚往而薄来，所以怀诸侯也。凡为天下国家有九经，所以行之者一也。凡事豫则立，不豫则废。言前定则不跲，事前定则不困，行前定则不疚，道前定则不穷。在下位不获乎上，民不可得而治矣。获乎上有道：不信乎朋友，不获乎上矣。信乎朋友有道：不顺乎亲，不信乎朋友矣。顺乎亲有道：反诸身不诚，不顺乎亲矣。诚身有道：不明乎善，不诚乎身矣。诚者，天之道也；诚之者，人之道也。诚者不勉而中，不思而得，从容中道，圣人也。诚之者，择善而固执之者也。博学之，审问之，慎思之，明辨之，笃行之。有弗学，学之弗能弗措也；有弗问，问之弗知弗措也；有弗思，思之弗得弗措也；有弗辨，辨之弗明弗措也；有弗行，行之弗笃弗措也。人一能之己百之，人十能之己千之。果能此道矣，虽愚必明，虽柔必强。

自诚明，谓之性；自明诚，谓之教。诚则明矣，明则诚矣。

唯天下至诚，为能尽其性；能尽其性，则能尽人之性；能尽人之性，则能尽物之性；能尽物之性，则可以赞天地之化育；可以赞天地之化育，则可以与天地参矣。

其次致曲，曲能有诚，诚则形，形则著，著则明，明则动，动则变，变则化，唯天下至诚为能化。

至诚之道，可以前知。国家将兴，必有祯祥；国家将亡，必有妖孽。见乎蓍龟，动乎四体。祸福将至：善，必先知之；不善，必先知之。故至诚如神。

诚者自成也，而道自道也。诚者物之终始，不诚无物。是故君子诚之为贵。诚者非自成己而已也，所以成物也。成己，仁也；成物，知也。性之德也，合外内之道也，故时措之宜也。

故至诚无息。不息则久，久则征，征则悠远，悠远则博厚，博厚则高明。博厚，所以载物也；高明，所以覆物也；悠久，所以成物也。博厚配地，高明配天，悠久无疆。如此者，不见而章，不动而变，无为而成。天地之道，可一言而尽也：其为物不贰，则其生物不测。天地之道：博也，厚也，高也，明也，悠也，久也。今夫天，斯昭昭之多，及其无穷也，日月星辰系焉，万物覆焉。今夫地，一撮土之多，及其广厚，载华岳而不重，振河海而不泄，万物载焉。今夫山，一卷石之多，及其广大，草木生之，禽兽居之，宝藏兴焉。今夫水，一勺之多，及其不测，鼋鼍、蛟龙、鱼鳖生焉，货财殖焉。《诗》云："维天之命，於穆不已！"盖曰天之所以为天也。"於乎不显！文王之德之纯！"盖曰文王之所以为文也，纯亦不已。

大哉圣人之道！洋洋乎！发育万物，峻极于天。优优大哉！礼仪三百，威仪三千。待其人而后行。故曰苟不至德，至道不凝焉。故君子尊德性而道问学，致广大而尽精微，极高明而道中庸。温故而知新，敦厚以崇礼。是故居上不骄，为下不倍，国有道其言足以兴，国无道其默足以容。《诗》曰："既明且哲，以保其身。"其此之谓与！

子曰："愚而好自用，贱而好自专，生乎今之世，反古之道。如此者，灾及其身者也。"非天子，不议礼，不制度，不考文。今天下车同轨，书同文，行同伦。虽有其位，苟无其德，不敢作礼乐焉；虽有其德，苟无其位，亦不敢作礼乐焉。子曰："吾说夏礼，杞不足征也；吾学殷礼，有宋存焉；吾学周礼，今用之，吾从周。"

王天下有三重焉，其寡过矣乎！上焉者虽善无征，无征不信，不信民弗从；下焉者虽善不尊，不尊不信，不信民弗从。故君子之道：本诸身，征诸庶民，考诸三王而不缪，建诸天地而不悖，质诸鬼神而无疑，百世以俟圣人而不惑。质诸鬼神而无疑，知天也；百世以俟圣人而不惑，知人也。是故君子动而世为天下道，行而世为天下法，言而世为天下则。远之则有望，近之则不厌。《诗》曰："在彼无恶，在此无射；庶几夙夜，以永终誉！"君子未有不如此而蚤有誉于天下者也。

仲尼祖述尧舜，宪章文武；上律天时，下袭水土。譬如天地之无不持载，无不覆帱，譬如四时之错行，如日月之代明。万物并育而不相害，道并行而不相悖，小德川流，大德敦化，此天地之所以为大也。

唯天下至圣，为能聪明睿知，足以有临也；宽裕温柔，足以有容也；发强刚毅，足以有执也；齐庄中正，足以有敬也；文理密察，足以有别也。溥博渊泉，而时出之。溥博如天，渊泉如渊。见而民莫不敬，言而民莫不信，行而民莫不说。是以声名洋溢乎中国，施及蛮貊；舟车所至，人力所通，天之所覆，地之所载，日月所照，霜露所队，凡有血气者，莫不尊亲，故曰配天。

唯天下至诚，为能经纶天下之大经，立天下之大本，知天地之化育。夫焉有所倚？肫肫其仁！渊渊其渊！浩浩其天！苟不固聪明圣知达天德者，其孰能知之？

《诗》曰"衣锦尚絅"，恶其文之著也。故君子之道，暗然而日章；小人之道，的然而日亡。君子之道：淡而不厌，简而文，温而理，知远之近，知风之自，知微之显，可与入德矣。《诗》云："潜虽伏矣，亦孔之昭！"故君子内省不疚，无恶于志。君子之所不可及者，其唯人之所不见乎。《诗》云："相在尔室，尚不愧于屋漏。"故君子不动而敬，不言而信。《诗》曰："奏假无言，时靡有争。"是故君子不赏而民劝，不怒而民威于铁钺。《诗》曰："不显惟德！百辟其刑之。"是故君子笃恭而天下平。《诗》云："予怀明德，不大声以色。"子曰："声色之于以化民，末也。"《诗》曰"德辅如毛"，毛犹有伦。"上天之载，无声无臭。"至矣！

# 第三讲：《庄子》与天性

上一讲我们讲了《论语》，《论语》是儒家的经典；这一讲我们来讲《庄子》，《庄子》是道家的经典。在轴心文明时期，孔子与老子近乎同时，同宗周代文化；而孟子与庄子近乎同时。从孔子到孟子，一般的传承谱系是孔子传其孙孔伋(子思)，子思传孟子，当然，也有说孔子的弟子曾子传子思。曾子作《大学》，子思作《中庸》，如同孔子后学编纂《论语》，孟子后学编纂《孟子》。到宋代，形成了以《论语》《大学》《中庸》《孟子》为内容的儒学四书经典体系。老子之后，道家最有影响的便是庄子，两者合称"老庄"。道家经典群的主要代表是《老子》(《道德经》)与《庄子》(《南华经》)，另外还有《列子》(《冲虚经》)，这三部经典可统称为道家三经①，其地位犹如儒学的四书。当然，三经中最重要的是《道德经》与《南华经》。

我们这门课属于人文通识教育，在教材中，有两个经典比较特殊：即第二章"《庄子》与天性"与第三章"《坛经》与悟性"。《庄子》与《坛经》的旨趣不是增加知识，而是倾向于消除知识。《哈佛通识教育红皮书》将教育分成两种类型：通识教育(general education)和专业教育(special education)。专业教育比较容易理解，我们学计算机、通信、医学等专业，这都是专业教育，通过专业化的训练，其目的是培养专业化人才，并且由此发展成个人的职业。"社会对专业训练需求的强劲势头，更需要通识教育提供一种协调、平衡的力量。专业主义加强了社会的离心力。""职业化的专门化会使得一个原本流动的世界变得僵化。""教育的目的应该是使学生成为既掌握某种特定的职业或技艺，同

---

① 又有以关尹所作的《文始经》替代《冲虚经》。

98

时又掌握作为自由人和公民的普遍技艺的专家。"①通识教育的初衷在于激活僵化的专业知识，增强知识人的共通性与流动性。在实际执行中，也会产生两个问题：第一，如果将这门课以知识灌输的方式去教学，那么八部经典的学习则会成为一种负担，相当于培养计划中增加了一门必修课。本来学专业的时间与精力有限，再增加一门与专业无关的课程，会让某些学生产生抵触感。第二，作为一个重点高校的大学生，不仅要掌握通识与专业知识，而且需要对自己的天性有深刻的洞察，具备一定的悟性。《庄子》与《坛经》在一定程度上可以回答这两个问题：第一，这两部经典敞开了通向天性与悟性的通道，经典的旨趣不是去增加知识，而是要消解知识，告诉我们在知识教育之外，还有一种生机盎然的天性与明澈空无的悟性世界。第二，深入体会这两部经典，可以帮助我们增加的洞察能力，尽天性，能够获得一个灵性的、通彻的、超越的体悟。

这一讲主要有四部分内容：

一是教材中的成语。

二是庄子其人其书。

三是内篇的三则寓言。

四是天人关系(天性)。

# (一) 教材中的成语

作为课前预习，请同学们找出以下成语在教材中的位置，并标注在教材上。

### 《逍遥游》

| | | | |
|---|---|---|---|
| 鲲鹏展翅 | 垂天之云 | 鹏程万里 | 扶摇直上 |
| 列子御风 | 偃鼠饮河 | 越俎代庖 | 大而无当 |

---

① 哈佛委员会：《哈佛通识教育红皮书》，北京大学出版社2010年版，第41~42页。

| | | | |
|---|---|---|---|
| 河汉斯言 | 大相(有)径庭 | 不近人情 | 吸风饮露 |
| 尘垢秕糠 | 断发文身 | 大而无用 | 无何有乡 |
| 广莫之野 | 心智聋盲 | | |

## 《齐物论》

| | | | |
|---|---|---|---|
| 槁木死灰 | 心如死灰 | 万窍怒呺(号) | 天籁之音 |
| 方生方死 | 莫若以明 | 栩栩如生 | 庄周梦蝶 |

## 《养生主》

| | | | |
|---|---|---|---|
| 庖丁解牛 | 目无全牛 | 官止神行 | 批郤导窾 |
| 技经肯綮 | 游刃有余 | 恢恢有余 | 硎发新刃 |
| 踌躇满志 | 善刀而藏 | 一饮一啄 | 泽雉啄饮 |
| 遁天倍情 | 安时处顺 | 薪尽火传 | |

## 《秋水》

| | | | |
|---|---|---|---|
| 望洋兴叹 | 见笑大方 | 大方之家 | 井蛙之见 |
| 夏虫语冰 | 太仓稊米 | 一日千里 | 非愚则诬 |
| 咳唾成珠 | 泥涂曳尾 | 鹓雏之志 | 濠梁欢(观)鱼① |

# (二)庄子其人其书

### 1. 经典视野中的庄子

我们在第一讲中谈到中国儒家的经典，了解了儒家开创者孔子的思想，加之通常的学术观点影响，我们通常会认为"六经"（或"五经"）是儒家的经典，实际上，道家与"六经"亦颇有渊源，如冯天瑜先生所言：

---

① 可参考陈鼓应注译：《庄子今注今译》，中华书局 2009 年版。

汉代以来，人们习惯于将"五经"看作儒学经典。其实，《诗》、《书》、《礼》、《易》、《春秋》等中华元典并非专属儒家。《庄子·天下》以"古之道术"称呼这几部经典，是颇有分寸的，因为它们是诸子百家"方术"的共同渊薮，而不是儒家独占的源头。先秦时，这几部书被视作社会的通用教科书，不仅儒家以《诗》、《书》、《礼》、《乐》为教，墨子以《诗》、《书》教诲弟子，阴阳家研习《易》理，也是耳熟能详的事实……两汉以降，随着儒术独尊的确立，《诗》、《书》、《礼》、《易》、《春秋》被尊为"经"，并往往被看作"儒经"，其著作权、解释权逐渐被论证为儒家圣贤的专利。①

顺着冯先生的思路，我们以《周易》为例说明。在"六经"中，儒道两家都尊奉《周易》，我们上一讲谈到儒家重视《乾》的自强不息，孔子晚年好《易》等；道家也同样尊奉《周易》，如道家丹经奠基之作《周易参同契》即是以《周易》为根基。在魏晋玄学中，《周易》与《老子》《庄子》并称"三玄"，"三玄"可以互证；现代学者陈鼓应先生甚至将《易传》纳入道家谱系，而这通常被视为儒家经典。② 按照《庄子》外篇的观点：

> 天下之治方术者多矣，皆以其有为不可加矣！古之所谓道术者，果恶乎在？曰："无乎不在。"……圣有所生，王有所成，皆原于一。……古之人其备乎！配神明，醇天地，育万物，和天下，泽及百姓，明于本数，系于末度，六通四辟，小大精粗，其运无乎不在。其明而在数度者，旧法、世传之史尚多有之；其在于《诗》《书》《礼》《乐》者，邹鲁之士、缙绅先生多能明之。《诗》以道志，《书》以道事，《礼》以道行，《乐》以道和，《易》以道阴阳，《春秋》以道名分。其数散于天下而设于中国者，百家之学时或称而道之。

---

① 冯天瑜：《中华元典精神》，武汉大学出版社 2006 年版，第 71~72 页。
② 陈鼓应：《易传与道家思想》，商务印书馆 2007 年版。

天下大乱，贤圣不明，道德不一。天下多得一察焉以自好。譬如耳目鼻口，皆有所明，不能相通。犹百家众技也，皆有所长，时有所用。虽然，不该不遍，一曲之士也。判天地之美，析万物之理，察古人之全，寡能备于天地之美，称神明之容。是故内圣外王之道，暗而不明，郁而不发，天下之人各为其所欲焉以自为方。悲夫！百家往而不反，必不合矣！后世之学者，不幸不见天地之纯，古人之大体。道术将为天下裂。（《庄子·天下》）

如同孔子尊奉尧舜禹文武周公一样，《庄子·天下》从文化史上构建出远古的圣明时代。那个时代是"其备乎"，是完备、完美的理想社会。"配神明"，宗教的昌盛，能够以德配天；天地、万物、天下，自然展开的视域，都能够相合。从天下观来看中国哲学文化，基本上都是围绕道术展开的，同源于一个母体，在大同下表现出小异而已。当然，后人可以按照道术裂之后的表现而有所区别，儒学以阐明"六经"为学，居上风，最接近道，但也可以说道家最接近道之大体。在这种情况下，庄学产生了：

芴漠无形，变化无常，死与生与，天地并与，神明往与！芒乎何之，忽乎何适，万物毕罗，莫足以归。古之道术有在于是者，庄周闻其风而悦之。以谬悠之说，荒唐之言，无端崖之辞，时恣纵而不傥，不以觭见之也。以天下为沉浊，不可与庄语，以卮言为曼衍，以重言为真，以寓言为广。独与天地精神往来而不敖倪于万物，不谴是非，以与世俗处。其书虽瑰玮而连犿无伤也。其辞虽参差，而諔诡可观。彼其充实，不可以已，上与造物者游，而下与外死生、无终始者为友。其于本也，弘大而辟，深闳而肆；其于宗也，可谓稠适而上遂矣。虽然，其应于化而解于物也，其理不竭，其来不蜕，芒乎昧乎，未之尽者。（《庄子·天下》）

总体来看，庄子之学亦是道术之一端。以上概括了庄子之学，包括其学说要旨（如"死与生与"指生死问题）；其学说表现形式，如三言（以卮言为曼衍，以重言为真，以寓言为广)、用三言著述的原因(以天下为沉浊，不可与庄语)、著作的风格(以谬悠之说，荒唐之言，无端崖之辞，时恣纵而不傥，不以觭见之也)、内在的追求(独与天地精神往来而不敖倪于万物，不谴是非，以与世俗处)等。如内在追求体现在《庄子·逍遥游》中接舆"不近人情焉"，姑射山的神人"乘云气，御飞龙，而游乎四海之外"。①

### 2. 老子

从孔子到庄子，以老子为过渡，以《史记》为线索。庄子承接老子之道，那老子与庄子是什么样的人呢？我们不妨借助《史记·老庄申韩列传》来看：

> 老子者，楚苦县厉乡曲仁里人也，姓李氏，名耳，字聃，周守藏室之史也。②

以上是老子的生平概况，正如道家素朴无为的宗旨，较之于详尽的《孔子世家》，老子的列传比较简单。老子是楚国人，在周代掌管藏书(柱下史，相当于国家图书馆馆长)。这也间接说明老子继承的是周代文化，与孔子继承的文化传统一致。《史记》的老子传记主要有两段，第一是孔老相会，第二是老尹相会。我们先看第一段：

> 孔子适周，将问礼于老子。老子曰："子所言者，其人与骨皆已朽矣，独其言在耳。且君子得其时则驾，不得其时则蓬累而行③。吾闻之，良贾深藏若虚，君子盛德，容貌若愚。去子之骄气与多欲，态色与淫志，

---

① "不近人情，不附世情(成《疏》)；言非世俗所常有(林希逸说)。""乘云气，御飞龙，而游乎四海之外：谓与天地精神往来(陈启天说)。"(陈鼓应注译：《庄子今注今译》，中华书局 2009 年版，第 27 页。)

② 司马迁：《老子韩非列传第三》，《史记》卷六十三，中华书局 1982 年版，第 2139 页。

③ 张守节正义："蓬，沙碛上转蓬也；累，转行貌也。言君子得明主则驾车而事，不遭时则若蓬转流移而行，可止则止也。"(司马迁：《老子韩非列传第三》，《史记》卷六十三，中华书局 1982 年版，第 2140 页。)

是皆无益于子之身。吾所以告子，若是而已。"孔子去，谓弟子曰："鸟，吾知其能飞；鱼，吾知其能游；兽，吾知其能走。走者可以为罔，游者可以为纶，飞者可以为矰。至于龙吾不能知，其乘风云而上天。吾今日见老子，其犹龙邪！"①

"良贾深藏若虚，君子盛德，容貌若愚"，在上一讲中，这种状态正是颜子之学的特征。"良贾深藏若虚"，真正有钱的商人将巨额财富隐藏起来，表现出虚的状态，看上去很穷，貌似一无所有。与此类似，敦朴的君子应注重内敛退藏，向人文精神深处扎根，如同《庄子·养生主》庖丁的善刀而藏。君子表象是"若愚"，实则"不愚"，具有非常充盈的内在精神活力。与之相对，骄气、多欲、态色、淫志都是"如愚"的反面，如同巧言令色，是显性维度的张扬，老子极力反对。《庄子·天运》对此有引申：

> 孔子见老聃归，三日不谈。弟子问曰："夫子见老聃，亦将何规哉？"孔子曰："吾乃今于是乎见龙！龙，合而成体，散而成章，乘乎云气而养乎阴阳。予口张而不能嗋，予又何规老聃哉！"
>
> 子贡曰："然则人固有尸居而龙见，雷声而渊默，发动如天地者乎？赐亦可得而观乎？"遂以孔子声见老聃……子贡蹴蹴然，立不安。

子贡对于老子的描述是"尸居而龙见，雷声而渊默"，这又见于《庄子·在宥》："故君子苟能无解其五藏，无擢其聪明，尸居而龙见，渊默而雷声。"其中的"尸居"如同《乾》卦初九之潜龙，"龙见"又如九二之见龙。从初九到九二，既是前后关系，亦是因果关系，换言之，要想获得龙见，须用"尸居"的功夫，也就是在沉潜中积聚。"无擢其聪明"是如愚的状态。"尸居而龙见，渊默而雷声"，正是极静而真动的状态：在渊默中内在蓄积充满了如雷般的动能，蓄势待发。

---

① 司马迁：《老子韩非列传第三》，《史记》卷六十三，中华书局 1982 年版，第 2140 页。

结合前一讲的孔子真形体与颜子之学,再看孔老会中老子所言:孔子与老子之同在于精神人文的深度,都有丰富的、源泉般的厚重底蕴,并且注重这种精神底蕴的保育,如同朱子的"木晦于根"。这表明儒道两家在精神人文深处的本原一致性,可接续周代文王的"於穆不已"的人文精神。这种精神的理解与掌握可作为中国人文精神入门的判断标准。从文本考辨来看,《庄子·天运》影响了《史记》,因此,孔老相会的文献源于老子后学,故尊老子,以老子之学为高为大,孔子赞叹老子之学。事实上,如《论语》所录,孔子有"天何言哉"的缄默深度、孔颜亦有默会之学,甚至《礼记》等儒家文献中有孔子闲居时"气志如神"的深度底蕴。

我们再来看老尹相会:

> 老子修道德,其学以自隐无名为务。居周久之,见周之衰,乃遂去。至关,关令尹喜曰:"子将隐矣,强为我著书。"于是老子乃著书上下篇,言道德之意五千余言而去,莫知其所终。①

以上是讲掌管函谷关的尹喜与老子相会。如果一个人出了函谷关,相当于离开了当时的中原("函谷关"相当于现代的海关,关令相当于海关的关长)。我们想象一下:老子想出关,须获得关令同意。函谷关的关令尹喜久闻老子大名,恳请老子写下他的主要思想。老子作《道德经》五千言,留给尹喜,然后出关而去,莫知所终。老子潇洒地走了,但是后面还有故事。佛教传到中国后,佛教与道教斗争,道教徒作了一部《老子化胡经》,声称老子化身释迦牟尼佛,创立了佛教。这是后话,暂且不提。关尹喜得到老子真传,在弘扬《道德经》的同时,他修道也很有成就,在陕西成立楼观派,又称文始派,他的著作《文始经》是道教的重要经典(可惜现在流传的版本不是关尹喜的原作)。

我们前面讲了孔子内在的精神追求——学以成仁成圣。那老子追求道,得道者又是一种什么状态呢?我们来看《道德经》第十五章:

---

① 司马迁:《老子韩非列传第三》,《史记》卷六十三,中华书局 1982 年版,第 2141 页。

古之善为士（道）者，微妙玄通，深不可识。

夫惟不可识，故强为之容：

豫兮若冬涉川；

犹兮若畏四邻；

俨兮其若客；

涣兮若冰之将释；

敦兮其若朴；

旷兮其若谷；

混兮其若浊；

孰能浊以静之徐清；

孰能安以动之徐生。

保此道者，不欲盈。

夫唯不盈，故能蔽而新成。

从文字来说，这一章像首诗，前面像《楚辞》，影响了屈原；后面像《诗经》："《笔乘》谓老子文法多叶韵，盖'清''生''盈''成'，一韵耳。"①老子以诗化的语言呈现道之美。

孔子心中的圣人是尧舜禹文武周公，他们是孔子学习的典范；老子学习的典范是"古之善为士者"（"士"在帛书乙本中作"道"）。尧舜禹的典范表现在显性维度，能够齐家、治国、平天下；而老子追求的古道人则是"微妙玄通，深不可识"，这是一种精微的、内在的、渊深的隐性（缄默）维度的追求。显性维度的追求要"为学日益"，要充盈，好像我们学数学，从加减法，到乘除法，从对数到微积分，越学越多，并且前面的学习是后面学习的基础，是一层层叠加上去的。但是，老子追求"为道日损"，"不欲盈"（郭店本作"不欲尚呈"），也就是不要显露，要向缄默的微玄契合，要一层层剥离，以期回复本真、自然的状态。

———

① 憨山德清：《老子道德经解》，中华书局 2020 年版，第 45 页。

对于得道者来说,"夫惟不可识,故强为之容";而一般人很难认识到,所以老子勉强来描述、形容,用了七个"兮其若","兮"是助词,相当于"啊"。"其若"的"其"是代词,他们;"若",是好像。好像什么呢?

第一,"豫兮若冬涉川"。"豫"是审慎的意思,得道者是审慎的,犹如《中庸》的"戒慎乎其所不睹,恐惧乎其所不闻"。"冬涉川",就是冬天过河,不是在南方的冬天过河,南方的河通常不结冰,也不是在东北的冬天过河,冻得彻底;而大概类似于华北地区初冬时,河面结冰了,但冰还不结实,此时过河,战战兢兢,如履薄冰。

第二,"犹兮若畏四邻","犹"是戒慎恐惧的意思,提防四周。如同遭遇四面临敌的状态,不能松懈。

第三,"俨兮其若客","俨",端庄肃重,"若客",如同宾客。类似于《论语·颜渊》中的:"仲弓问仁。子曰:'出门如见大宾,使民如承大祭。'"

以上三种状态是收敛、紧张的状态;下面四种是自然、舒张的状态:

第四,"涣兮若冰之将释","涣"是消散、散开的意思,这种状态就像冰开始融合一样,注意这里是"将",不是已经涣散,而是将要,是一种即将发生,但还没发生的状态,相当于静极而动,但还没有动的状态,如同亥子中间、坤复之际。

第五,"敦兮其若朴","敦"是朴实、憨厚、仁慈,相当于诚实的状态,至诚而实。"朴",没有雕琢修饰,但是厚实、质朴,敦厚朴实,就像没有雕饰过的璞玉,这是从实处来讲,类似于颜子的"如愚"。

第六,"旷兮其若谷","旷"是从虚处来讲,虚怀若谷。

第七,"混兮其若浊","混",相当于孔子的"即圣而凡",善为道者,并不是高高在上,而是与世俗游。"若浊",像混浊,但不是浑浑噩噩。如同庄子"不谴是非,以与世俗处"(《庄子·天下》)。

为道者应致力于以上三种张的状态与四种舒的状态,形成混合态,一张一弛(三张四弛),张弛之间有多种形态。

这里面包含双向转化:第一,化浊成清,由人为到自然;第二,化安静为徐生,由自然到人为。"孰能浊以静之徐清,孰能安以动之徐生。"谁能在浊中澄静下来，慢慢地澄清？谁能在安定中变动起来，慢慢地生成？从动静来看："浊以静之徐清"，是由动到静；"安以动之徐生"，是由静到动。以上包含了动静的微妙转化。

大概了解了老子追求的善为道者之后，再来看庄子描绘的神人：

> 藐姑射之山，有神人居焉。
>
> 肌肤若冰雪，淖约若处子；
>
> 不食五谷，吸风饮露；
>
> 乘云气，御飞龙，而游乎四海之外。
>
> 其神凝，使物不疵疠而年谷熟。（《庄子·逍遥游》）

庄子描述的神人，有外有内：外在的便是"肌肤若冰雪，淖约若处子"，这是体貌特征，具有圣洁、原初之美；内在的便是"其神凝"。从内外一致来看，正是其神凝，才有了外在圣洁、原初之美。在这里，可以将"内"的神凝作为原因，那"外"的体貌便是结果。因此，神凝之内更具有根本性，关于神凝的问题，我们下面要通过佝偻承蜩的故事来讲。

回到《逍遥游》这一篇的主题来看，体貌特征显然是次要的，最主要的是实现"逍遥游"，在这里体现为"乘云气，御飞龙，而游乎四海之外"。这里的游是精神之游，不是现代全世界的旅游。① 但是，庄子讲的游又不是散漫的遐想，而是内在有"神凝"作为支撑："'游'、凝神是一致的。""这种纯精神的遨游也就是真正的虚静。"②这种一致性的引申，便是凝神、虚静，是实现"游"的前提，从而使得散漫的精神凝聚，将躁动的欲望收敛，实现从凡人到神人的转变。再进一步引申，要实现凝神、虚静，依赖于功夫，这便是心斋、

---

① 当然，与可以达到任何地方的环球旅游类似，精神之游可以到达任何地方。通俗来说，心是一个神奇的东西，它可以带我们到任何地方：在珞珈山，有时想家了，它就带我到远在千里之外的故乡，想到家乡的桃花红了杏花白了；一会儿带我去柏林夏洛腾堡公园，想到松鼠在树林里四处蹦跳，天鹅鸳鸯在湖里自由地游动。

② 刘笑敢：《庄子哲学及其演变(修订版)》，中国人民大学出版社 2020 年版，第154 页。

坐忘、"吾丧我"、"嗒焉似丧其耦"等，我们下面会讲到。

## 2. 庄子

我们接着看《史记》的庄子传记：

> 庄子者，蒙人也，名周。周尝为蒙漆园吏，与梁惠王、齐宣王同时。其学无所不窥，然其要本归于老子之言。故其著书十万言，大抵率寓言也。作《渔父》、《盗跖》、《胠箧》，以诋訿①孔子之徒，以明老子之术。《畏累虚》、《亢桑子》之属，皆空语无事实。然善属书离辞，指事类情，用剽剥儒、墨，虽当世宿学不能自解免也。其言洸洋自恣以适己，故自王公大人不能器之。

> 楚庄王闻庄周贤，使使厚币迎之，许以为相。庄周笑谓楚使曰："千金，重利；卿相，尊位也。子独不见郊祭之牺牛乎？养食之数岁，衣以文绣，以入大庙。当是之时，虽欲为孤豚，岂可得乎？子亟去，无污我。我宁游戏污渎之中自快，无为有国者所羁，终身不仕，以快吾志焉。"②

在以上传记中，有两点值得注意：

第一，老庄的关系。司马迁有意识地在文中强化老庄的关系，称庄子的作品"其要本归于老子之言"。《庄子》的《渔父》等作品"以明老子之术"。这是老庄的一致性。但是，我们也应该注意老庄之间的差别。《道德经》的形式像散文诗歌、格言警句，而《庄子》的形式更像是寓言故事；《道德经》一本自然，其言富有哲理与启示，而《庄子》的语言形式"洸洋自恣以适己"，其言富有个性与浪漫色彩。

第二，孔庄的关系。司马迁有意识地在文本中制造孔庄关系的紧张，这

---

① 訿，同"訾"，诋毁，据索隐："訿，评也。""谓诋评毁訾孔子也。"（司马迁：《老子韩非列传第三》，《史记》卷六十三，中华书局1982年版，第2144页。）

② 司马迁：《老子韩非列传第三》，《史记》卷六十三，中华书局1982年版，第2145页。

或许受到汉初儒道斗争的影响。老子与孔子同宗周代文化，孔老之间并没有激烈的冲突，尤其是在当今社会，我们中国文化需要增加内部的凝聚力，更没有必要凸显、放大或人为制造孔老之间的紧张。庄子的作品中有一些篇章诋毁孔子之徒。孔子想从政做官，实现从周的政治理想，如"子贡曰：'有美玉於斯，韫椟而藏诸？求善贾而沽诸？'子曰：'沽之哉，沽之哉！我待贾者也。'"（《论语·子罕》）孔子待贾而沽，"沽"就是卖。庄子则不然，楚庄王聘庄子为相，庄子宁愿游戏于污渎（污泥）之中自快。《庄子·秋水》对此事有形象说明：

> 庄子钓于濮水。楚王使大夫二人往先焉，曰："愿以竟内累矣！"
>
> 庄子持竿不顾，曰："吾闻楚有神龟，死已三千岁矣。王巾笥而藏之庙堂之上。此龟者，宁其死为留骨而贵乎？宁其生而曳尾于涂中乎？"
>
> 二大夫曰："宁生而曳尾涂中。"
>
> 庄子曰："往矣！吾将曳尾于涂中。"

不去当大官，甘愿曳尾泥涂，庄子的思想很容易与现代的"躺平"相连。其实，庄子并不是什么也不想干，不思进取，他内在有鲲鹏精神与超越追求，如《庄子·天下》的"独与天地精神往来"，便是庄子的内在精神追求，这种崇高的追求化解甚至超越了为官至卿相。如同颜子的箪食瓢饮，内心深处是以藏为特征的缄默追求。"而不敖倪于万物"，便是能与世俗处。既有崇高的精神追求，又能将这种精神表达在世俗社会，这才是真正的庄子，而绝不是"躺平"的庄子。

在这里还要注意老庄的差异。《道德经》有"养生"与"治国"两大发展方向：从养生而言，汉代出现的《周易参同契》为丹道经典，主要侧重外丹；在五代，开始由外丹转向内丹；宋代形成内丹南宗，以张伯端为代表；宋元形成内丹北宗，以全真七子为代表。清代，有黄元吉的《道德经注释》等。从治国而言，道生法，形成法家，如韩非子的《解老》《喻老》等；反之，法亦能生道，如黄老学派，对于汉代帝国的休养生息起到关键作用。老子"治国"的方向与《庄子》不同，庄子的自由精神更倾向于消解法的规定性，庄子哲学中相对缺乏治国这一向度，更倾向于曳尾泥涂之学，这在魏晋玄学中展开山林与庙堂两个维度，郭象的处理方式是"心在山林，身在庙堂"。从《道德经》的两个方向来看，庄子相当于发展了"养生"的方向，如《养生主》"缘督以为经"，《秋水》的"尾闾"，这是老庄的相通处。庄子又有其独特的发展方向，如美学："虚室生白，吉祥止止。"虚室相当于由虚静之心发展而来，承接养生，亦关联着艺术之美；天籁之音，与自然相合，是音乐创作的灵魂。由此虚静之心，亦可作为绘画创作的基础。从艺术美学来看，庄子哲学中包含由技到艺，由艺至道。

### 3.《庄子》

庄子的注释本很多，最有代表性的是郭象注本：

> 初，注《庄子》者数十家，莫能究其旨要。向秀于旧注外为解义，妙析奇致，大畅玄风。唯《秋水》《至乐》二篇未竟而秀卒。秀子幼，义遂零落，然犹有别本。郭象者，为人薄行，有俊才，见秀义不传于世，遂窃以为己注。乃自注《秋水》《至乐》二篇，又易《马蹄》一篇，其余众篇，或定点文句而已。后秀义别本出，故今有向、郭二《庄》，其义一也。(《世说新语·文学》)①

按照《世说新语》的说法，在向秀那个时代，注《庄子》者有数十家，但这些注疏并没有真正把握庄学要旨。向秀是魏晋时期的竹林七贤之一②，三国魏正始年间(240—249)，嵇康、向秀等七个人常在竹林里聚会游玩，肆意畅

---

① 余嘉锡：《世说新语笺疏》，中华书局 2015 年版，第 226~227 页。
② 《世说新语·任诞》："陈留阮籍、谯国嵇康、河内山涛，三人年皆相比，康年少亚之。预此契者：沛国刘伶、陈留阮咸、河内向秀、琅邪王戎。七人常集于竹林之下，肆意酣畅，故世谓'竹林七贤'。"据注释："《晋阳秋》曰：'于时风誉扇于海内，至于今咏之。'"据笺疏，《御览》引《述征记》曰："山阳县城东北二十里，魏中散大夫嵇康园宅，今悉为田墟，而父老犹谓嵇公竹林，时有遗竹也。"(余嘉锡：《世说新语笺疏》，中华书局 2015 年版，第 800~801 页。)山阳县竹林，现位于河南省辉县。

饮，这种生活状态与精神追求类似于庄子的"洸洋自恣以适己"，因此，注释《庄子》符合他们的情趣；或者说借助《庄子》注释表达他们的内在的精神追求。

从轴心时期中国哲学的儒道(孔老)两大流派来看，魏晋玄学代表了儒道两大流派的合流。玄学以"三玄"为主要经典，也就是《周易》《老子》《庄子》，这个时期的哲学也称作魏晋玄学，向秀在注《庄》时"大畅玄风"，也就是这个意思。向秀对于《庄子》的解义"妙析奇致"，超出以前的注释，并且在玄理上有超越精妙处。据说向秀的好友吕安看到他的注释后，惊叹："庄周不死矣。"①相当于说向秀注的《庄子》复活了庄子的真精神。又据《竹林七贤论》云："秀为此义，读之者无不超然，若已出尘埃而窥绝冥，始了视听之表。有神德玄哲，能遗天下，外万物。虽复使动竞之人顾观所徇，皆怅然自有振拔之情矣。"②

从学友评论来看，向秀注庄的著作，在竹林七贤或者更大范围朋友圈引起了不小的震动，尤其在义理层次，能够辅翼庄子，超然、出尘埃、窥绝冥，均显示出义理的纯熟精湛，并得到学友的高度认可。当向秀的注庄还在进行时，尚未完成《秋水》《至乐》两篇，便去世了。由于向秀之子尚且年幼，不能继承发扬家学，致使向秀解庄的作品零落，从家中流失出去。从前文的记述来看，至少在他的朋友吕安或者在竹林七贤的朋友圈里，已经有向秀注庄的本子在流传。

郭象，字子玄，亦好老庄。他看到向秀家中流传出的本子，并且得知向秀的解庄著作还没有刊行，于是便当作自己的著作，并且补足了向秀没有注释的两篇，改动了《马蹄》篇，删定了其他篇章，付梓流行，也就是我们通常所用的郭象注庄本。向秀的解庄本刊行出来以后，就有了两个版本，其实内容的解义基本相同。当然，有学者为郭象喊冤，如著名中国哲学史家冯友兰认为郭象"综合各家，集其大成"③。悬搁这些争论，我们今天所能看到的、

---

① 余嘉锡：《世说新语笺疏》，中华书局 2015 年版，第 226 页。
② 余嘉锡：《世说新语笺疏》，中华书局 2015 年版，第 226 页。
③ 冯友兰：《中国哲学史新编》第 4 册，人民出版社 2007 年版，第 134 页。

广为流传的便是郭象注《庄》三十三篇本，这个本子的篇目如下：

**内篇(七)**

《逍遥游第一》《齐物论第二》《养生主第三》《人间世第四》

《德充符第五》《大宗师第六》《应帝王第七》

**外篇(十五)**

《骈拇第八》《马蹄第九》《胠箧第十》《在宥第十一》《天地第十二》

《天道第十三》《天运第十四》《刻意第十五》《缮性第十六》

《秋水第十七》《至乐第十八》《达生第十九》《山木第二十》

《田子方第二十一》《知北游第二十二》

**杂篇(十一)**

《庚桑楚第二十三》《徐无鬼第二十四》《则阳第二十五》

《外物第二十六》《寓言第二十七》《让王第二十八》

《盗跖第二十九》《说剑第三十》《渔父第三十一》

《列御寇第三十二》《天下第三十三》

## (三) 内篇的三则寓言

内七篇为《庄子》一书思想的精髓，庄子表现道的"三言"分别是寓言、重言、卮言，其中"重言"是引重之言，引用古圣贤的话语来加重言语的分量，这亦是孔子的言说方式。对于同学们而言，最感兴趣的应是寓言，下面通过三则寓言故事进入庄子的精神世界，这三则寓言故事均选自《庄子》内篇，分别是鲲鹏怒化(破除躺平)、不龟手药(无用之用)、庖丁解牛(由技入道)。

### 1. 鲲鹏怒化(破除"躺平")

由于高中语文课本选录有《逍遥游》，同学们已熟悉鲲鹏的寓言故事。针对这种情况，下面结合当今"躺平"的社会问题，以"躺平"为反面典型，展现庄子的鲲鹏精神。武汉大学就有鲲鹏广场（见图3-1）。在《人文社科经典导引》大班授课老师集体备课时，老师们提出了有关庄子思想与"躺平"的三个问题：

第一，庄子思想与现在"躺平"之间的关联。

第二，庄子思想与"躺平"等概念之间的区别。

第三，顺应天性和"躺平"的关系。

我对此的回答与破解是：鲲鹏精神。

图3-1　武汉大学鲲鹏广场

"躺平"有三个特征：首先，"躺平"是人对社会的消极回应；其次，躺平者不是积极进取，而是选择不作为；再次，躺平者的内心倾向于波澜不惊，导致这个结果的原因在于无论躺平者怎样努力，都难以实现对于生存境遇的突破，因此倾向于在面对巨大困难时自暴自弃。从直观上来看，庄子辞相位，曳尾泥涂，其行为与现代的躺平类似。但当我们深入阅读《庄子》，就会发现庄子的内心绝不是消极地躺平，而是倾向于在退中求进，他追求逍遥游，追求个人精神的超越，鲲鹏精神可作为刺破躺平幻相的利器。

北冥有鱼，其名为鲲。鲲之大，不知其几千里也。化而为鸟，其名为鹏。鹏之背，不知其几千里也。怒而飞，其翼若垂天之云。是鸟也，海运则将徙于南冥。南冥者，天池也。（《庄子·逍遥游》）

结合上一讲的《乾》卦六爻，以初九"潜龙勿用"代表鲲，以九五"飞龙在天"代表鹏。"鲲化为鹏"便转变为《乾》卦"初九转为九五"。从侧重点来看，鲲重在潜藏，鹏重在飞跃。这里可以进一步构建两者的因果关系：要想实现鹏的飞跃，必须要像鲲那样潜藏、息养。对于这样的情况，鲲的退藏、潜伏当然不是"躺平"，而是与"躺平"相反，是在默默积聚力量，不显见，不求名，其心志在远方，在南冥，志向高远，行动笃实。

子谓颜渊曰："用之则行，舍之则藏，惟我与尔有是夫！"（《论语·述而》）

如有用我者，吾其为东周乎？（《论语·述而》）

在孔子看来，只有自己和颜回能够做到"用之则行，舍之则藏"。从授受来看，孔门贤者七十二，弟子三千，唯有颜子能继承孔子之学。教材将"藏"翻译为"隐藏起来"，这相当于隐居、退隐。孔子的"藏"不是像道家那样隐而不出，退而不求进，而是藏为了用，随时将藏向显性维度转化。这个意思还可进一步引申，从言与默来看，藏是默，行是言，颜子如愚不言，是为了将精力集中在行，拳拳服膺，充实内在，这正是宋明儒学的内圣典范。

适莽苍者，三飡而反，腹犹果然；

适百里者，宿舂粮；适千里者，三月聚粮。（《庄子·逍遥游》）

这句话能够充分展现行与藏的含义：要想行得远，必须有与之匹配的粮食储藏。换言之，一个人能够有多大的成就，取决于他积累的厚实程度。

115

孔颜之"藏"就是致力于"三月聚粮",当机遇来临时(如同鲲鹏所待的"海运"),便能"适千里"。否则,如果积累不充分,即使"适千里"的机会来临,但只有宿粮之积,也只能遗憾错过;强力去迎合,因为积累不够,则很可能导致在路途中饿死。我们以儒学来返观庄子的鲲鹏,鲲鹏"水击三千里,抟扶摇而上者九万里",要实现九万里远的旅行,要具有激起三千里水花的能量,需要的"藏"要远远超过适千里的"三月聚粮"。

> 且夫水之积也不厚,则其负大舟也无力。覆杯水于坳堂之上,则芥为之舟;置杯焉则胶,水浅而舟大也。风之积也不厚,则其负大翼也无力。故九万里,则风斯在下矣,而后乃今培风;背负青天而莫之夭阏者,而后乃今将图南。(《庄子·逍遥游》)

与"藏"类似,这里强调"积":如同粮要聚,水要积,"且夫水之积也不厚,则其负大舟也无力";风也要积,"风之积也不厚,则其负大翼也无力"。[1]鲲鹏是藏行的典范,也是厚积的典范。武汉大学的"弘毅"校训关联着"任重道远",也就是行,要实现"行"的理想,必须"藏"得厚实。学生在学校期间努力积累,以待"海运"机遇来临之时,鹏程万里。因此,要默会且融合自强、弘毅、鲲鹏的精神,树立远大的志向,致力于厚实的积累。拒绝"躺平",转化消极为积极。

与鲲鹏相对的反面典型,便是蝉和小鸟:

> 蜩与学鸠笑之曰:"我决起而飞,抢榆枋,时则不至而控于地而已矣,奚以之九万里而南为?(《庄子·逍遥游》)

---

[1] "夫风之积不厚,则不可以负南溟之翼;水之积不厚,则不可以浮万斛之舟。"(胡直:《送郭相奎冬官赴任序》,《衡庐精舍藏稿》卷十,《胡直集》,上海古籍出版社2015年版,第211页。)

"笑之曰",这个很形象,且略显轻佻,注重于外在表现的"言说"。对此稍作引中:鲲鹏是缄默的,它将精力着力于厚积,甚至说没有时间去言说,更不屑于言说。① 蝉与小鸟讥笑鲲鹏,然而,真正可笑的"小丑"却是他们自己。河伯与海若类似于(蜩、学鸠)与鲲鹏:

> 秋水时至,百川灌河。泾流之大,两涘渚崖之间,不辩牛马。于是焉河伯欣然自喜,以天下之美为尽在己。顺流而东行,至于北海,东面而视,不见水端。于是焉河伯始旋其面目,望洋向若而叹曰:"野语有之曰'闻道百以为莫己若者',我之谓也。且夫我尝闻少仲尼之闻而轻伯夷之义者,始吾弗信;今吾睹子之难穷也,吾非至于子之门,则殆矣,吾长见笑于大方之家。"
>
> 北海若曰:"井蛙不可以语于海者,拘于虚也;夏虫不可以语于冰者,笃于时也;曲士不可以语于道者,束于教也。今尔出于崖涘,观于大海,乃知尔丑,尔将可与语大理矣。天下之水,莫大于海。万川归之,不知何时止而不盈;尾闾泄之,不知何时已而不虚;② 春秋不变,水旱不知。此其过江河之流,不可为量数……"(《庄子·秋水》)

河伯"欣然自喜"相当于蜩与学鸠"笑之曰"。河伯"以天下之美为尽在己",自足自大,在见到海若后,"乃知尔丑"。在海若看来,河伯恰似井蛙、夏虫、曲士。综上,按照言说与缄默,列表3-1。

---

① 如禅宗公案。香严和尚云:"如人上树,口衔树枝,手不攀枝,脚不踏树。树下有人问西来意。不对,即违他所问;若对,又丧身失命。正恁么时,作么生对?"对于修行者而言,将精力转移到口说,很可能导致整个修行体系的崩溃。因此,儒释道三教均重视默识的精神。

② 注意尾闾的隐喻,尾闾是气穴,既是至阴之地,亦是阳气之地,与督脉类似。参见张昭炜:《中国儒学缄默维度》,中国社会科学出版社2020年版,第384页。

表 3-1　　　《庄子·逍遥游》与《庄子·秋水》中的言说与缄默维度

| 序号 | 内容表现 | 言　　说 | 缄　　默 |
|---|---|---|---|
| 1 | 物象 | 蜩与学鸠 | 鲲鹏 |
| 2 | 言默 | 笑之(言) | 缄默(默) |
| 3 | 结果 | 抢榆枋,时则不至而控于地而已矣 | 水击三千里,抟扶摇而上者九万里 |
| 4 | 水的象征 | 杯水 | 北冥 |
| 5 | 粮食的象征 | 三餐、宿舂粮 | 三月聚粮 |
| 6 | 学者 | 巧言令色 | 默识躬行 |
| 7 | 行藏 | 行 | 藏 |
| 8 | 体用 | 用 | 体 |

附带说一下《易》《庄》互镜的问题,方以智将"时时是怒化之鲲鹏"与"点点皆触几之龟马"对应,"怒化"与"触几"相对,所触之几是"生生"之几,可对接《系辞上》"生生之谓易",由此,庄子的鲲鹏精神转为怒化,关联着生生:

第一,怒化奋迅。怒化是刚健奋发的精神,具有气势磅礴的冲击力与革故鼎新的创造力。《庄子·逍遥游》所述北冥之鲲化为鹏,"怒而飞",怒化展现出大鹏奋发崛起的精神风貌。从儒学堕落、明代亡国的现实来看,如果选择沉死水、甘心亡国,则如北冥之鱼滞留北冥,不化为鹏;而有家国情怀、勇于担当者,势必致力于打破死海,扭转时局。

第二,生生之几。"怒化"与"触几"相对,由怒化而能"生生化化去也",由此开启生生之"几","怒而飞"与《齐物论》"万窍怒呺"、《外物篇》"草木怒生",亦此意。三者之"怒"分别来自鲲之息养、风之厚积、冬之退藏。

第三,怒化烈火。真火之动以真水之静为根,子之半,正是《坎》中一画真阳,为天之根,火之宗也。阳藏阴中,即龙宫之在海藏,神龙之潜九渊。通过怒化,将死水转为活天,将浸沉转为飞跃,带来鸢飞鱼跃的生机、龙兴鸢集的宏大盛景，展现出《中庸》的中和位育境界。

第四，怒化之旷。据《招魂》"幸而得脱，其外旷宇些"，旷指向深沉的幽远、痛苦的超越，由此可对接佛教大乘空宗。

第五，怒化中和。从表象来看，"怒"因情绪偏激而失其节度，故不符合儒家的中和精神；换言之，按照《中庸》理路，怒破坏和。从深层来看，国破家亡、忠臣遭陷，佞幸当道，在此情况下，作为有担当的托孤者，方以智不得不怒。以此背景补偿，从而达到更深层、更根本的中和。换言之，之所以选择怒化，是外界的刺激，背景已经严重偏离了中和，必须通过内在偏激之怒的调整，在动态中寻致深层中和。经过"怒化"洗礼的"中和"，既嵌入了怒化的刚劲，融入了迸发的炽热情感，又能恪守儒学中正的精神。①

### 2. 不龟手药(无用之用)

由"藏"与"行"引申，便是"无用"与"有用"。有用与无用是对立的，庄子的思想特色之一便是擅长转化对立：

> 宋人资章甫而适诸越，越人断发文身，无所用之。尧治天下之民，平海内之政，往见四子藐姑射之山，汾水之阳，窅然丧其天下焉。(《庄子·逍遥游》)

有用可以转化为无用，在宋人看来，帽子(章甫)是有用的，故而他贩卖帽子到越国；而在断发的越人来看，帽子对他们是没有用的。宋人将帽子从宋国贩卖到越国，相当于从有用转化成无用，结果肯定是赔本了。当然，这个故事还可以转化，比如通过宋人通过努力，将礼乐文化传到越国，越人移风易俗，开始需要帽子，由此带来巨量的帽子需求，宋人应当发大财。如上一讲所述，尧是孔子称述的古代帝王，善治天下，是有为而治；但是，在庄

---

① 张昭炜：《方以智"怒化生生"的哲学精神》，《哲学与文化》2021年第9期。

子的叙述中，尧在藐姑射之山"窅然丧其天下焉"，是无为而治。因此，尧的寓言表现为从有为到无为的转化，当然，这个故事还可以转化，尧从无为而治转化成有为而治，这正是魏晋玄学追求的"身在庙堂，心在山林"。我们再看一个寓言故事：

> 宋人有善为不龟手之药者，世世以洴澼絖为事。客闻之，请买其方百金。聚族而谋曰："我世世为洴澼絖，不过数金；今一朝而鬻技百金，请与之。"客得之，以说吴王。越有难，吴王使之将，冬与越人水战，大败越人，裂地而封之。能不龟手一也，或以封，或不免于洴澼絖，则所用之异也。(《庄子·逍遥游》)

对于不龟手药来看，洴澼絖为小用，吴越大战为大用，通过转化，小用可以转为大用。总结如表3-2所示。

表3-2 　　　　　　　　　　　　 **无用与有用的转化**

| 项目 | 对待之一 | 对待之二 |
|---|---|---|
| 生命 | 生(行) | 死(藏) |
| 衣帽 | 有用<br>宋人(穿衣戴帽) | 无用<br>越人(断发文身) |
| 治国 | 有为(儒)<br>尧治天下 | 无为(道)<br>窅然丧其天下 |
| 药 | 小用 洴澼絖 | 大用 吴越大战 |
| 数学 | 二进制(莱布尼茨)<br>微积分① | 计算机<br>现代应用数学 |

---

① 庄子还是一位数学家，比较早地提出了极限思想，如"一尺之棰，日取其半，万世不竭。"(《庄子·天下》)棰，短木棍之意。类似于莱布尼茨的微积分："无穷小分析给我们，给我和那些曾推进过这种方法的人，提供了一种方法来解决从前几何学不能解决的问题。"

### 3. 庖丁解牛（由技入道）

如上一讲所述，孔子"学以成人"的目标是成为君子，乃至仁者或圣人，君子的标准整齐划一，个体有贤愚，有先进后进，后进学先进。庄子"学以成人"追求的目标是展现个体的天性，各尽其性，无贤愚，无先后。在庄子的世界中，厨师、佝偻者、轮匠①都能入道，相互欣赏，如同天籁的"吹万不同，而使其自己也"（《庄子·齐物论》），这涉及天性的问题，将在下文介绍。

吾生也有涯，而知也无涯。以有涯随无涯，殆已。② 已而为知者，殆而已矣。为善无近名，为恶无近刑。缘督以为经，可以保身，可以全生，可以养亲，可以尽年。庖丁为文惠君解牛，手之所触，肩之所倚，

---

① 桓公读书于堂上，轮扁斲轮于堂下，释椎凿而上，问桓公曰："敢问公之所读为何言邪？"公曰："圣人之言也。"曰："圣人在乎？"公曰："已死矣。"曰："然则君之所读者，古人之糟粕已夫！"桓公曰："寡人读书，轮人安得议乎！有说则可，无说则死。"轮扁曰："臣也以臣之事观之。斲轮，徐则甘而不固，疾则苦而不入。不徐不疾，得之于手而应于心，口不能言，有数存焉于其间。臣不能以喻臣之子，臣之子亦不能受之于臣，是以行年七十而老斲轮。古之人与其不可传也死矣，然则君之所读者，古人之糟粕已夫！"（《庄子·天道》）这里可以区分出两种知识：显性知识重在积累、博闻强记；缄默维度重在内在精神的体证，是能力的提升。结合轮扁之喻来看，二者是"实腹"与"空心"的区别，如方以智言："实腹自容征藏史，空心正赏转轮人。"实腹是知识积累聚集所致，"实腹"对于儒学的贡献主要体现在史学、经学等，但这对于缄默维度的体知并没有增强，有时会以知识伤害能力；而"空心"是一个知识清零的过程，清零是为了直接面对个体生命本身，提升对于道的敏感性、直觉性，以至于如颜子之"屡空"。（张昭炜：《中国儒学缄默维度》，中国社会科学出版社 2020 年版，第 74～75 页。）

② 孔子追求知识的确定性，"知之为知之，不知为不知，是知也。"（《论语·为政》）在庄子看来，知识是无限的，"吾生也有涯，而知也无涯"，没有必要用一生去追求确定的知识。由此延伸，孔子之学相当于为学日益，增加知识，强调后天的教育；庄子之学为道日损，反对将有限的生命耗费到对无限知识的追求。孔子言"古之学者为己"（《论语·宪问》），追求立功、正名，强调正名："名不正，则言不顺；言不顺，则事不成。"（《论语·子路》）而庄子追求"今者吾丧我，汝知之乎？"（《庄子·齐物论》）"至人无己，神人无功，圣人无名。"（《庄子·逍遥游》）庄子之学倾向于消除性，这在禅宗中有进一步表现，下一讲会介绍。

足之所履，膝之所踦，砉然响然，奏刀騞然。莫不中音，合于《桑林》之舞，乃中《经首》之会。

文惠君曰："嘻，善哉！技盖至乎此乎？"

庖丁释刀对曰："臣之所好者，道也，进乎技矣。始臣之解牛之时，所见无非牛者。三年之后，未尝见全牛也。方今之时，臣以神遇而不以目视，官知止而神欲行。依乎天理，批大郤，导大窾，因其固然，技经肯綮之未尝，而况大軱乎？良庖岁更刀，割也；族庖月更刀，折也；今臣之刀十九年矣，所解数千牛矣，而刀刃若新发于硎。彼节者有间，而刀刃者无厚，以无厚入有间，恢恢乎其于游刃必有余地矣。是以十九年而刀刃若新发于硎。虽然，每至于族，吾见其难为，怵然为戒，视为止，行为迟，动刀甚微，謋然已解，如土委地，提刀而立，为之四顾，为之踌躇满志，善刀而藏之。"

文惠君曰："善哉！吾闻庖丁之言，得养生焉。"（《庄子·养生主》）

这里要讲解的重点是"缘督以为经"，督对应于背的脊柱位置，人不能直接自视其背，背是无见之地，却是一身的主宰。对于牛而言，督脉（脊柱）是整个骨骼的统领者，因此，督又可理解为"都督"之督。解牛的关键是用刀解开骨骼，庖丁"缘督以为经"，相当于抓住了根本之体，以此带动其他骨骼的解构。与督脉相对的是任脉，相当于人腹部上下的中线，是显见的。显见的任脉受制于督脉的统领。如同鲲鹏由北冥飞往南冥，其能否成功，受制于北冥的息养程度。

同理，藏与行的关系也是如此，行之远近受制于藏之多寡。解牛的道理也就是养生的道理，养生之主亦在督脉。当然，在重视缄默维度时，也要注意偏执缄默维度的问题，如无见之地难以把握，容易消解等；偏执显性维度也有问题，应该显缄并用，各尽其长（见表3-3）。

表3-3 《庄子》中的缄默维度与显性维度

| 序号 | 缄默维度 | 显性维度 | 功夫论 | 经典篇章 |
|------|----------|----------|--------|----------|
| 1 | 北冥 | 南冥 | "《逍遥》怒笑双冥" | 《逍遥游》 |
| 2 | 督 | 任 | "缘督以为经" | 《养生主》 |
| 3 | 藏 | 行 | 用之则行,舍之则藏 | 《论语》 |
| | 容易堕落为消极的、避世的"沉死水" | 容易发展成张扬的、傲世的"猖狂" | 将消极避世转化为积极的储备聚集,努力奋进,在海运来临时,才能"怒而飞" | |

庖丁解牛的寓言还包括"由技入道",这个过程还可以进一步分解为"由技入艺,由艺入道":枯燥的解牛技艺达到纯熟后,能够实现"莫不中音,合于《桑林》之舞,乃中《经首》之会",合于舞蹈与音乐艺术;由艺术上升,便是养生之道。由此,庖丁当然是一位艺术家,只不过他不是人们通常理解的用乐器演奏,而是用刀在演奏,"砉然响然,奏刀騞然";不是像芭蕾舞演员那样跳舞,而是"手之所触,肩之所倚,足之所履,膝之所踦",与牛一起在跳舞,在跳舞中完成了解牛。

要实现从技—艺—道的飞跃,需要付出艰苦的努力,也就是从族庖的折到良庖的割,再到庖丁的游刃有余(不妨称作"道庖")。从族庖、良庖、再到道庖,既可看作三种不同层次的厨师,也可看作庖丁自述的由族庖到道庖的过程。再看"佝偻者承蜩"的寓言:

仲尼适楚,出于林中,见佝偻者承蜩,犹掇之也。

仲尼曰:"子巧乎!有道邪?"

曰:"我有道也。五、六月,累丸二而不坠,则失者锱铢;累三而不坠,则失者十一;累五而不坠,犹掇之也。吾处身也,若厥株枸;吾执臂也,若槁木之枝。虽天地之大,万物之多,而唯蜩翼之知。吾不反不侧,不以万物易蜩之翼,何为而不得?"

孔子倾谓弟子曰:"用志不分,乃凝于神,其佝偻丈人之谓乎!"

(《庄子·达生》)

这个故事类似于庖丁解牛，从累二丸到累三丸，再到累五丸，类似于庖丁的族庖的折到良庖的割，再到道庖的游刃有余。在这个由技入道的过程中，需要精凝神聚，归结为八个字："用志不分，乃凝于神"。这八个字可以从修炼功夫来解，① 也可俗解，也就是专心致志去做一件事。比如同学们学电子信息专业，那就集中精力去学，学到极致，将集成电路做成艺术品，将雕刻芯片也做成艺术，由此也可以进入到如庖丁、佝偻者的境界，在这种境界中，自我不仅能够享受到道的艺术之美，而且实现生命价值的体现，自我境界的提升。

# （四）天人关系（天性）

在教材扉页，引用《庄子·大宗师》"知天之所为，知人之所为者，至矣。"以此指出武汉大学两门经典导引课程的主旨："How to be human, a guided reading of humanities and social science classics"；"How to know the cosmos, a guided reading of natural science classics"。（教材引用这句话，当是借用的转义，"知天之所为"指向自然科学，也就是我们的必修课《自然科学经典导引》的主旨；"知人之所为"指向人文社科，也就是我们的必修课《人文社科经典导引》的主旨。）阅读《庄子》的四段材料，结合《论语》，思考并讨论以下问题：

---

① 可拓展为十六字："如猫捕鼠，如鸡覆卵，精神心思，凝聚融结"，或"如龙养珠，如女怀胎，精神意思，凝聚融结"。据王阳明与他的弟子王龙溪："是以君子之学，无时无处而不以立志为事。正目而视之，无他见也；倾耳而听之，无他闻也。如猫捕鼠，如鸡覆卵，精神心思，凝聚融结，而不复知有其他，然后此志常立，神气精明，义理昭著。"（王守仁：《示弟立志说》，《王阳明全集》卷七，上海古籍出版社1992年版，第259~260页。）自此以后，尽去枝叶，一意本原，以默坐澄心为学的，亦复以此立教。于《传习录》中所谓"如鸡覆卵，如龙养珠，如女子怀胎，精神意思，凝聚融结，不复知有其他"；"颜子不迁怒、贰过，有未发之中，始能有发而中节之和"；"道德言动，大率以收敛为主，发散是不得已"种种论说，皆其统体耳。（吴震编校整理：《滁阳会语》，《王畿集》卷二，凤凰出版社2007年版，第33~35页。）

孔子与庄子所讲的天人关系有何不同，如何实现两者互通；如果孔子或庄子被隔离起来，独自生活，他们将如何面对？

(1)材料一

南郭子綦隐几而坐，仰天而嘘，嗒焉似丧其耦。颜成子游立侍乎前，曰："何居乎？形固可使如槁木，而心固可使如死灰乎？今之隐几者，非昔之隐几者也？"

子綦曰："偃，不亦善乎，而问之也！今者吾丧我，汝知之乎？女闻人籁而未闻地籁，女闻地籁而未闻天籁夫！"

子游曰："敢问其方。"

子綦曰："夫大块噫气，其名为风。是唯无作，作则万窍怒呺。而独不闻之翏翏乎？山林之畏佳，大木百围之窍穴，似鼻，似口，似耳，似枅，似圈，似臼，似洼者，似污者。激者、謞者、叱者、吸者、叫者、譹者、宎者、咬者，前者唱于而随者唱喁，泠风则小和，飘风则大和，厉风济则众窍为虚。而独不见之调调之刁刁乎？"

子游曰："地籁则众窍是已，人籁则比竹是已，敢问天籁。"

子綦曰："夫吹万不同，而使其自己也，咸其自取，怒者其谁邪？"

（《庄子·齐物论》）

"南郭子綦隐几而坐"，类似于主静，这是道家体验道的方式、进入道的世界的功夫，其境界是"嗒焉似丧其耦"、"吾丧我"。按照道体、功夫、境界的模式："隐几而坐"是功夫，功夫即是境界，其境界是"嗒焉"，也就是混沌、鸿蒙初开的状貌，也可以说浑沌，如《应帝王》的中央之帝。这种恍恍惚惚、朦朦胧胧、氤氲激荡的状态即是证道者的状态，也就是进入道家的圣境。相对于圣境的是凡境，也就是着功夫前的状态、功夫起点的状态。在凡境中，反而是"耦"的状态，从天人关系来看，是天人分开的状态，天与人相对；在圣境中，"丧其耦"，从天人关系来看，是天人不分的混沌状态。理解了这层意思，后面的"吾丧我"就好理解了：未丧之前，尚且有我，用下一讲《坛经》与悟性"的话语来说，就是执着我，"有我相"；丧之后，则无我，用禅宗的话语来说，就是破执，无复我相。但是，禅庄亦是有别，禅宗无我，追求的超越之无，而在庄子"丧其耦"与"丧我"中，尽管"丧"亦有"无"的消除性，但是，他最终还要回到"嗒焉"的混沌状态，这种是道的形态，与道合一，天人合一。

由天人关系引出"天籁"与"人籁"：

人籁是比竹，人吹奏比竹，比竹是由人制作的乐器，完全是人的参与，也可以说是有耦，人与比竹相对；在人籁与天籁之间，还有一个过渡的地籁。

地籁是众窍，风（大块噫气）吹奏自然的众窍，没有人的参与。在没有风时，众窍的差别性消失，没有自主性、独立性。

天籁是自己，自取、自怒。不依赖风，无待，没有人的参与，是道的流行，是天的"於穆不已"。这类似于柏拉图《蒂迈欧篇 *Timaeus*》的宇宙，是 *The Nomos of the Beginning*（鸿蒙中的歌声）[1]。就像一个发动机，具有强劲的动力，在飞速运转，但是没有噪声，听不见声音。我们现在通常说一个人歌唱得好，就像"天籁之音"，这并不是庄子的本义，歌唱得无论怎样好，终究还是人籁。

(2) 材料二

孔子穷于陈蔡之间，七日不火食，左据槁木，右击槁枝，而歌猋氏之风，有其具而无其数，有其声而无宫角，木声与人声，犁然有当于人之心。

颜回端拱还目而窥之。仲尼恐其广己而造大也，爱己而造哀也，曰："回，无受天损易，无受人益难。无始而非卒也，人与天一也。夫今之歌者其谁乎？"

回曰："敢问无受天损易。"仲尼曰："饥渴寒暑，穷桎不行，天地之

---

① 考卡维奇：《鸿蒙中的歌声》，徐戬主编：《鸿蒙中的歌声：柏拉图〈蒂迈欧〉疏证》，华东师范大学出版社 2008 年版。

行也，运物之泄也，言与之偕逝之谓也。为人臣者，不敢去之。执臣之道犹若是，而况乎所以待天乎？"……

"何谓人与天一邪？"仲尼曰："有人，天也；有天，亦天也。人之不能有天，性也。圣人晏然体逝而终矣！"（《庄子·山木》）

这是通过音乐的境界阐释天人关系，达到"人与天一也"。

(3)材料三

河伯曰："然则何贵于道邪？"

北海若曰："知道者必达于理，达于理者必明于权，明于权者不以物害己。至德者，火弗能热，水弗能溺，寒暑弗能害，禽兽弗能贼。① 非谓其薄之也，言察乎安危，宁于祸福，谨于去就，莫之能害也。故曰：天在内，人在外②，德在乎天③。知天人之行，本乎天，位乎得，蹢躅而屈伸，反要而语极。"

曰："何谓天？何谓人？"

北海若曰："牛马四足，是谓天；落马首，穿牛鼻，是谓人。故曰：无以人灭天，无以故④灭命，无以得殉名。谨守而勿失，是谓反其真。"

---

① 这种状态可与老子所言的得道者相呼应。据《道德经》第五十五章："含德之厚，比于赤子。蜂虿虺蛇不螫，攫鸟猛兽不搏，骨弱筋柔而握固，未知牝牡之合而朘作，精之至也；终日号而不嗄，和之至也。"

② 按照一般的理解，天在外，人在内。这里却反着讲，天机藏在心内，人事露在身外。成玄英《疏》："天然之性，韫之内心；人事所顺，涉乎外迹。"（陈鼓应注译：《庄子今注今译》，中华书局 2009 年版，第 459 页。）按此，将天内化在人心，人顺适自然天然之性，便是天；天具有无尽藏，人具有合天的潜质。

③ "德在乎天"：至德(最高修养)合于自然。（陈鼓应注译：《庄子今注今译》，中华书局 2009 年版，第 459 页。）

④ 故，造作，巧故。（陈鼓应注译：《庄子今注今译》，中华书局 2009 年版，第 461 页。）《吕氏春秋·论人》："适耳目，节嗜欲，释智谋，去巧故。"高诱注："巧故，伪诈也。"在这里需要注意，"节嗜欲"与"去巧故"相应，以此还原《庄子》，"无以故"相当于"无以嗜欲"，相当于材料四的"其耆欲深者，其天机浅"。

(《庄子·秋水》)

"牛马四足，是谓天"，这是强调天的自然性；"落马首，穿牛鼻，是谓人"，这是突出了人的人为性，由此造成对于天的自然性束缚，乃至成为桎梏。要回到自然，回到天，回到道，便是要打破桎梏，以人还天。上文有两个"反"："反要而语极"，"是谓反其真"。按照天人关系，"反"也就是背离人道，朝向天道；按照"反"通"返"来理解，便是从人道返回天道，回到生成的母体，混沌鸿蒙。

(4)材料四

知天之所为，知人之所为者，至矣。知天之所为者①，天而生也；知人之所为者，以其知之所知，以养其知之所不知，终其天年而不中道夭者，是知之盛也。虽然，有患。夫知有所待而后当，其所待者特未定也。庸诅知吾所谓天之非人乎？所谓人之非天乎？

且有真人而后有真知。何谓真人？古之真人，不逆寡，不雄成，不谟士②。若然者，过而弗悔，当而不自得也；若然者，登高不栗(慄)，入水不濡，入火不热，是知之能登假于道者也若此。

古之真人，其寝不梦，其觉无忧，其食不甘，其息深深。真人之息以踵，众人之息以喉。屈服者，其嗌言若哇。③ 其耆欲深者，其天机浅。

---

① 郭象说："'天'者，自然之谓也。"这句话翻译为：知道天的所为，是顺着自然而生的。(陈鼓应注译：《庄子今注今译》，中华书局 2009 年版，第 187 页。)

② "谟士"，"谋事"的同音借字。(陈鼓应注译：《庄子今注今译》，中华书局 2009 年版，第 188 页。)

③ "嗌"，咽喉。"哇"，碍。谓言语吞吐喉头好像受到阻碍一般。(陈鼓应注译：《庄子今注今译》，中华书局 2009 年版，第 188 页。)据《论语·乡党》："孔子于乡党，恂恂如也，似不能言者。"在这里面，可以将天人关系表述为"似不能言者"与"言辞多而躁者"；天人关系也可以表述为踵息与喉息的区别。(参见张昭炜：《中国儒学缄默维度》，中国社会科学出版社 2020 年版，第 374~381 页。)

古之真人，不知说生，不知恶死；其出不訢（欣），其入不距。翛然而往，翛然而来而已矣。不忘其所始，不求其所终；受而喜之，忘而复之，是之谓不以心损（捐）道，不以人助天。是之谓真人。

若然者，其心忘（志），其容寂，其颡頯。凄然似秋，煖然似春，喜怒通四时，与物有宜而莫知其极。（《庄子·大宗师》）

真人的状态是天的状态，也就是得道的状态，在道的境界中，"不逆寡，不雄成，不谟士"，也就是无为的状态；与此相反，"逆寡，雄成，谟士"是人为的状态，相当于"落马首，穿牛鼻"。"不知说生，不知恶死；其出不訢（欣），其入不距"，这是天的状态、无为自然的状态；与此相反，"说生，恶死；出而訢（欣），入而距"，是人的状态。在人的状态中，人与物相对，是"耦"；在天的状态，"与物有宜而莫知其极"，"宜"便是丧其耦，便是嗒焉，便是天人合一。从嗜欲来看，嗜欲深者天机浅，也就是距离天、道的距离远；反之，嗜欲浅者天机显，也就是接近天、道的状态。① 因此，这转化到道德人伦层次，天便是少嗜欲、甚至是无欲的状态；人便是嗜欲炽热、追逐名利者。（文徵明书《南华经》见图 3-2。）

"凄然似秋，煖然似春，喜怒通四时，与物有宜而莫知其极"，从春秋两个方面展现，秋是杀机，所杀者是喜躁魔，是躁动，是嗜欲，是对于"人"的关闭，从而为进入缄默维度扫清障碍，表现为无欲故静；春是生机，所生者是元气，是对于"天"的打开，是真动，真动透关而出，表现为真动而生生。真人兼具二者。② 小结见表 3-4：

---

① 再回到《道德经》十五章"古之善为士者，微妙玄通，深不可识"，据憨山德清注释："人能静定虚心，则故有常存也。庄子谓：'嗜欲深者，天机浅。'盖今世俗之人，以利欲熏心，故形气秽浊粗鄙，固执而不化，不得微妙玄通。故天机浅露，极为易见，殆非有道气象，皆是不善为士也。老子因谓'古之善为士者'，不浅露易见，乃'微妙玄通，深不可识'。"（憨山德清：《老子道德经解》，中华书局 2020 年版，第 43~44 页。）

② 张昭炜：《中国儒学缄默维度》，中国社会科学出版社 2020 年版，第 409 页。

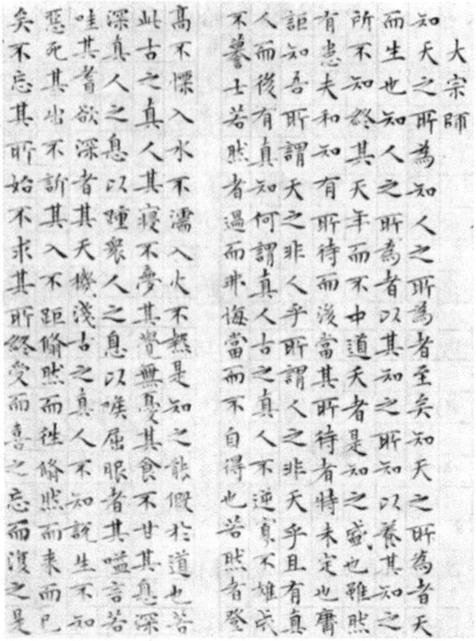
大宗師
知天之所為知人之所為者至矣知天之所為者天
而生也知人之所為者以其知之所知以養其知之
所不知終其天年而不中道夭者是知之盛也雖然
有患夫知有所待而後當其所待者特未定也庸
詎知吾所謂天之非人乎所謂人之非天乎且有真
人而後有真知何謂真人古之真人不逆寡不雄成
不謩士若然者過而弗悔當而不自得也若然者登
高不慄入水不濡入火不熱是知之能假於道也若
此古之真人其寢不夢其覺無憂其食不甘其息深
深真人之息以踵衆人之息以喉屈服者其嗌言若
哇其耆欲深者其天機淺古之真人不知說生不知
惡死其出不訢其入不距翛然而往翛然而來而已
矣不忘其所始不求其所終受而喜之忘而復之是

图 3-2　文徵明书《南华经》

表 3-4　　《庄子 · 大宗师》中的“秋”“春”“宜”

| 序号 | 秋 | 春 | 宜 |
|---|---|---|---|
| 1 | 凄然 | 煖然 | 适四时 |
| 2 | 杀物 | 生物 | 杀物不为威，生物不为恩 |
| 3 | 杀 | 活 | 圣人之用兵 |
| 4 | 夺 | 与 | |
| 5 | 疏 | 亲 | 乐通物 |
| 6 | “寂，静也。” | “煖，音暄，冲和也。” | “寓于庸而有生杀，因物而起，随物而止”① |

① 王夫之：《大宗师》，《庄子解》卷六，王孝鱼校注：《老子衍 庄子通 庄子解》，中华书局 2009 年版，第 133 页。

# 第四讲：《坛经》与悟性

这节课我们讲"《坛经》与悟性"。《坛经》是中国佛教禅宗的经典，我们这门课是人文社科经典导引，我们不能像佛教信众那样来讲《坛经》，而是侧重《坛经》的人文性，以及作为"学以成人"的"悟性"开发。什么是悟呢？据《说文解字》："悟，觉也。"

觉什么呢？按照字形来看，悟从"心"从"吾"，也就是实现心对自我的认识。按照《坛经》解释："佛者，觉也。""若悟此法，一念心开，出现于世。心开何物？开佛知见。佛犹如觉也"。佛的人文性表现在实现了自我的认识，可以说是自觉（自我觉醒、自我认识），当然，还可以进一步由"自觉"实现"觉他""觉满"。

从人文方面来讲"悟性"，《坛经》的主旨可表述为"一种消除性的精神修炼"。何谓消除性呢？可能有同学对这个表述比较陌生，这是相对于我们主流教育提出的。主流教育主要表现为积累性、增加性的学习，期望学得越多越好、越难越好，这个过程通常表现为进阶性。比如我们学习数学：幼儿园学习认识数字，小学学习加减乘除，中学学习几何、函数，大学学习高等数学、线性代数……通过幼儿园到大学阶段的学习，我们学到的数学知识逐渐积累增加，按照老子的观点，就是"为学日益"。与之相对，便是"为道日损"，损就是减少，也就是我们要讲的消除性。这种消除性与知识的积累增加相反，指向人的精神修炼，是还原到人最原初、最本真的状态，在这种状态下，如同尧舜的"道心惟微"、文王之"文"的"於穆不已"，暗合天机；又如庄子顺天而行，老子自然无为。中国禅宗的人文精神指向就是在消除性中还原到"本来面目"。当然，这种消除性不能应用于我们的知识学习，比如说我们在大学阶段，按照消除性的理解，难道要还原到幼儿园阶段吗？当然不是这个意思，这种消除性是有特定对象的，比如欲望、伪诈、情欲、奢求等。由此显示出两种学习的方式：第一种，积累性的方式，主要应用于知识；第二种，消除性的方式，主要用于精神人文。同学们对于第一种方式的学习已经熟练掌握，第二种方式可以在人文经典学习中培养。消除性的人文精神在儒学中主要表现为孔颜的克己之学，《庄子》的心斋、坐忘亦是通过孔颜来阐释，儒道两家具有类似的消除性人文精神。魏晋玄学对此有融合，至隋唐佛教亦有发展，其中的禅宗便是重要流派。中国禅宗建立在中国传统文化基础上，融合了儒道两家与印度佛教：《坛经》形成既受到《楞伽经》《金刚经》《梵网经》等印度佛教经典影响，同时也受到《大乘起信论》的影响，有学者考订《大乘起信论》是中国学者创作，不见于印度佛教，这更显示出《坛经》的中国文化特色。

# （一）基础知识

《坛经》是中国化的佛学经典，与中国本土的儒道经典相比，同学们在阅读时会感到时有隔阂，尤其是一些专业词汇，这也是学习《坛经》的难点。但是我们对佛学也不完全陌生，如我们都对《西游记》非常熟悉，其中亦涉及佛学知识(尽管这些知识有些错误)，下文以此为起点，通俗解释《坛经》的一些专业词汇。

## 1. 小乘与大乘

佛教内部有两大流派：小乘与大乘。体现在《西游记》中，便是中土有小乘佛法流传，但尚未有大乘，观音菩萨点化唐僧，去西天求取大乘佛法经藏：

> 那法师在台上，念一会《受生度亡经》，谈一会《安邦天宝篆》，又宣一会《劝修功卷》。这菩萨近前来，拍着宝台，厉声高叫道："那和尚，你

只会谈'小乘教法'，可会谈'大乘教法'么?"玄奘闻言，心中大喜，翻身跳下台来，对菩萨起手道："老师父，弟子失瞻，多罪。见前的盖众僧人，都讲的是'小乘教法'，却不知'大乘教法'如何。"菩萨道："你这小乘教法，度不得亡者超升，只可浑俗和光而已；我有大乘佛法三藏，能超亡者升天，能度难人脱苦，能修无量寿身，能作无来无去。"……

太宗道："你既来此处听讲，只该吃些斋便了，为何与我法师乱讲，扰乱经堂，误我佛事?"菩萨道："你那法师讲的是小乘教法，度不得亡者升天。我有大乘佛法三藏，可以度亡脱苦，寿身无坏。"太宗正色喜问道："你那大乘佛法，在于何处?"菩萨道："在大西天天竺国大雷音寺我佛如来处，能解百冤之结，能消无妄之灾。"(第十二回 玄奘秉诚建大会 观音显象化金蝉)①

以上可关联两个知识点：乘之大小；三藏与三学。

(1)乘之小大

如同我们日常使用"乘"的词义，如乘客、承运等，在佛学中，乘亦是运载、承运之义，将一个人从此岸运送到彼岸，此岸是迷，彼岸是悟，也就是从一个普通的人转化成一个觉悟的人。一种说法是小乘证罗汉果位，大乘证佛果位，按照这样的解释，相当于小乘运送的路途近，也就是悟的层次低；大乘运送的路途远，也就是悟的层次高。从印度佛教的实际发展来看，先有小乘，后有大乘。小乘主要有两部：上座部与大众部。佛灭度后，弟子结集佛说，窟内以上座之耆宿多，故名上座部；窟外以年少之僧多，故名大众部。两部又分出十八部，具体分部及宗旨可参见《异部宗轮论》。佛教大约在两汉之际传入中国，小乘与大乘的早期翻译家分别是安世高与支谶。安世高于147年到洛阳，主要翻译小乘上座一系；支谶(支娄迦谶)于167年到洛阳，主要翻译大乘般若。② 由此来看，小乘与大乘几乎同时进入中国，《西游记》说唐

①　吴承恩：《西游记》，人民文学出版社2020年版，第151~152页。
②　吕澂：《中国佛学源流略讲》，中华书局1979年版，第27~29页。

朝时中国还未有大乘佛法，这显然与历史不符。当然，唐僧讲的《受生度亡经》《安邦天宝篆》《劝修功卷》也不是小乘佛教的经典。唐僧在赵州的柏林寺学过《成实论》，成实宗为小乘佛教；他真正的成就在于唯识宗，属于大乘佛教的经典，是远赴印度学来的。大乘佛教在印度主要有中观宗、瑜伽宗；中国佛教的禅宗、华严宗等属于大乘佛教，均受到《大乘起信论》影响。以上的解释偏学术，在惠能看来，小乘与大乘的区别是：

> 见闻读诵是小乘，悟法解义是中乘，依法修行是大乘。万法尽通、万行俱备、一切无杂、但离法相、作无所得，是最上乘。最上乘是最上行义，不在口诤。汝须自修，莫问吾也。①

惠能的解释超越了小大乘的原义，也可以说他是以禅宗要旨诠释小大乘。按照学习的顺序，见闻诵读、悟法解义是知识的学习，相当于小中乘，属"知"；"依法修行"是践行佛学，相当于大乘，属"行"。小中乘与大乘的区别表现为"知"与"行"的区别，这也符合禅宗不立文字、默识躬行的特点。在三乘之上，禅宗还有一个高级的最上乘②，最上乘的特点是"万法尽通、万行俱备、一切无杂、但离法相、作无所得"，在下面的学习中我们会看到，这些都是《坛经》的观点。同样，如同小中与大乘的区别在于知与行，最上乘同样也依赖于行，此行是最上行。总体来看，与记忆性的积累性知识不同，悟性的打开始终强调"行"，这是消除性知识的重要特征。

(2)三藏与三学

在上述《西游记》引文中还提到"大乘佛法三藏"，这指向佛教经典体系。通俗而言，三藏指经、律、论。经说定学、律说戒学、论说慧学，由此产生

---

① 慧能著，郭朋校释：《坛经校释》，中华书局1983年版，第88页。

② 这是根据《法华经》提出的，欲出三界火宅，须乘车，三乘喻三车（羊车、鹿车、牛车），在此之上，天台宗认为《法华经》的教义如同"大白牛车"，高出其他各派。（惠能著，郭朋校释：《坛经校释》，中华书局1983年版，第88~89页。）

戒定慧三学。三藏亦分小大乘，小乘三藏包括：经，四部《阿含经》(《长阿含经》《中阿含经》《杂阿含经》《增一阿含经》)；律，《四分律》《五分律》《十诵律》；论，《发智论》《六足论》等。大乘三藏包括：经，《华严经》等；律，《梵网经》等；论，《阿毗达磨经》等。① 在此基础之上，《坛经》对三学有三种新诠释：

> 秀和尚言戒定慧：
>
> 诸恶不作名为戒，诸善奉行名为慧，自净其意名为定。此即名为戒定慧。
>
> ……大师言："汝听吾说，看吾所见处，心地无非自性戒，心地无乱自性定，心地无痴自性慧。"
>
> 悟得自性，亦不立戒定慧。……
>
> 大师言："自性无非、无乱、无痴，念念般若观照，非离法相，有何可立？自性顿修，立有渐次，契亦不立。"②

神秀言戒定慧，是还原到具体的为善去恶、洗心澄意，直接从心意之实际处作功夫，相当于渐修之教；惠能言戒定慧，是针对神秀的有心有意，消除至无心无意，还原至心意的本净状态，相当于顿悟之教；更进一步，惠能以自性超越并统合顿渐。另外，惠能尤其重视定学与慧学：

> 我此法门，以定慧为本。第一勿迷，言慧定别，慧定体一不二。即定是慧体，即慧是定用。即慧之时定在慧，即定之时慧在定。
>
> 定慧犹如何等？如灯光，有灯即有光，无灯即无光。灯是光之体，光是灯之用。名即有二，体无两般。

以上是从体用关系来讲定慧。从体用一致来考察，体与用具有一致性，

---

① 丁福保编：《佛学大辞典》，上海书店出版社 2015 年版，第 362~263 页。
② 慧能著，郭朋校释：《坛经校释》，中华书局 1983 年版，第 78~79 页。

两者可以相互生成:"即慧之时定在慧,即定之时慧在定。"如同人有身体,才有身体之用,身体是人的根本,又如惠能的灯体光用的比喻,在这个意义上,体比用更具有根本性,由此,惠能的三学尤其重视"定",关联禅定,这是禅宗的命脉。抓住了命脉,便能由定而生慧,定慧俱在,自然无不中矩,戒律亦在其中。

**2. 经论与求心**

在佛教史中,唐僧是玄奘(600—664)①,他重视三藏,是中国唯识宗(慈恩宗)的开创者,其宗派特点是注重精确的翻译与理论建构,倾向于印度化的佛教。但是,由于唯识宗体系复杂,传播的范围有限,在玄奘的弟子窥基(632—682)之后,唯识宗迅速衰落。与之相对的惠能(638—713)是禅宗大师。禅宗开始在中土传播时,受众亦少,主要依据《楞伽经》,此经艰深晦涩,其后说法依托逐渐衍变为较易传播的《金刚经》(如五祖弘忍便以《金刚经》说法),至惠能进一步革新,讲更通俗的《坛经》,禅宗逐步实现了佛教的本土化,直指人心,消解印度佛教繁难的经论,传播范围广泛。在惠能的弟子青原行思、南岳怀让之后,中国禅宗盛势展开。玄奘和惠能所处时代有交集,两人的学说风格迥异,传播效果截然相反,这涉及佛学经论与求心的差别。通过《西游记》来看两者之别:

> 那如来微开善口,敷演大法,宣扬正果,讲的是三乘妙典,五蕴《楞严》。但见那天龙围绕,花雨缤纷。正是:"禅心朗照千江月,真性情涵万里天。"
>
> 如来讲罢,对众言曰……我有《法》一藏,谈天;《论》一藏,说地;《经》一藏,度鬼。三藏共计三十五部,该一万五千一百四十四卷,乃是

① 据《〈大唐西域记〉校注》(季羡林等校注,中华书局2000年版)引言,玄奘生卒年为600—664。此书参考了杨延福《玄奘年寿考论》和《玄奘西行首途年月考释》。《旧唐书卷一百九十一·列传第一百四十一·玄奘》记载:"大业未出家……显庆元年,敕乃移于宜君山故玉华宫。六年卒,时年五十六。"据此,玄奘生卒年应为公元606年至661年。

修真之径，正善之门。① 我待要送上东土，叵耐那方众生愚蠢，毁谤真言，不识我法门之要旨，怠慢了瑜迦之正宗。怎么得一个有法力的，去东土寻一个善信，教他苦历千山，询经万水，到我处求取真经，永传东土，劝化众生，却乃是个山大的福缘，海深的善庆。谁肯去走一遭来？"（第八回 我佛造经传极乐 观音奉旨上长安）②

正欢喜处，忽见一座高山阻路。唐僧勒马道："徒弟们，你看这面前山势崔巍，切须仔细！"行者笑道："放心！放心！保你无事！"三藏道："休言无事。我见那山峰挺立，远远的有些凶气，暴云飞出，渐觉惊惶，满身麻木，神思不安。"行者笑道："你把乌巢禅师的《多心经》早已忘了。"三藏道："我记得。"行者道："你虽记得，还有四句颂子，你却忘了哩。"三藏道："那四句？"行者道：

"佛在灵山莫远求，灵山只在汝心头。

人人有个灵山塔，好向灵山塔下修。"

三藏道："徒弟，我岂不知？若依此四句，千经万典，也只是修心。"

行者道："不消说了。心净孤明独照，心存万境皆清。差错些儿成懈懒，千年万载不成功。但要一片志诚，雷音只在眼下。似你这般恐惧惊惶，神思不安，大道远矣，雷音亦远矣。且莫胡疑，随我去。"那长老闻言，心神顿爽，万虑皆休。（《西游记》第八十五回 心猿妒木母 魔主计吞禅）③

上述两段引文，前一段重在经论，后一段重在求心。当然，结合前面对

---

① 又见："我今有经三藏，可以超脱苦恼，解释灾愆。三藏：有《法》一藏，谈天；有《论》一藏，说地；有《经》一藏，度鬼。共计三十五部，该一万五千一百四十四卷。真是修真之径，正善之门。"（第九十八回 猿熟马驯方脱壳　功成行满见真如）（吴承恩：《西游记》，人民文学出版社 2020 年版，第 1210 页。）

② 吴承恩：《西游记》，人民文学出版社 2020 年版，第 87 页。

③ 吴承恩：《西游记》，人民文学出版社 2020 年版，第 1056 页。

于经律论三藏的解释，《西游记》以法、论、经说三藏，并对应天、地、鬼，显然是杂糅了道家的学说，这是需要修正的。尽管经典繁难，但确实是释迦牟尼说法的真实记录，玄奘为得到最原初的佛教经典，远赴印度求取真经。在惠能看来，"千经万典，也只是修心"，如同孙悟空所言："灵山只在汝心头"。既然人人有此灵山塔，何必西天万里遥？

> 一切经书及文字，小大二乘，十二部经，皆因人置，因智慧性故，故然能建立。（惠昕本作"因智慧性，方能建立"。）若无智人，一切万法本亦不有。故知万法本从人兴，一切经书因人说有。缘在人中有愚有智，愚为小故，智为大人。问迷人于智者，智人与愚人说法，令使愚者悟解心开。迷人若悟解心开，与大智人无别。故知不悟，即佛是众生；一念若悟，即众生是佛。故知一切万法，尽在自身心中，何不从于自心顿见真如本性。《菩萨戒经》云："我本源自性清净。"识心见性，自成佛道。即时豁然，还得本心。（《坛经》）

为说明惠能之说的根据，我们还原到释迦牟尼的悟道："世尊成道已，作是思惟：离欲寂静，是最为胜；住大禅定，降诸魔道。于鹿野苑中，转四谛法轮。度憍陈如等五人，而证道果。"（《四十二章经》序分）从人文精神来解读，便是释迦牟尼通过人生的亲证，在禅定中实现了对于道的彻悟。在悟道后，释迦牟尼"转四谛法轮"，谛指真理至极，四谛是苦、集、灭、道，相当于苦报、聚集、消灭、证道。弟子记录释迦牟尼之言，形成佛经，后续形成论与律。因此，经论是佛学最基本的经典，也是佛说的正法。后学主要有两条途径学习佛学，一是读经论，也就是从积累性的知识入手。印度佛教传入中土，亦存在翻译失真的情况，玄奘远赴印度求学，便是希望获得释迦牟尼的原教，直接从梵文等原初文字学习，如同我们现在学习西方哲学经典，如果能直接读古希腊原文（《斐多》）、德文原文（《审美教育书简》）、英语原文（《正义论》），可以避免汉译的错误。另一种学佛的途径便是直接求心，也就是效仿释迦牟尼的人生亲证，直接面对生命，面对本心，这种途径是消除性的，需要离欲，也就是消除欲望，破除人生的幻相，惠能就是从这个途径进入。

惠能指出："一念若悟，即众生是佛"，如同本讲开始所说，悟即是觉，佛是众生中的觉者。作为众生的一员，我们通过觉悟心性悟道，也就是"识心见性，自成佛道"。惠能在实现悟道的过程中，直接诉之于心，并没有借助经论。如果将阅读经论的途径视作佛学的正传，则直接诉之于心的途径便是教外别传。由此还可以进一步推论："故知一切万法，尽在自身心中，何不从于自心顿见真如本性。"重于此者轻于彼，惠能批评甚至否定通过经论证佛道的途径，经书皆本于"智慧性故"，也就是悟性。得此悟性，则经论万法能"点石成金"，否则，经论只是堆砌的顽石而已。当然，这两种途径本是统一的，在释迦牟尼处，尤为统一；后学各执一端，难免出偏，如禅宗后来出现的毁佛像、烧佛经的现象。与儒学类比，经论相当于雅言，求心相当于罕言，两者可通过"寓罕于雅"，将求心的密义隐藏在经论中；通过"析雅于罕"，通过读经论，将求心的隐义读出。综合两者，便是罕雅互用，各美其美。

### 3. 阿难与迦叶

在禅宗谱系中，有两个重要的奠基性人物，阿难与迦叶，两者分别是禅宗西天初祖与二祖①，地位崇高。然而，在《西游记》中，两者却被塑造成反面形象：

> 阿傩、伽叶引唐僧看遍经名，对唐僧道："圣僧东土到此，有些甚么人事送我们？快拿出来，好传经与你去。"
>
> 三藏闻言道："弟子玄奘，来路迢遥，不曾备得。"
>
> 二尊者笑道："好，好，好！白手传经继世，后人当饿死矣！"

---

① "释迦文佛首传摩诃迦叶尊者，第二、阿难尊者，第三、商那和修尊者……第二十七、般若多罗尊者，第二十八、菩提达摩尊者。"（《坛经·付嘱品第十》）

行者见他讲口扭捏，不肯传经，他忍不住叫噪道："师父，我们去告如来，教他自家来把经与老孙也。"

阿傩道："莫嚷！此是甚么去处，你还撒野放刁！这边来接着经！"（第九十八回 猿熟马驯方脱壳，功成行满见真如）①

与要"人事"的迦叶不同，在禅宗经典中，迦叶最能得佛心意，有拈花一笑的故事：

世尊在灵山会上，拈花示众。是时众皆默然，唯迦叶尊者破颜微笑。世尊曰："吾有正法眼藏，涅槃妙心，实相无相，微妙法门，不立文字，教外别传，付嘱摩诃迦叶。"世尊至多子塔前，命摩诃迦叶分座令坐，以僧伽梨围之。遂告曰："吾以正法眼藏密付于汝，汝当护持，传付将来。"②

"不立文字，教外别传"，这正是惠能之说的要旨，换言之，由惠能的学说创造出迦叶拈花一笑的故事。这还涉及"实现无相"的分别，将在下面讲到。另外，"以僧伽梨围之"，这是禅宗传法的信物，在《坛经》中亦有体现，五祖向惠能传法，惠能不仅能得到正法眼藏，而且获得袈裟作为信物。西天禅宗二祖阿难在佛门以多闻第一著称，如迦叶乃白众言："此阿难比丘多闻总持，

---

① 吴承恩：《西游记》，人民文学出版社 2020 年版，第 1212~1213 页。

② 普济：《初祖菩提达摩大师》，《五灯会元》卷一，中华书局 1984 年版，第 10 页。《西游记》应受此影响，并以此塑造孙悟空的形象：一日，祖师登坛高坐，唤集诸仙，开讲大道，真个是：天花乱坠，地涌金莲。妙演三乘教，精微万法全。慢摇麈尾喷珠玉，响振雷霆动九天。说一会道，讲一会禅，三家配合本如然。开明一字皈诚理，指引无生了性玄。孙悟空在旁闻讲，喜得他抓耳挠腮，眉花眼笑，忍不住手之舞之，足之蹈之。忽被祖师看见，叫孙悟空道："你在班中，怎么颠狂跃舞，不听我讲？"悟空道："弟子诚心听讲，听到老师父妙音处，喜不自胜，故不觉作此踊跃之状。望师父恕罪！"祖师道："你既识妙音，我且问你：你到洞中多少时了？"（《西游记》第二回 悟彻菩提真妙理 断魔归本合元神）（吴承恩：《西游记》，人民文学出版社 2020 年版，第 15~16 页。）

有大智慧，常随如来，梵行清净。所闻佛法，如水传器，无有遗余。"①阿难是佛教经论结集的重要贡献者。

结合前面的"《论语》与仁性"，我们在此对"孔颜默会"与"拈花一笑"同异稍作总结。两者的相同点是：轴心文明时期大哲学家的思想传承，大哲学家与弟子在最根本教义的精神交流，都是缄默的方式，不借助语言，最终实现了道的授受。两者的不同点有：佛教重视"密付"，传法者为单传谱系，从迦叶以至达摩，宗教意识很强，具有排他性；儒学的谱系更开放，包容性强，在后世儒学展开中，孔颜之学呈现为扬雄、周敦颐、程颐等多元化发展，洋溢着人文精神。佛教在"密付"之外，还有信物（僧伽梨）作为外在的凭证，这一直传承至六祖惠能；儒学没有信物，更注重内在精神。孔颜之学基于史实，有《论语》等可靠文献；拈花一笑为后人杜撰。

## （二）中国禅宗思想源流与《坛经》的形成

这部分主要讲三个问题：西天与中土传承谱系的对接，禅宗经典的本土化，禅宗的南宗与北宗。

### 1. 西天与中土传承谱系的对接

禅宗从印度（西天）传道中国（中土），达摩是关键。按照西天的禅宗谱

---

① 普济：《初祖菩提达摩大师》，《五灯会元》卷一，中华书局 1984 年版，第 11 页。《西游原旨》对此有辩护："'阿难传与无字真经，燃灯以为东土众生不识，使白雄尊者追回；后奉金钵，方传有字真经。'夫'无字真经'者，无为之道；'有字真经'者，有为之道。无为之道，以道全其形，上智者顿悟圆通，立证佛果，无人事而可以自得；有为之道，以术延其命，下智者真履实践，配合成丹，须衣钵而后可以修真。有为之功，总归于无为；有字真经，实不出于无字，以人不识其无字，而以有字者以度之。无字有字，皆是真经，无字者赖有字而传，有字者赖无字而化。一有一无，而天地造化之气机，圣贤大道之血脉，无不备矣。"（刘一明：《西游原旨》，中国致公出版社 2016 年版，第 442 页。）这里涉及到"有字真经"与"无字真经"的转化，"无字真经"没有文字，无为之道，不尚人事，亦不能独传，需借助有为之道、尚人事的"有字真经"来传。按照罕言与雅言关系的解读，"无字真经"是罕言，"有字真经"是雅言，罕言不言或难言，是以难传，借助雅言，"寓罕于雅"；识者得雅言，又能从罕言中析出雅言，从而尽得罕雅之全。

系，摩诃迦叶是禅宗西天初祖，达摩是第二十八祖；按照中土的禅宗谱系，达摩为初祖，惠能是第六祖：

第二十八、菩提达摩尊者，第二十九、慧可大师，第三十、僧璨大师，第三十一、道信大师，第三十二、弘忍大师，惠能是为三十三祖。从上诸祖，各有禀承。汝等向后，递代流传，毋令乖误。众人信受，个别而退。（《坛经·付嘱品第十》）

列表 4-1：

表 4-1　　　　　　　　　西天与中土禅宗谱系的对应关系

| 西天摩诃迦叶第一 | 谱　系 | 中土菩提达摩第一 |
| --- | --- | --- |
| 第二十八 | 菩提达摩尊者 | 初祖 |
| 第二十九 | 慧可大师 | 二祖 |
| 第三十 | 僧璨大师 | 三祖 |
| 第三十一 | 道信大师 | 四祖 |
| 第三十二 | 弘忍大师 | 五祖 |
| 第三十三 | 惠能 | 六祖 |

在《坛经》中，惠能有对达摩的评述：

使君问："法可不是西国第一祖达摩祖师宗旨？"

大师言："是。"

"弟子见说达摩大师化梁武帝，帝问达摩：'朕一生以来，造寺、布施、供养，有功德否？'达摩答言：'并无功德。'武帝惆怅，遂遣达摩出境。未审此言，请和尚说。"

六祖言："实无功德。使君勿疑达摩大师言。武帝著邪道，不识正法。"

使君问："何以无功德？"

和尚言："造寺、布施、供养，只是修福，不可将福以为功德。功德在法身，非在于福田。自法性有功德，平直是德，内见佛性，外行恭敬。若轻一切人，吾我不断，即自无功德。自性虚妄，法身无功德。念念行平等直心，德即不轻。常行于敬，自修身即功，自修心是德。功德自心作，福与功德别。武帝不识正理，非祖大师有过。"（《坛经》）

与之相参的材料为：

祖泛重溟，凡三周寒暑，达于南海，实梁普通七年丙午岁九月二十一日也……十月一至金陵。帝问曰："朕即位已来，造寺写经，度僧不可胜纪，有何功德？"祖曰："并无功德。"帝曰："何以无功德？"祖曰："此但人天小果，有漏之因，如影随形，虽有非实。"帝曰："如何是真功德？"祖曰："净智妙圆，体自空寂，如是功德，不以世求。"帝又问："如何是圣谛第一义？"祖曰："廓然无圣。"帝曰："对朕者谁？"祖曰："不识。"帝不领悟，祖知机不契，是月十九日，潜回江北。十一月二十三日，届洛阳。当魏孝明帝孝昌三年也，寓止于嵩山少林寺，面壁而坐，终日默然。①

达摩与梁武帝的对话的分歧主要表现为有相与无相的问题，列表4-2。

表4-2　　　　　　　　　　达摩与梁武帝关于有相与无相的分歧

|  | 有　相 | 无　相 |
|---|---|---|
| 1 | 修福 | 修道 |
| 2 | 功德在福田 | 功德在法身 |
| 3 | 造寺 | 消心中三业(身语意)、三恶(贪嗔痴) |

---

① 普济：《初祖菩提达摩大师》，《五灯会元》卷一，中华书局1984年版，第43页。

续表

|   | 有　　相 | 无　　相 |
|---|---|---|
| 4 | 布施 | 自法性有功德 |
| 5 | 供养 | 平直是德 |
| 6 | 写经 | 常行于敬 |
| 7 | 度僧 | 功德（自修身是功，自修心是德） |

按照通常的理解，梁武帝造寺、布施、供养，相当于大力发展佛教，做善事，积累功德，理应该得到达摩的称赞。但是，达摩予以否定，认为梁武帝的善举没有功德，相当于彻底否定了梁武帝的行为，惠能显然是认同达摩的说法。达摩、惠能之所以如此说，其原因在于其禅宗的教法以无相为根本。梁武帝的善举都是有相的事业，仅得其表，不知其里，故而达摩、惠能予以否定。当达摩向梁武帝谈"廓然无圣"为圣谛第一义时，梁武帝不能理解，也无法接受，从而导致梁武帝与达摩不欢而散。在惠能看来，不欢而散的原因在于"武帝不识正理，非祖大师有过"。我们姑且将达摩与梁武帝的会面当作一个传说，还原到哲学思想层次，应是禅宗初入中土，其宣扬的无相教法不能被南朝的士人接受。当时南朝佛教的主流还是造寺、布施、供养等传统形式。按照上文经论与修心的区别，传统的造寺、布施、供养相当于经论，注重外在的形式与实相；而禅宗以无相为宗，造寺、布施、供养等都是有相，需要消解掉。达摩的这种新教法显然难以被传统的南朝佛教信众所接受。在南朝传法失败后，达摩退回到江北，于少林面壁，"外息诸缘，内心无喘。心如墙壁，可以入道。"以待有缘人，也在等待传法的时机。

这里还涉及福报功德的问题，也可以说是幸福观的问题，幸福观的问题将在第六讲、第七讲谈到，本讲的幸福观主要特点是区分了有相与无相，先初步了解一下惠能的《无相颂》：

愚人修福不修道，谓言修福而是道。布施供养福无边，心中三业元来造。

若将修福欲灭罪，后世得福罪元造。若解向心除罪缘，各自性中真忏悔。

若悟大乘真忏悔，除邪行正即无罪。学道之人能自观，即与悟人同一例。

大师令传此顿教，愿学之人同一体。若欲当来觅本身，三毒恶缘心中洗。

努力修道莫悠悠，忽然虚度一世休。若遇大乘顿教法，虔诚合掌志心求。(《坛经》)

按照惠能的《无相颂》来解读达摩与梁武帝的对话：梁武帝"修福不修道，谓言修福而是道"，这是在有相层次上积累功德。在这种情况下，尽管可以说"布施供养福无边"，但不能解决内心的恶业，"心中三业元来在"。达摩与惠能所传的禅宗重点是求心，也就是在无相层次上解决福报的问题，"若欲当来觅本身，三毒恶缘心里洗。"从而修道证正觉，也就是成佛，这是根本的教法。

### 2. 禅宗经典的本土化

以禅宗的经典来看，从达摩到惠能，其传法所依主要有三种经典：达摩禅法教理以《楞伽经》为宗；弘忍禅法教理以《金刚经》为宗；惠能禅法教理以《坛经》为宗。从经文阅读的直观感觉来看，《楞伽经》晦涩艰深，这或许是禅宗初期难以广泛传播的重要原因；《金刚经》易于诵读，惠能亦是因闻《金刚经》而学禅悟道；《坛经》的故事性强，通俗易懂，这极有利于禅宗在大众中的传播。在此之外，《坛经》还受到《涅槃经》《维摩诘经》《梵网经》的影响，这在经文中也会看到一些痕迹。另外，《坛经》的形成还受到《大乘起信论》的影响。

惠能（638—713）是中国禅宗理论的奠基者，是中国禅宗实现本土化的关键人物。《坛经》是惠能讲法的记录，这是中国人自己创作经典的标志，影响了唐以后禅宗乃至整个中国禅宗理论的发展。《坛经》在中国佛教史以及中国文化史上都有着非常重要的地位和价值。① 《坛经》的版本复杂：唐有惠昕本，宋有契嵩本，元有德异本（很可能就是契嵩本）。至元二十八年（1291 年），宗宝将三种《坛经》版本合校，编订了宗宝本，从明代开始，最为流行。② 敦煌本于 1923 年在大英博物馆发现，此本为现存年代最古的版本，全名为《南宗顿教最上大乘摩诃般若波罗蜜经六祖惠能大师于韶州大梵寺施法坛经》，后有以此为底本的注释本。③ 教材选编用的是敦煌本，此本语义古朴，但是故事性不强；宗宝本语言流畅，故事性强，如非风非幡的故事④。

### 3. 禅宗的南宗与北宗

我们今天讲《坛经》，多以惠能为高，贬低神秀。这种崇无尚悟的风气与好高骛远的习性相伴，这如同阳明学的重无而轻有，崇玄虚而尚躬行，这是需要警醒的。否则，习性中本有好高骛远的习性，再一味夸耀惠能的无与悟有多高明，如同"教猱升木"，猱之本性善于爬树，⑤ 如果再助长其性，很容易从高处摔下，骨断筋折，百害而无一利。在禅宗实际发展中，五祖弘忍法门弟子，以神秀为盛：

> 而弘忍居黄梅之东山，遂为东山法门。忍发挥《金刚般若》之义旨，

---

① 李建中主编：《人文社科经典导引》（第三版），武汉大学出版社 2021 年版，第 55 页。

② 李申：《〈坛经〉版本刍议》，李申校议：《敦煌坛经合校译注》，中华书局 2018 年版，第 14~15 页。

③ 惠能著，郭朋校释：《坛经校释》，中华书局 1983 年版。

④ 非风非幡的故事不见于敦煌本。选录如下：惠能后至曹溪，又被恶人寻逐。乃于四会，避难猎人队中，凡经一十五载。时与猎人随宜说法。猎人常令守网，每见生命，尽放之。每至饭时，以菜寄煮肉锅。或问，则对曰："但吃肉边菜。"一日思惟：时当弘法，不可终遁。遂出至广州法性寺，值印宗法师讲《涅槃经》。时有风吹幡动，一僧曰风动，一僧曰幡动，议论不已。慧能进曰："不是风动，不是幡动，仁者心动。"一众骇然。印宗延至上席，征诘奥义。见惠能言简理当，不由文字。宗云："行者定非常人，久闻黄梅衣法南来，莫是行者否？"惠能曰："不敢。"宗于是作礼，告请传来衣钵，出示大众。（《坛经·行由品》）

⑤ 张昭炜：《阳明学发展的困境及出路》，中国社会科学出版社 2017 年版，第 518 页。

卒于上元二年(675 年)。弘忍之徒党益众，传有七百余僧。上座神秀者，于师死后，为武则天迎入长安，亲加跪礼，闻风来拜者日至数万。中宗即位，尤加礼敬。及神秀死，中宗令其弟子普友统其法众，亦为时人所重，终于开元二十七年。(上据《旧唐书·神秀传》)①

从学说教理而言，神秀与惠能对于达摩禅各有发展：

> 先是神秀有同学慧能，虽曾受学于弘忍，然后实在南海印宗法师外出家。相传门徒法海据其言行录为《坛经》。此经影响巨大，实于达摩禅学有重大发展，为中华佛学之创造也。慧能之学说要在顿悟见性，一念悟时，众生是佛，从自心中顿见真如本性。而慧能之后裔发展成于学理，禅行均非所重，而竞以顿悟相夸，语多临机。凡此诸说，虽不必为慧能所自创，然要非达磨本意也。北宗神秀，称为渐教，吾人虽不知其详，想或仍守达摩之法者欤。②

神秀为五祖弘忍的弟子，力主渐教，能守初祖达摩禅法，为北宗；惠能虽学于弘忍，但实际是印宗法师的弟子，以顿悟为宗，创新发展了达摩禅法，为南宗。总体来看，神秀是一位保守的原教旨主义者，而惠能更像一位宗教改革家。

南宗由弱变强，乃至超越北宗，惠能的弟子神会发挥了重要作用："其弟子神会姓高，襄阳人。至岭南受学于慧能，后以其学北上攻击北宗，卒倾动当世，南宗乃为禅宗之正统焉。"③有鉴于此，我们学习《坛经》，可与《神会语

---

① 汤用彤：《隋唐佛教史稿》，中华书局 2016 年版，第 188~189 页。
② 汤用彤：《隋唐佛教史稿》，中华书局 2016 年版，第 189 页。
③ 冯友兰：《中国哲学史》(增订台四版)，台湾"商务印书馆"2015 年版，第 661 页。"六祖虽创顿门，然其宗实至菏泽始盛。菏泽大师名神会，年十四，至曹溪谒慧能，得其法。天宝初(约 742 年)入洛大行禅法。先是两京之间，皆宗神秀。及神会至，渐修之教荡然，普寂之门衰歇。而南北宗之名由是始起。"(汤用彤：《隋唐佛教史稿》，中华书局 2016 年版，第 189 页。)

录》相参看。神会之后，又有圭峰宗密，圭峰宗密著有《禅源诸诠集》，总结禅宗各派。

惠能之后，其学统谱系衍生出五家七宗，主要分为南岳怀让（湖南）与青原行思（江西）两大系：南岳怀让传马祖道一，分出沩仰宗与临济宗；青原行思传石头希迁，分出法眼宗、云门宗、曹洞宗。沩仰宗、临济宗、法眼宗、云门宗、曹洞宗如同一花之五叶；临济宗又分出杨歧派与黄龙两派，以上合称禅宗的五家七宗。

# （三）《坛经》与悟性

## 1. 悟道过程

《金刚经》贯穿惠能悟道的始终，大体分为三个阶段：因闻《金刚经》而访五祖，相当于解悟；因《金刚经》变相而作偈子，相当于证悟；因五祖传授《金刚经》而继承禅宗衣钵，相当于透悟。分述如下：

（1）因闻《金刚经》而访五祖

惠能慈父，本官范阳，左降迁流岭南，作新州百姓。惠能幼小，父亦早亡。老母孤遗，移来南海。艰辛贫乏，于市卖柴。忽有一客买柴，遂领惠能至于官店，客将柴去。惠能得钱，却向门前，忽见一客读《金刚经》。慧能一闻，心明便悟。乃问客曰："从何处来，持此经典？"客答曰："我于蕲州黄梅县东冯墓山，礼拜五祖弘忍和尚，见今在彼，门人有千余众。我于彼听见大师劝道俗，但持《金刚经》一卷，即得见性，直了成佛。"惠能闻说，宿业有缘，便即辞亲，往黄梅冯墓山礼拜五祖。（《坛经》）

这里透露出两个重要信息：其一，五祖弘忍以《金刚经》为传道的经典。

只需奉持《金刚经》，便能见性成佛，如此极大地鼓舞了受众的信心。相对于达摩奉持的《楞伽经》的艰深晦涩，《金刚经》虽是印译之文，但在通俗化众方面已有了巨大进步。弘忍"门人有千余众"，也间接说明了弘忍传法的成功。其二，惠能听闻"客读《金刚经》"而"心明便悟"。惠能为砍柴的樵夫，文化水平低，能一闻《金刚经》而悟，既说明《金刚经》的通俗，也说明惠能的悟性极高。他若学道成功，必将在通俗性方面更进一步。

(2)因《金刚经》变相而作偈子(证悟)

惠能在弘忍门下学习，弘忍并没有直接传法，或许他在考察惠能，更有可能在等待合适的时机，这个时机的触发者便是身为上座的神秀。

> 秀上座三更于南廊下中间壁上秉烛题作偈，人尽不知。偈曰：
>
> > 身是菩提树，心如明镜台。
> >
> > 时时勤拂拭，莫使有尘埃。
>
> 神秀上座题此偈毕，却归房卧，并无人见。

> 五祖平旦，遂唤卢供奉来南廊下画楞伽变。五祖忽见此偈，请记。乃谓供奉曰："弘忍与供奉钱三十千，深劳远来，不画变相也。《金刚经》云：'凡所有相，皆是虚妄。'不如留此偈，令迷人诵。依此修行，不堕三恶。依法修行，有大利益。"大师遂唤门人尽来，焚香偈前，众人见已，皆生敬心。"汝等尽诵此偈者，方得见性。依此修行，即不堕落。"门人尽诵，皆生敬心，唤言善哉！

> 五祖遂唤秀上座于堂内，问："是汝作偈否？若是汝作，应得我法。"
>
> 秀上座言："罪过！实是神秀作。不敢求祖，愿和尚慈悲，看弟子有少智慧，识大意否？"
>
> 五祖曰："汝作此偈，见解只到门前，尚未得入。凡夫依此偈修行，即不堕落；作此见解，若觅无上菩提，即不可得。要入得门，见自本性。

汝且去，一两日来思惟，更作偈来呈吾。若入得门，见自本性，当付汝衣法。"秀上座去数日，作偈不得。(《坛经》)

神秀是从有相悟入，身心俱是有相，如菩提树，又如明镜台。依明镜台之有相而起修心功夫，便是时时勤拂拭，也就是勤于打扫，相当于不断清除遮蔽、杂染心体的欲望、情识等，以保持心的明净。这种法门属于渐修之教，其优点是步步归实，尤其适合入门者，因此，在门人面前，弘忍对于神秀的偈子予以肯定，对弟子言："依此修行，即不堕落。"①但是，他在单独对神秀讲时，指出其中的关键问题，也是对上座神秀提出更高要求："凡夫依此偈修行，即不堕落；作此见解，若觅无上菩提，即不可得。"凡夫大众依照神秀的偈子可以渐趋进步；但是，禅宗追求的无上正等正觉比这要求高，弘忍期待神秀对这种更高的要求能有突破。但是，神秀作偈不得，没有从认识上实现突破。在此情况下，惠能登场的时机到了。

有一童子，于碓坊边过，唱诵此偈。惠能一闻，知未见性，即识大意。

能问童子："适来诵者，是何言偈？"

童子答能曰："你不知大师言生死事大，欲传衣法，令门人等各作一偈来呈吾看，悟大意即付衣法，禀为六代祖。有一上座名神秀，忽于南廊下书无相偈一首，五祖令诸门人尽诵，悟此偈者，即见自性；依此修行，即得出离。"

惠能答曰："我此踏碓八个余月，未至堂前，望上人引惠能至南廊下，见此偈礼拜，亦愿诵取，结来生缘，愿生佛地。"

童子引能至南廊下，能即礼拜此偈。为不识字，请一人读。

---

① 神秀的偈子亦可在原始佛典中找到依据：沙门问佛："以何因缘，得知宿命，会其至道？"佛言："净心守志，可会至道。譬如磨镜，垢去明存，当得宿命。(《四十二章经》第十三章)佛言："如人锻铁，去滓成器，器即精好。学道之人，去心垢染，行即清净矣。"(《四十二章经》第三十五章)

惠能闻已,即识大意。

惠能亦作一偈,又请得一解书人,于西间壁上题著,呈自本心。不识本心,学法无益,识心见性,即悟大意。惠能偈曰:

菩提本无树,明镜亦无台。

佛性常清净①,何处有尘埃?

院内徒众,见能作此偈,尽怪。惠能却入碓坊。五祖忽来廊下,见惠能偈,即知识大意。恐众人知,五祖乃谓众人曰:"此亦未得了。"(《坛经》)

惠能对神秀教法的突破在于无相,根据《金刚经》"凡所有相,皆是虚妄",神秀的菩提树、明镜台之喻俱是有相。因执相之有,所以功夫亦是有相的功夫。"惠能一闻,知未见性",依照《金刚经》来判别神秀的偈子,菩提树、明镜台等相"皆是虚妄",神秀执着于有相,不能入门无相之境。惠能偈子的首两句通过两个否定性的"无",从无相层次否定了菩提树与明镜台比喻的心之相。心的真实之相是无相,在无相层次,是佛性清净之心的呈现。无相是对于有相的超越,有相的尘埃不能干扰无相之心,因此,"何处有尘埃?"

(3)因五祖传授《金刚经》而继承禅宗衣钵(透悟)

由于禅宗谱系的单传性,弘忍回避其他弟子,单独为惠能传法,其所传仍然是《金刚经》:

五祖夜至三更,唤惠能堂内,说《金刚经》。惠能一闻,言下便悟。其夜受法,人尽不知,便传顿教法及衣,以为六代祖。衣将为信禀,代代相传;法以心传心,当令自悟。五祖言:"惠能!自古传法,气如悬丝!若住此间,有人害汝,汝即须速去。"

---

① "佛性常清净",惠昕本作"本来无一物"。

能得衣法，三更发去。五祖自送能至九江驿，登时便别。五祖处分："汝去，努力将法向南，三年勿弘此法，难起在后弘化，善诱迷人，若得心开，与悟无别。"辞违已了，便发向南。（《坛经》）

通行本《坛经》的内容更丰富、故事性更强，摘录如下：

次日，祖潜至碓坊，见能腰石舂米，语曰："求道之人，为法忘躯，当如是乎！"乃问曰："米熟也未？"惠能曰："米熟久矣，犹欠筛在。"祖以杖击碓三下而去。惠能即会祖意，三鼓入室。祖以袈裟遮围，不令人见，为说《金刚经》，至"应无所住而生其心"①，惠能言下大悟：一切万法，不离自性。遂启祖言："何期自性，本自清净；何期自性，本不生灭；何期自性，本自具足；何期自性，本无动摇；何期自性，能生万法。"（《坛经·行由品》）

惠能三更领得衣钵，云："能本是南中人，素不知此山路，如何出得江口？"

五祖言："汝不须忧，吾自送汝。"

祖相送直至九江驿，祖令上船，五祖把橹自摇。

惠能言："请和尚坐，弟子合摇橹。"

祖云："合是吾渡汝。"

惠能曰："迷时师度，悟了自度，度名虽一，用处不同。惠能生在边方，语音不正，蒙师传法，今已得悟，只合自性自度。"

祖云："如是如是，以后佛法，由汝大行，汝去三年，吾方逝世。汝今好去，努力向南，不宜速说，佛法难起。"（《坛经·行由品》）

敦煌本只言弘忍为惠能说《金刚经》，至于所传的内容，没有说明。从证

---

① "应如是生清净心：不应住色生心，不应住声、香、味、触、法生心，应无所住而生其心。"（《金刚经·庄严佛土分第十》）

悟而言，在上一阶段，惠能已经在无相层次上证道。弘忍传法，应比这更进一步。通行本载弘忍为说《金刚经》，至"应无所住而生其心"，惠能大悟。这涉及两个关键点：第一，弘忍为惠能讲法，从"无相"层次超越到"无住"。无相是对于相的消除，在这个阶段，"无相"之后尚有认知的心在起作用，针对这个起作用的心，还须进一步消除，这就涉及"无住"，也就是对于认知心的消除，与此相关的还有"无念"，下面会讲到。第二，何其自性。即是透悟后，在实现无相、无住的消除之后，达到了一个境界的飞跃。换言之，无相、无住相当于通往一座宝库的金钥匙，宝库打开后，原来是那么清净、具足、不生灭、不动摇，且能生万法。

### 2. 无的消除性

在实现悟道之后，惠能为大众说法，重视消除性的无，表现为无念、无相、无住：

> 善知识！我自法门，从上已来，顿渐皆立无念为宗，无相为体，无住为本。何明为相无相？于相而离相。无念者，于念而不念。无住者，为人本性，念念不住，前念、今念、后念，念念相续，无有断绝；若一念断绝，法身即离色身。念念时中，于一切法上无住，一念若住，念念即住，名系缚；于一切法上，念念不住，即无缚也，以无住为本。善知识！外离一切相，是无相；但能离相，性体清净，是以无相为体。于一切境上不染，名为无念；于自念上离境，不于法上念生。莫百物不思，念尽除却，一念断即无，别处受生。学道者用心，莫不识法意。自错尚可，更劝他人迷，不自见迷，又谤经法，是以立无念为宗。即缘迷人于境上有念，念上便起邪见，一切尘劳妄念从此而生。然此教门，立无念为宗。世人离境，不起于念，若无有念，无念亦不立。无者无何事？念者念何物？无者，离二相诸尘劳；念者，念真如本性。真如是念之体，念是真如之用。性起念，虽即见闻觉知，不染万境，而常自在。《维摩经》云："外能善分别诸法相，内于第一义而不动。"（《坛经》）

按照前面惠能悟道的顺序可知，他依次实现了无相、无念，在此基础上，他还讲到无住。从心的深微继续探究，无念是对于念的消除，念是心的特定指向，这个指向一旦显化，便成为念。念起念灭，是心的底层特征，而住与不住是比念更为根本、更为底层的特征。念起念灭，便是念念有住，惠能在消除性的无念基础上，还要消除"住"，这是更根本的消除，所以说是"无住为本"。借助临济义玄大师临终偈说明：

> 沿流不止问如何，（诉诸于无住）
> 真照无边说似他；（相当于无念）
> 离相离名人不禀，（相当于无相）
> 吹毛用了急须磨。①

与无相关联者还有无相忏悔与无相三归（皈）依：

> 前念后念及今念，念念不被愚迷染，从前恶行一时，自性若除，即是忏悔。前念后念及今念，念念不被愚痴染，除却从前矫杂心，永断名为自性忏。前念后念及今念，念念不被疽疾染。除却从前嫉妒心，自性若除即是忏。（以上三唱）善知识！何名忏悔？忏者终身不作，悔者知于前非。

> 归依觉，两足尊；归依正，离欲尊；归依净，众中尊。……佛者，觉也；法者，正也；僧者，净也。自心归依觉，邪迷不生，少欲知足，离财离色，名两足尊。自心归依正，念念无邪故，即无爱著，以无爱著，名离欲尊。自心归依净，一切尘劳妄念，虽在自性，自性不染著，名众中尊。（《坛经》）

---

① 惠洪著，周裕锴校注：《五宗纲要旨诀序》，《石门文字禅》卷二十三，《石门文字禅校注》，上海古籍出版社 2021 年版，第 3519 页。

有相的忏悔是对于针对于有相的过失，而无相的忏悔针对念的消除，消除产生念之根。佛教本有佛、法、僧三皈依之说，这原本是用来规范佛教徒的制度和原则。惠能却打破了这一成法，提出"佛者，觉也；法者，正也；僧者，净也。"这是其所谓的"无相三归依戒"，用觉、正、净三个心性学说中的范畴，取代了佛、法、僧三个有相的存在，因此也就不再是皈依佛、皈依法、皈依僧的律仪规制，而是皈依觉、皈依正、皈依净的内在道德要求。从本质上看，"自心三皈依"就是皈依本自觉悟、纯正、清净的自心①，外在的佛、法、僧全都荡涤殆尽，唯有一心可以皈依、可以尊奉。无相三归(皈)依是禅宗实现中国化的重要标志，由此也淡化了佛教的宗教色彩，消解了佛教卷帙浩繁的经文、复杂繁琐的仪式、艰深晦涩的名相。什么是佛？"少欲知足，离财离色"为佛，按此解释，箪食瓢饮、心斋坐忘的颜回是佛，由此可在精神人文层次上实现儒、禅、庄的互通。如何以最简单的定义来解释佛？"佛者，觉也"，佛的意译即是"能仁"，由此与《论语》的仁性、克己复礼相通。

### 3. 坐禅与禅定

与无的消除性相应，便是禅定的功夫：

> 今记如是，此法门中，何名坐禅？此法门中，一切无碍，外于一切境界上念不起为坐，见本性不乱为禅。何名为禅定？外离相曰禅，内不乱曰定。外若有相，内性不乱。本性自净自定，只缘境触，触即乱，离相不乱即定。外离相即禅，内外不乱即定，外禅内定，故名禅定。《维摩经》云："实时豁然，还得本心。"《菩萨戒经》云："本源自性清净。"②善知识！见自性自净，自修自作自性法身，自行佛行，自作自成佛道。(《坛经》)

---

① 惠能大师唤言："善知识！菩提般若之智，世人本自有之，即缘心迷，不能自悟，须求大善知识示道见性。善知识！愚人智人，佛性本亦无差别，只缘迷误，迷即为愚，悟即成智。"(《坛经》)

② 《菩萨戒经》云："我本源自性清净。"识心见性，自成佛道。即时豁然，还得本心。(《坛经》)

"外离相曰禅"，相当于以无相定义禅，无相相当于心的消除性，但这种消除性不是为了得到一无所有的空，而是内有所守，"内不乱曰定"。① 因此，禅定包括两个方面：外的消除之"禅"与内在的建设之"定"，这亦相通于《维摩诘经》："外能善分别诸法相，内于第一义而不动。"还可以从语言观来看禅定：

> 如是诸菩萨各各说已，问文殊师利："何等是菩萨入不二法门？"
>
> 文殊师利曰："如我意者，于一切法无言无说，无示无识，离诸问答，是为入不二法门。"
>
> 于是文殊师利问维摩诘："我等各自说已，仁者当说，何等是菩萨入不二法门？"
>
> 时，维摩诘默然无言。
>
> 文殊师利叹曰：善哉！善哉！乃至无有文字语言，是真入不二法门。②

综上，在语言上亦是消除性与建设性的同步，即伴随着默然无语的消除，便是真不二法门的显现。结合前面两讲，列表4-3。

表4-3　　　　　　　　　儒释道代表观点中的消除性与建设性

| 代表 | 消除性 | 过渡 | 建设性 |
|---|---|---|---|
| 惠能 | 禅 | — | 定 |
| | 外离相曰禅 | — | 内不乱曰定 |

---

① 据惠能："一行三昧者，于一切时中，行、住、坐、卧，常行真心是。《净名经》云：'真心是道场，真心是净土。'……但行真心，于一切法上无有执著，名一行三昧。"（教材，第62页）"samādhi，旧称三昧、三摩提、三摩帝……译曰定、等持、正定、一境性。心念定止故云定，离掉举故云等，心不散乱故云持。"（丁福保编：《佛学大辞典》，上海书店出版社2015年版，第350页。）

② 《维摩诘经·入不二法门品第九》。据苏轼《石恪画维摩赞》："我观三十二菩萨，各以意谈不二门。而维摩诘默无语，三十二义一时堕。我观此义亦不堕，维摩初不离是说。譬如油蜡作灯烛，不以火点终不明。忽见默然无语处，三十二说皆光焰。"（苏轼：《苏东坡全集》第6册，中华书局2021年版，第3094页。）

续表

| 代表 | 消除性 | 过渡 | 建设性 |
|------|--------|------|--------|
| 维摩诘 | 忽见默然无语处 | — | 三十二说皆光焰 |
| 老子 | 尸居 | 而 | 龙见 |
| | 渊默 | 而 | 雷声 |
| 庄子 | 心斋 | — | 集虚待物(气) |
| | 坐忘 | — | 同于大通 |
| | 虚室 | — | 生白 |
| | 撄(朝彻) | | 宁(见独) |
| 孔子 | 克己 | — | 复礼 |

由禅返庄，我们来看一下颜子之学在《庄子》的表现——心斋与坐忘。

**心斋**

颜回曰："吾无以进矣，敢问其方。"

仲尼曰："斋，吾将语若。有心而为之，其易邪？易之者，皞天不宜。"

颜回曰："回之家贫，唯不饮酒、不茹荤者数月矣，若此则可以为斋乎？"

曰："是祭祀之斋，非心斋也。"

回曰："敢问心斋？"

仲尼曰："若一志，无听之以耳，而听之以心；无听之以心，而听之以气。听止于耳，心止于符。气也者，虚而待物者也。唯道集虚。虚者，心斋也。"（《庄子·人间世》）

**坐忘**

颜回曰："回益矣。"仲尼曰："何谓也？"

曰："回忘仁义矣。"曰："可矣，犹未也。"

他日复见，曰："回益矣。"曰："何谓也？"

曰："回忘礼乐矣。"曰："可矣，犹未也。"

157

　　他日复见，曰："回益矣。"曰："何谓也?"曰："回坐忘矣。"

　　仲尼蹴然曰："何谓坐忘?"颜回曰："堕肢体，黜聪明，离形去知，同于大通，此谓坐忘。"仲尼曰："同则无好也，化则无常也。而果其贤乎? 丘也请从而后也。"(《庄子·大宗师》)

　　仿照禅宗的禅定，我们也可以说心斋、坐忘的消除性与建设性同步。如同祭祀前的不饮酒、不茹荤，酒与荤是不洁净的象征，以此让身体处于洁净状态；心斋集虚，为心灵制造一个洁净的空间。如同神秀的拂拭明镜台，莫使惹尘埃，但又不尽相同，心斋并不是纯粹的有相层次。又如惠能的本来无一物，何处有尘埃? 但又不尽相同，心斋亦不是无相的无。心斋是虚，虚不是有，但亦不是彻底的无，而是"唯道集虚"，虚以待物，虚是消除性的，所待之物是建设性的，建设性的结果是有气，这是道家哲学与佛学的最显著的区别。

　　坐忘与心斋类似，消除性的活动包括堕肢体，指身体感官的消除；黜聪明，指知识认识的消除；忘礼乐仁义，对于具体的制度与名相的消除。彻底的消除不是追求寂静的一无所有，而是为了达到"同于大通"。坐忘是在消除中消解个体与外界的隔阂，从而打通万有，与道合一，进入大通的境界。与心斋、坐忘类似，《庄子·大宗师》还有"撄宁"与"朝彻""见独"等，撄是消除性的，宁是建设性的；朝彻是消除性的，见独是建设性的。《庄子·人间世》的"虚室生白，吉祥止止"，虚室如同心斋，是消除性的，生白犹如见独，并由此带来吉祥，是建设性的。这相当于中国儒学缄默维度的第三、第七个基本特征。①

　　我们再回到《西游记》的求心，"人人有个灵山塔"，心如灵山塔，此喻类似于明镜台、虚室等，下文以《西游记》第六十二回"涤垢洗心惟扫塔 缚魔归正乃修身"的扫塔为例，再具体说明一些细节：

---

　　① 中国儒学缄默维度的第三个基本特征，"即功夫即是道体，随着功夫的深入，道体呈现出不同的形态，从动静而言，依次是：动而趋静、静极而真动、真动而生生。"第七个基本特征，"即功夫即是道体，随着功夫的深入，道体呈现出不同的形态，从欲与善而言，依次是：无欲而趋静、静极而元善启动、元善动而生生。"(张昭炜：《中国儒学缄默维度》，中国社会科学出版社 2020 年版，第 6 页；第 110 页。)

峥嵘倚汉，突兀凌空。正唤做五色琉璃塔，千金舍利峰。

梯转如穿窟，门开似出笼。

宝瓶影射天边月，金铎声传海上风。

但见那虚檐拱斗，绝顶留云。

虚檐拱斗，作成巧石穿花凤；绝顶留云，造就浮屠绕雾龙。

远眺可观千里外，高登似在九霄中。（第一种状态：光明）

层层门上琉璃灯，有尘无火；步步檐前白玉栏，积垢飞虫。

塔心里，佛座上香烟尽绝；窗棂外，神面前蛛网牵蒙。

炉中多鼠粪，盏内少油镕。（第二种状态：污染）

只因暗失中间宝，苦杀僧人命落空。

三藏发心将塔扫，管教重见旧时容。（第三种状态：恢复光明）①

扫塔的五个要点：

第一，塔象征心，发愿扫除心之污垢，斋戒。

第二，沐浴斋戒。相通于"洗心涤虑"。三藏道："我当时离长安，立愿见塔扫塔。今日至此，遇有受屈僧人，乃因宝塔之累。你与我办一把新笤帚，待我沐浴了，上去扫扫。即看这事何如，方好面君，解救他们这苦难。"以见修道而至了命之地，若不将旧染之污，从新一扫，洗心涤虑，终是为心所累，如何解得苦难？"正说处，一个小和尚点了灯，来请洗澡。""三藏沐浴毕，穿了小袖褊衫，束了环绦，足下换一双软公鞋，手里拿一把新笤帚"。"小和尚请洗澡"，洗心也；"三藏沐浴毕"，涤虑也。"穿了小袖褊衫，手拿一把新笤帚"，择善而固执也。

第三，正视心之恶。行者道："塔上既被血污，日久无光，恐生恶物，老孙与你同上。"读者至此，可以悟矣。夫人自无始劫以来，千生万死，孽深似海，恶积如山，已非一日。

第四，循序渐进。"开了塔门，自下层往上而扫，扫了一层，又上一层。"

---

① 吴承恩：《西游记》，人民文学出版社 2020 年版，第 777 页。

道必循序而进，下学上达，自卑登高，层层次次，诸凡所有，一概扫去，不得一处轻轻放过……扫塔者，扫去人心之尘垢也。尘垢扫净，人己无累，由是而修大道，大道可修。

第五，破除两相。"只见第十三层塔心里坐着两个妖精，面前放一盘下饭，一只碗，一把壶，在那里猜拳吃酒哩。""塔心里坐着两个妖精"，此两个，一必系着于空，一必系着于相。着于空，执中也；着于相，执一也。"一盘嘎饭（下饭的菜肴），一只碗，一把壶。"曰"盘"、曰"碗"、曰"壶"，总是空中而不实；曰"一嘎"，曰"一只"，曰"一把"，总是执一而不通。执中执一，无非在人心上强猜私议，糊涂吃迷魂酒而已，其他何望？殊不知执中无权，犹执一也。所恶执一者，为其赋道也。故行者掣出金箍棒喝道："好怪物，偷塔上宝贝的，原来是你。"棒喝如此，天下迷徒可以猛醒矣。①

小结如下：

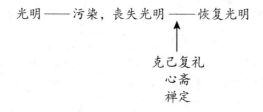

光明——污染，丧失光明——恢复光明

克己复礼
心斋
禅定

---

① 刘一明：《西游原旨》，中国致公出版社 2016 年版，第 286~287 页。

# 附录二：三性与三教

综合前面三讲，三部经典分别源于儒道释，三性及其简易表达如表附2-1：

表附2-1　　　　　　　　　　儒释道三性

| 序号 | 三性 | 经典 | 代表 | 境界 |
|------|------|------|------|------|
| 1 | 仁性 | 《论语》 | 孔子 | 圣人（圣） |
| 2 | 天性 | 《庄子》 | 庄子 | 真人（仙） |
| 3 | 悟性 | 《坛经》 | 惠能 | 觉者（佛） |

由于中国传统文化深入人心，同学们也比较容易理解三性与相应的经典。三性之间多有会通之处，比如悟性的佛意译为"能仁"，也就是一个"克己"的仁者，这是以儒学的概念来解释佛教的得道者。从文化传统来说，儒道两家都出自周代文化，但各有所主，如司马谈《论六家要指》对此有说明。① 在先秦，儒道两家便有多种会通，如我们讲到的《庄子》中有关孔颜心斋坐忘的叙述。在魏晋时，儒道会通的趋势进一步加强，表现为魏晋玄学。②

在文学领域，三性会通也多有体现，比如我们常说杜甫是诗圣，李白是诗

---

① 《易大传》："天下一致而百虑，同归而殊途。夫阴阳、儒、墨、名、法、道德，此务为治者也，直所从言之异路，有省不省耳。""儒者博而寡要，劳而少功，是以其事难尽从；然其序君臣父子之礼，列夫妇长幼之别，不可易也。""道家使人精神专一，动合无形，赡足万物。其为术也，因阴阳之大顺，采儒墨之善，撮名法之要，与时迁移，应物变化，立俗施事，无所不宜，指约而易操，事少而功多。儒者则不然。以为人主天下之仪表也，主倡而臣和，主先而臣随。如此则主劳而臣逸。至于大道之要，去健羡，绌聪明，释此而任术。夫神大用则竭，形大劳则敝。形神骚动，欲与天地长久，非所闻也。"（司马迁：《史记》，中华书局1982年版，第3288~3289页。）

② 据《世说新语·文学》："《庄子·逍遥篇》，旧是难处，诸名贤所可钻味，而不能拔理于郭、向之外。支道林在白马寺中，将冯太常共语，因及《逍遥》。支卓然标新理于二家之表，立异义于众贤之外，皆是诸名贤寻味之所不得。后遂用支理。"（余嘉锡：《世说新语笺疏》，中华书局2015年版，第242页。）

仙，王维是诗佛①。杜甫在诗中体现圣的仁性，表现出忧国忧民的仁人之心②；李白在诗中体现仙的天性，表现出齐物无待，逍遥自适③；王维在诗中体现佛的悟性，表现出无中生有，空中转手④。从三性会通来看，王维的诗中包含"佛中有仙"⑤，李白的诗中包含"仙中有圣"⑥，杜甫的诗中包含"圣中有仙"⑦。

以上是从学理上探讨三教关系。在过去的历史乃至当今社会，文明冲突时有发生，实有必要略作介绍。

---

① 王维，字摩诘，号摩诘居士，名字号均源自维摩诘，《维摩诘经》是禅宗重要经典。

② 如《茅屋为秋风所破歌》："八月秋高风怒号，卷我屋上三重茅……""自经丧乱少睡眠，长夜沾湿何由彻！安得广厦千万间，大庇天下寒士俱欢颜，风雨不动安如山。呜呼！何时眼前突兀见此屋，吾庐独破受冻死亦足！"又如《春望》："国破山河在，城春草木深。感时花溅泪，恨别鸟惊心。烽火连三月，家书抵万金。白头搔更短，浑欲不胜簪。"

③ 如《月下独酌四首（其一）》："花间一壶酒，独酌无相亲。举杯邀明月，对影成三人。月既不解饮，影徒随我身。暂伴月将影，行乐须及春。我歌月徘徊，我舞影零乱。醒时相交欢，醉后各分散。永结无情游，相期邈云汉。"又如《宣州谢朓楼饯别校书叔云》："弃我去者，昨日之日不可留；乱我心者，今日之日多烦忧。长风万里送秋雁，对此可以酣高楼。蓬莱文章建安骨，中间小谢又清发。俱怀逸兴壮思飞，欲上青天览明月。抽刀断水水更流，举杯消愁愁更愁。人生在世不称意，明朝散发弄扁舟。"

④ 如《终南别业》："中岁颇好道，晚家南山陲。兴来每独往，胜事空自知。行到水穷处，坐看云起时。偶然值林叟，谈笑无还期。"又如《山中》："荆溪白石出，天寒红叶稀。山路元无雨，空翠湿人衣。"

⑤ 如描写庄子的《漆园》："古人非傲吏，自阙经世务。偶寄一微官，婆娑数枝树。"又如《桃源行》："渔舟逐水爱山春，两岸桃花夹古津。坐看红树不知远，行尽青溪不见人。山口潜行始隈隩，山开旷望旋平陆。遥看一处攒云树，近入千家散花竹。樵客初传汉姓名，居人未改秦衣服。居人共住武陵源，还从物外起田园。月明松下房栊静，日出云中鸡犬喧。……当时只记入山深，青溪几度到云林。春来遍是桃花水，不辨仙源何处寻。"大儒王阳明亦爱此诗。

⑥ 如《关山月》："明月出天山，苍茫云海间。长风几万里，吹度玉门关。汉下白登道，胡窥青海湾。由来征战地，不见有人还。戍客望边邑，思归多苦颜。高楼当此夜，叹息未应闲。"又如《桃源行塞下曲六首（其一）》："五月天山雪，无花只有寒。笛中闻折柳，春色未曾看。晓战随金鼓，宵眠抱玉鞍。愿将腰下剑，直为斩楼兰。"

⑦ 如《春日忆李白》："白也诗无敌，飘然思不群。清新庾开府，俊逸鲍参军。渭北春天树，江东日暮云。何时一樽酒，重与细论文。"又如《绝句二首（其一）》："迟日江山丽，春风花草香。泥融飞燕子，沙暖睡鸳鸯。"

按照亨廷顿(Samuel Huntington)的观点："宗教是界定文明的一个主要特征，正如克里斯托弗·道森所说，'伟大的宗教是伟大的文明赖以建立的基础。'在韦伯提出的五个'世界性宗教'中，有四个——基督教、伊斯兰教、印度教和儒教与主要的文明结合在一起。第五个宗教佛教的情况有所不同。""从公元 1 世纪开始，大乘佛教被输出到中国"，"人们以不同的方式使佛教适应于和被吸收进本土文化（例如在中国适应于儒教和道教），并压制它。"①下文以韩愈为例说明儒佛冲突。

韩愈反对佛教，以儒学的"实"对抗佛教的"虚"：

> 古之为民者四，今之为民者六；古之教者处其一，今之教者处其三；农之家一，而食粟之家六；工之家一，而用器之家六；贾之家一，而资焉之家六。奈之何民不穷且盗也！②

"古之为民者四"是指士、农、工、贾；今之为民者增加佛与老，成为六民。佛道的增加导致消耗国费、扰乱教化，甚至破坏纲常：

> 传曰："古之欲明明德于天下者，先治其国；欲治其国者，先齐其家；欲齐其家者，先修其身；欲修其身者，先正其心；欲正其心者，先诚其意。"然则古之所谓正心而诚意者，将以有为也。今也欲治其心而外天下国家，灭其天常，子焉而不父其父，臣焉而不君其君，民焉而不事其事。③

韩愈重新发掘儒家的《大学》，树立《大学》的三纲八目与有为，反对佛教的灭纲常与无为。④ 从思想史意义而言，这直接启迪了以程颐、朱熹为代表的宋代理学，从而迎来了儒学的新发展。理学家充实儒学的内在心性，挺立

---

① 塞缪尔·亨廷顿：《文明的冲突》，周琪等译，新华出版社 2017 年版，第 34 页。
② 韩愈：《原道》，《韩愈文集汇校笺注》，中华书局 2010 年版，第 2 页。
③ 韩愈：《原道》，《韩愈文集汇校笺注》，中华书局 2010 年版，第 3 页。
④ 欧阳修的《本论》《原弊》与韩愈之论类似。

心性，消解并融合佛学。

韩愈反对迎佛骨（舍利），作《论佛骨表》①，被贬潮州，如《左迁至蓝关示侄孙湘》：

> 一封朝奏九重天，夕贬潮州路八千。
>
> 欲为圣明除弊事，肯将衰朽惜残年。
>
> 云横秦岭家何在？雪拥蓝关马不前。
>
> 知汝远来应有意，好收吾骨瘴江边。②

在韩愈被贬的悲凉中，隐含着儒佛冲突的激烈，韩愈无疑是儒佛冲突的牺牲品。③ 不仅儒学抵制佛教，而且道教也抵制，甚至压制佛教。道教徒造出《老子化胡经》（见图附 2-1）：

> 桓王之时，岁次甲子一阴之月。我令尹喜，乘彼月精，降中天竺国，入乎白净夫人口中，托廕而生，号为悉达。捨太子位，入山修道。成无

---

① "夫佛本夷狄之人，与中国言语不通，衣服殊制。口不言先王之法言，身不服先王之法服，不知君臣之义，父子之情。""孔子曰：'敬鬼神而远之。'""乞以此骨付有司，投诸水火，永绝根本。断天下之疑，绝后代之惑。""佛如有灵，能作祸祟，凡有殃咎，宜加臣身。上天鉴临，臣不怨悔。无任感激恳悃之至，谨奉表以闻。（韩愈注，刘真伦、岳珍校注：《韩愈文集汇校笺注》，中华书局 2010 年版，第 2904~2906 页。）

② 韩愈著，方世举笺注：《左迁至蓝关示侄孙湘》，《韩愈诗集编年笺注》，中华书局 2019 年版，第 482 页。

③ 当然，韩愈的悲剧不是没有意义的，韩愈被贬后，儒佛冲突仍在继续，唐武宗于会昌五年（845）颁布敕令灭佛，也就是会昌法难："朕闻三代已前，未尝言佛，汉、魏之后，像教寖兴。是由季时，传此异俗，因缘染习，蔓衍滋多。以至于蠹耗国风，而渐不觉；诱惑人意，而众益迷。""且一夫不田，有受其饥者；一妇不蚕，有受其寒者。今天下僧尼，不可胜数，皆待农而食，待蚕而衣。寺宇招提，莫知纪极，皆云构藻饰，僭拟宫居。""朕博览前言，旁求舆议，弊之可革，断在不疑。而中外诚臣，协予至意，条疏至当，宜在必行。惩千古之蠹源，成百王之典法，济人利众，予何让焉。其天下所拆寺四千六百余所，还俗僧尼二十六万五百人，收充两税户，拆招提、兰若四万余所，收膏腴上田数千万顷，收奴婢为两税户十五万人。"（刘昫等：《武宗（李炎）》，《旧唐书》卷十八上，中华书局 1975 年版，第 605~606 页。）这一定程度上实现了韩愈由六民恢复四民的理想。

图附 2-1 《老子化胡经》

上道，号为佛陀。始建悉昙十二文字，展转离合三万馀言，广说经诚，求无上法，又破九十六种邪道。历年七十，示人涅槃。①

按照道教徒的说法，释迦牟尼是关尹喜的化身，关尹喜是老子的学生，这相当于释迦牟尼是老子的学生。这些都是佛道冲突的产物。当今，这种类似的冲突还在继续："文明之间最引人注目的和最重要的交往是来自一个文明的人战胜、消灭或征服来自另一个文明的人。这些交往一般来说不仅是暴力的，还是短暂的，而且仅仅是断断续续地发生的。"②中国儒家文明如何在文明冲突中脱颖而出，如何吸收融合儒道佛冲突的经验，并为应对当今的文明冲突提供参考，这是一个时代大问题。

---

① 法国国家图书馆藏敦煌卷 Pelliot Chinois 2007。
② 塞缪尔·亨廷顿：《文明的冲突》，周琪等译，新华出版社 2017 年版，第 36 页。

# 第五讲：如何写（学术）论文？

　　这一讲是教学改革后新增的内容。同学们的许多课程作业要求写小论文，本科毕业要写毕业论文，研究生要求发表期刊论文。我课前在教学楼的公告栏看到一个学术讲座的预告，主题是一名信息学部的研究生发表论文的经验分享，包括论文撰写以及在 *Nature* 子刊成功发表论文的经验。论文写作渗透并深刻影响着我们的学习。这门课是人文社科经典导引课，以学经典为主。关于是否为学生增设这一讲，在开始策划时，也有老师持反对意见，但最终还是通过了。这门课需要学生在期末完成一篇小论文，并选择优秀论文结集出版，因此，这一讲就很有必要。冯天瑜先生讲论文写作要注重义理、考据、辞章，三者相济。一篇好的学术论文，三者缺一不可。我们这门课是通识课，三者之中尤其侧重义理，也就是文章观点创新之处以及展现这种创新的逻辑结构层次等。传统的考据比较专业，这门课不要求学生去那样写，比如有同学想写《红楼梦》版本考订的结课论文，我建议他换个题目，这是文学专业的研究型论文，一篇两三千字的小论文很难解决长期争论的学术难点问题，也很难有所突破。辞章部分也不是重点，对于这部分内容，可参考教材的"《文心雕龙》与博雅"，在此基础上，还可以继续阅读桐城学派等编纂的一些有关辞章的书。学术论文不要求华丽的辞藻、绚丽的文采，而是要准确、平实的科学性语言，因此，这部分我们也不做特别要求。由上之故，我这一讲集中在义理部分。

　　在集体备课中，产生了三个版本：李松老师的学术版、王怀义老师的"天临四年"版（以发生翟某某学术不端事件的 2019 年作为"天临元年"）、李建中老师的刘勰版（以《文心雕龙》为中心，探讨学术写作）。我这个版本可以说麦克斯韦版，更适合理工科学生。这一讲的教学大纲有四部分：

一是学术论文概说。

二是学术论文构成。

三是学术论文写作。

四是学术不端问题。

下面简略一、二部分，重点讲第三部分，兼带第四部分。

鉴于授课对象为电信专业的本科生，结合这种专业特殊性，我将通过麦克斯韦的成功经验来具体介绍论文的写作。麦克斯韦（J. C. Maxwell, 1831—1879）是一位伟大的物理学家，他的《电磁通论》（*A Treatise on Electricity and Magnetism*）是物理学名著，是继牛顿的《自然哲学的数学原理》之后，代表人类科技进步的又一个里程碑，并且奠基了第二次工业革命。因此，我想通过考察麦克斯韦的成功经历，围绕论文写作，学习伟大物理学家的写作经验，并初步了解支撑他伟大创新的哲学基础，介绍批判性思维及其应用。

# （一）论文的创新性

1847—1850 年，麦克斯韦 16 至 19 岁，他在苏格兰最著名的大学之一爱丁堡大学（Edinburg University）学习。爱丁堡是英国大哲学家休谟的故乡，这也决定了麦克斯韦必然受到休谟的影响，我们下面会讲到。"麦克斯韦在爱丁堡大学度过的三年，有时被描述为一段休耕期，其间没有发生多少事情。事实上，这三年为他成为一个伟大的科学家打下了坚实的基础。"[①]这如同"适千里者，三月聚粮。"（《庄子·逍遥游》）一个人能够有多大的成就，取决于他积累的厚实程度。正是这大学三年的积累，使得麦克斯韦能够在物理学研究领域远超众人，开拓电磁学的新时代。这也启发同学们，在武汉大学四年的专业学习期间，要积累得更加厚实，才能为以后成为行业的领军者奠定基础。

---

① 福布斯、马洪：《法拉第、麦克斯韦和电磁场：改变物理学的人》，宋峰等译，机械工业出版社 2020 年版，第 118 页。

　　因为这门课是人文社科经典导引，故不涉及麦克斯韦在爱丁堡大学学习的物理学知识；而重点强调人文学科对他的影响，这方面的影响常被人忽视。因为物理专业老师主要是讲专业，不讲哲学；哲学老师讲哲学，但通常不懂物理。在这种情况下，人文社科经典导引课正好有机会弥补一下这方面的缺憾。

　　在麦克斯韦学习期间，爱丁堡大学有两个哲学教授席位。相对于国内大学的教授数量，可能有的同学会说这个大学的教授席位太少了，这是因为欧洲大学的教授席位通常代表了这所大学在这个研究领域的最高水平，教授席位资源稀缺，增设一个席位需要经过复杂的程序以及严格的审核。① 在这两个稀缺的教授席位中，一位是道德哲学教授约翰·威尔逊(John Wilson)，相当于伦理学教授。如亚当·斯密也曾担任过道德哲学教授，他的代表作是《道德情操论》(*The Theory of Moral Sentiments*)，其主题类似于《论语》的仁义、克己等。但这没能引起麦克斯韦的兴趣。另一位是精神哲学教授威廉·哈密顿(William Hamilton)，这位教授对于麦克斯韦的思想影响至关重要。"威廉·哈密顿的风格是向学生灌输一种永不停歇的质疑和批判的精神。他在把伊曼努尔·康德(Immanuel Kant)的作品介绍到英国的过程中发挥了重要作用，他曾强调康德的观点，即任何事物都只能通过它与其他事物的关系来了解。大卫·休谟的怀疑论观点在哈密顿的教学中也起了很大的作用。""这些观点是全新的、令人兴奋的，尤其是当哈密顿通过提出更深层次的问题来回答他的尴尬问题时。"②在此道出了麦克斯韦的成功秘诀，虽然仅仅是雏形，但这种方法的建立、习惯的养成，对于麦克斯韦成为大科学家至关重要。从哲学来看，有两大方法，其一是休谟的怀疑论，没有怀疑就会盲目信从，不会推动科学

---

　　① 这种传统现在还是如此，比如与武汉大学中国传统文化研究中心有密切学术交流的特里尔大学汉学教授卜松山(Karl-Heinz Pohl)。在卜松山教授退休后，学校在全球招募这个席位教授的继任者；通过遴选，苏费翔先生(Christian Soffel)担任汉学教授。申请一个新的教授席位就更困难了，如柏林自由大学想增设一个中国哲学教授席位，尽管有诸多学者持续努力，做了大量基础研究工作，也申请到了研究经费，成功开设了中国哲学的专业课，但中国哲学教授席位至今还未获批。

　　② 福布斯、马洪：《法拉第、麦克斯韦和电磁场：改变物理学的人》，宋峰等译，机械工业出版社2020年版，第119页。

的创新与进步；其二是康德的关系论，任何事物都只能通过它与其他事物的关系来了解，尤其是麦克斯韦通过关系来理解物理不可感的事物。"现在唯一能被感官直接感知到的是力，它可以表现为光、热、电、声音，以及其他所有能被感官感知到的东西。""探测固体物体的方式是通过阻止试图穿过它的力。"①这说明麦克斯韦用磁力线来解释电磁场的创见正是源于康德关系论的启发，② 这也说明哲学在物理学的重要应用。在康德哲学关系论的基础上，再结合休谟的怀疑论，麦克斯韦找到了创新的诀窍：

> 他可以充分发挥自己的想象力，使用最惊人的类比，但同时对他自己的结果严格怀疑，即使它们已经是辉煌的成功。通过这种方式，他经常能够在很长一段时间后回到一个过去研究过的主题，用一种完全不同的方法把它带到一个新的高度。③

找到诀窍后，其成功是多方面的。麦克斯韦不仅在电磁学有巨大的成功，在光学、数学方面亦有杰出的创新，比如应用哲学思想在数学与物理的创新："如果说数学家的技艺使实验家看到了他已测量的量之间有着必然的联系，物

---

① 福布斯、马洪：《法拉第、麦克斯韦和电磁场：改变物理学的人》，宋峰等译，机械工业出版社 2020 年版，第 119 页。

② 这里可以介绍一下康德的名言："有两样东西，越是经常而持久地对它们进行反复思考，它们就越是使心灵充满常新而日益增长的惊赞和敬畏：我头上的星空和我心中的道德法则。我不可以把这二者当做遮蔽在黑暗中的或者在越界的东西中的，而在我的视野之外去寻求和纯然猜测它们；我看到它们在我眼前，并把它们直接与对我的实存的意识联结起来。前者从我在外部感官世界中所占有的位置开始，并把我处于其中的联结扩展到具有世界之上的世界、星系组成的星系的无垠范围，此外还扩展到它们的周期性运动及其开始和延续的无限时间。后者从我不可见的自我、我的人格性开始，把我展现在这样一个世界中，这个世界具有真正的无限性，但惟有对于知性来说才是可以察觉的，而且我认识到我与这个世界（但由此也就同时与所有那些可见世界）不是像在前者那里一样处于只是偶然的联结中，而是处于普遍的和必然的联结中。"（康德：《实践理性批判》，《康德著作全集》第五卷，李秋零译，中国人民大学出版社 2007 年版，第 169 页。）这里强调的重点是"关系""联结"。

③ 福布斯、马洪：《法拉第、麦克斯韦和电磁场：改变物理学的人》，宋峰等译，机械工业出版社 2020 年版，第 119 页。

理的发现则已向数学家揭示出他们日自己绝对无法想象出来的量的新形式。""一旦他理解了这些量之间的全部关联,就会认为它们形成了一个联结起来的体系,并把整个量体系归在一起作为属于该特定科学的类。"①

作为高校大学生,我们写论文,我想最重要的是要有创新性。甚至可以说,创新性是一篇论文的灵魂。要有创新性,需要有正确的方法论作为指导,我们从麦克斯韦的成功经验可以看到,他的方法论基础是怀疑论与关系论,深受哲学影响。与其他国内理工类的高校相比,武汉大学的人文社科经典教育显示出文理综合的优势,当然,这也说明了为什么我们要为全校本科生开设人文经典导引课。

下面以麦克斯韦为例,再补充两个与论文写作有关的话题:论文的素材积累与论文修改。俗话说"巧妇难为无米之炊",理工科写论文的基础是试验,而文科论文的"米"是材料,这些材料需要依赖大量的阅读,尤其是经典著作的阅读,阅读量是写作的基础,在这方面,麦克斯韦为我们树立了典范:"他在各种主题上的大量阅读——远远超过大多数人一生的阅读量。他不仅仅是阅读,他还分析、评价和记忆。这意味着他总是有大量的知识可以用来进行比较和类比。"②在阅读中,麦克斯韦不是死记硬背式地"死读书",而是在读书过程中分析评价,这样才是"活读书"。"死读书"没有创造性,记忆的东西甚至会成为负担;"活读书"才能有创造性,改善现有知识。我们这门人文社科经典导引课学习写作文科论文,读经典是第一位的。论文要围绕经典来写,也就是做到引经据典;其次是阅读研究专著、研究论文,并在阅读中分析评价,提高论文的鉴别力、鉴赏力。正是有了大量的阅读基础,才能广泛地比较和类比,从而建立关系,验证关系,并提出新理论。

俗话说,"文章不厌千回改",论文写出来后,不要急于交给老师,而是最好要沉淀一下,冷却一下,多修改几遍。爱丁堡大学的自然哲学(科学)主席詹

---

① 菲利普·坎贝尔、路甬祥主编:《〈自然〉百年科学经典》第一卷(上),外语教学与研究出版社2016年版,第294~295页。

② 福布斯、马洪:《法拉第、麦克斯韦和电磁场:改变物理学的人》,宋峰等译,机械工业出版社2020年版,第120页。

姆斯·福布斯(James Forbes)教授对麦克斯韦的论文就很注意这方面："当麦克斯韦向爱丁堡皇家学会提交了一份草拟的论文并让一位同行去审阅时，福布斯则选择亲自对论文进行严格批改。"①在论文修改方面，可参考《芝加哥大学论文写作指南》，结合批判性思维，注重论证内部与外部两方面的问题：

1. 论证内部(inside argument)

■你的论据是来自不可靠(unreliable)或者过时(out-of-date)的文献。

■它不准确(inaccurate)。

■它不充分(insufficient)。

■它不能公平代表所有的有效证据(It doesn't fairly represent all the evidence availiable)。

■对我们这个领域而言，它是错误的那一类证据(It is the wrong kind of evidence for our field )。

■不相关(irrelevant)，因为它不能算作证据。

接下来想象一下这些针对你的理由提出的保留意见，看看你如何回答。

■你给出的理由前后不一致或者相冲突(inconsistent or contradictory)。

■给出的理由太弱或者太少(too weak or too few)不能支持你的主张。

■给出的理由与你的主张不相关(They are irrelevant to your claim)。②

2. 论证外部(outside argument)

那些以不同眼光看待世界的人也会以不同的方式定义专业术语。他们的推理也不同，甚至会给出一些在你看来无关的证据。③

---

① 福布斯、马洪：《法拉第、麦克斯韦和电磁场：改变物理学的人》，宋峰等译，机械工业出版社 2020 年版，第 120 页。

② 凯特·L·杜拉宾：《芝加哥大学论文写作指南》，雷蕾译，新华出版社 2015 年版，第 58 页。英文部分参见 Kate L. Turabian, *A Manual for Writers of Research Papers, Thesis, and Dissertations*, the University of Chicago Press, 2013, p.54.

③ 凯特·L·杜拉宾：《芝加哥大学论文写作指南》，雷蕾译，新华出版社 2015 年版，第 58 页。

在论文初稿完成后，同学们可以按照上述这些条目逐一对照修改。

## (二) 论文写作中的能力训练

1850—1856 年，麦克斯韦 19 至 25 岁，他在剑桥大学三一学院学习，师从威廉·霍普金斯教授(William Hopleins)，麦克斯韦从霍普金斯教授那里"看到了系统解决问题的优点和标准代数过程的有用性"①。从牛顿担任数学讲席教授开始，数学在剑桥大学一直有着辉煌的历史，这正是麦克斯韦成为一名大物理学家所必备的"知识技能"。为什么不说是"知识"，而是说"知识技能"呢？因为在物理学研究中，要想获得突破，不能因袭旧知识，而需要创造新知识；要实现新知识的创造，就必须具备创新的能力。从小学到高中，中国学生学习的主要目的是在高考中获胜。尽管高考多次改革，但在高考的指挥棒下，学生最终还是以学习知识为主，具体表现为记忆大量知识点，不断重复做题，搞题海战术。到大学后，如果这种学习方法不能及时纠正，将极不利于学生的创新。随着 ChatGTP(Chat Generative Pre-trained Transformer) 的推出，传统的知识型教育面临严峻的挑战，同时也表现出创新性知识对于人类未来的重要性。要实现创新，就要将锻炼的重点转到能力的提升，尤其是解决问题的能力。

从 18 世纪中期开始，剑桥大学发展了相互高度竞争的考试文化，如数学的 Tripos(三角凳，音译为特里波斯)考试，"在 19 世纪的英国已经成为一个重要的考试，并成为全国引入竞争性考试的典范。""每个人都要参加前 3 天的考试，每天都要争分夺秒地在 5 个半小时内接单问题。""在高压力的特里波斯考试中的成功被认为是具有一流思维的标志，能在艰苦的条件下工作，解决任何领域的问题。"②我国应该在高水平大学尽快全面引进特里波斯考试，提

---

① 福布斯、马洪：《法拉第、麦克斯韦和电磁场：改变物理学的人》，宋峰等译，机械工业出版社 2020 年版，第 131 页。

② 福布斯、马洪：《法拉第、麦克斯韦和电磁场：改变物理学的人》，宋峰等译，机械工业出版社 2020 年版，第 130 页。

升学生解决问题的能力。当然，中国不乏有识之士，十分具有前瞻性地引进了一些类似的能力考试，如"中国大学生数学建模竞赛"。这是我上大学时期最喜欢的考试。竞赛要求 3 名成员合作，连续 72 小时解决一个实际的数学问题。3 名成员的常见分工是：一人负责论文写作，一人负责写程序，一人负责搜集材料等工作。我曾经参加过建模竞赛，并担任过组长。经过这种竞赛训练，可以促进学习知识向提升能力转向。不论是学理科，还是学文科，我觉得同学们都应该训练这种能力。① 通过数学建模训练，我感觉视野一下子就开阔了，而且以解决问题促进学习，学习的效率会更高。二十多年过去了，由于我改换专业，这些数学知识都已经基本记不起来了，但是，这种过程以及如何解决问题的能力得以保留，终身受益。对于论文写作而言，在竞赛过程中，最终成果也要通过论文来呈现，其中的一种论文结构是：（1）摘要；（2）问题叙述、背景分析；（3）模型假设；（4）模型建立；（5）模型求解；（6）模型检验；（7）模型评价；（8）参考文献。这种论文结构基本就是现代科学论文的浓缩版。我们这门课的小班讨论分组，每组有 5~7 名同学，相当于一个建模小组。我们应该在论文写作中朝着锻炼能力的方向努力。当然，在有机会的情况下，尽可能去参加建模竞赛，锻炼解决问题的能力，亲自体验一下其中的乐趣。

学习小组是人文社科经典导引课的特色之一。② 在数学建模中，特别注重不同专业的组合，如物理专业与化学专业的组合等，通过这种异质的搭配

---

① 这里需要指出：数学建模需要以数学知识为基础，大学微积分、线性代数等一般大学数学课程的知识不能满足要求，在课外，竞赛指导老师会给学生补修图论、逻辑、统计等数学课程，学习掌握 matlab、Spass 等数学软件的使用，这需要投入大量时间。

② 一个教学大班约 140 人，分成 6 个小班，大课授课是全部学生与小班老师一起上课；此后的下一周，是每个小班老师组织各小班讨论大班的授课内容。讨论通常是以小组为单位，每组成员 5 至 7 人。小组的组合采取自愿组合模式，但是，这样可能导致同质化的弊端，比如一个宿舍的同学会组合在一起，不利于他们接受外来的思想资源。另外，女生与男生也要注意搭配平衡，自愿组合式会出现一个组全是男生或女生的现象，为避免这种情况，可以适当干预或预先制定一些规则。小班小组的分配上应尽可能异质化，在同一个专业的背景下，小班老师可以将健于言谈和静默寡言的同学组合等，从而能够达到更好的效果。

组合，更有利于思想的创造。我们也可以参考《芝加哥大学论文写作指南》中写作学习小组的组合方法：《组织一个写作支持团队》。

## Organize a Writing Support Group

A down side of scholarly research is its isolation. Except for group projects, you'll read, think, and write mostly alone. But it doesn't have to be that way, at least not entirely. Look for someone other than your instructor or advisor who will talk with you about your progress, review you drafts, even pester you about how much you have written. That might be a generous friend, but look first for another writer so that you can comment on each other's ideas and drafts. Better yet is a writing group of four or five people working on their own projects who meet regularly to discuss one another's work. Early on, start each meeting with a summary of each person's project in that three-part sentence:

*I'm working on the topic X, because I want to find out Y, so that I (and you) can better understand Z.*

As your projects develop, start with an "elevator story", a short summary of your research that you might give someone in the elevator on the way to the meeting. It should include that three-part sentence a working hypothesis and the major reasons supporting it.

In later stages, the group shares outlines and drafts so that they can serve as surrogate readers to anticipate how your final readers will respond. If your group has a problem with your draft, so will your final readers. They can even help you brainstorm when you bog down. But for most writers, a writing group is most valuable for the discipline it imposes. It is easier to meet a schedule when you know you must report your progress to others. ①

---

① Kate L. Turabian, *A Manual for Writers of Research Papers, Thesis, and Dissertations*, the University of Chicago Press, 2013, pp. 22-23.

写作小组的规模是 4~5 人，这基本符合我们小班分组的人数。团队中每个人各有专长，由此成为团队的能力体现；通过成员定时会面交流，这些专长转化成团队的总体实力，并能够在团队中发挥作用。这里我强调一下小组组长的作用。写作小组的组长如同一个乐队的指挥，指挥钢琴、小提琴、大提琴、大号、小号等演奏者，共同演奏出华美的乐章。小组长协调组织能力很重要，不仅自己要深入学习，对写作的主题有深刻的了解，而且要充分吸收不同成员的思想资源，进行融合创造。接到写作主题的任务后，比如"《乾》卦六爻与自强精神"的主题，小组成员开会，头脑风暴后，分出三个小论题，结合成员的兴趣点与在头脑风暴的表现，每个成员分配一个小论题，比如初九、九三、九五等，各成员在小论题写作完成后，再进行统合。当然，有的小组按照任务分配：阅读专著论文等研究文献、列逻辑框架、执行写作、校对审读。相对于以小论题分配任务的方式，任务分配的方式需要同时推进各项任务，要求小组成员及时共享信息、密切沟通。写作小组的团队价值在于赋予团队纪律，纪律的遵守带动团队高效展开工作。总之，小组的组织形式与工作方式各有优劣，小班老师对此基本不干预，而是以任务驱动为主，鼓励同学在实践中找到最佳的小组运转方式。

另外一个重要问题就是电梯故事（elevator story），即在去开会的路上，在电梯里可以向人简短介绍你的研究，汇报时间在 30 秒左右。这个可作为小组成员之间主题不断集中凝练的问题意识，以确保写作过程中不偏离主题：

> Writing is not as a paragraph-by-paragraph summary of your work but as a thirty-second "elevator story"—what you would tell someone who asked, as you both stepped into an elevator on the way to your talk. What are you saying day? In fact, a carefully prepared and rehearsed elevator story is especially useful for any conversation about your work, particularly interviews.
>
> An elevator story has three parts:
>
> ■ a problem statement that highlights an answer to *So What*?
>
> ■ a sketch of your claim and major reasons.

■ a summary of your most important evidence.①

至此，我们可以总结出麦克斯韦成功经验的三大要素：哲学的怀疑精神、哲学的关系建构、解决问题的能力。当然，只有这三大要素还不够，需要具体的物理试验来验证他的理论：试验—理论建构—再试验—理论再建构，通过这样的进程，形成了以麦克斯韦方程为代表的电磁学理论。在今天，尤其是对于电信专业的学生，麦克斯韦方程已经成为大家共同学习的知识，为大家熟知，并影响着人类电气时代生活的方方面面。对于具有求是拓新精神的新时代大学生而言，不仅要学好麦克斯韦方程，更重要的是学习麦克斯韦方程的形成过程，学习他如何创新。如同不仅要学会怎么吃鱼，还要学会怎么捕鱼，渔比鱼更重要。对此，麦克斯韦亦有前瞻性的提醒：

> 我希望你们不要只死记结果，适用于特殊例子的公式，你们要好好研究这些公式与原则赖以成立的条件，没有事实作根据，公式只不过是精神垃圾。我了解人的精神倾向是活动胜于思考，但精神上的劳作并不是思想，只有那些付出了巨大劳动的人们，才会获得运用的习惯。发现理解一个原则要比写出一个公式难得多。②

写论文需要各种能力的综合运用，是一个艰苦的过程，但是其中也包含着超越的追求以及美的体现。"麦克斯韦后来发展出一种独特而又清晰的写作风格，这种风格受到学者们的赞赏——撰写优美的论文不仅表达了他的科学思想，也表达了他对英语文学传统的热爱。"③我们来欣赏麦克斯韦发表在

---

① Kate L. Turabian, *A Manual for Writers of Research Papers, Thesis, and Dissertations*, the University of Chicago Press, 2013, p. 129.

② 麦克斯韦：《电磁通论》，戈革译，北京大学出版社 2010 年版，第 1 页。（这段文字署名周兆平译。）

③ 福布斯、马洪：《法拉第、麦克斯韦和电磁场：改变物理学的人》，宋峰等译，机械工业出版社 2020 年版，第 120 页。

*Nature* 上的一篇文章：

> 我曾被西尔维斯特教授①引领向那些宁静的峰巅
>
> "那里从没有云的踪迹，或风的迹象，
>
> 从不曾有些微雪花的斑痕，
>
> 从不曾有丝毫雷电的呼啸，
>
> 或是人类的悲怨之声，能够破坏，
>
> 他们那庄严持久的宁静。"
>
> 然而，谁能引领我进入那更为隐蔽与晦暗的思想与事实交汇的地带，
>
> 数学家的头脑运算与分子间的物理作用呈现出其真实关联的所在在
>
> 哪里呢？②

这既是物理与数学结合的典范，也是哲学与科学的缄默之美，如同歌德的名篇："万峰之巅，群动皆息。"

由上可以看到，在论文写作中，有超越之美，人类在实现科学创造、科学技术革命时，也提升了人的生命境界，这种境界可以与孔子的"天何言哉"、庄子的天籁相媲美，在这种超越之美的追求中，科学与人文再次汇合。③

# （三）范文示例

下面结合两篇论文来进一步说明：以批判性思维质疑已有的学说，质疑不是最终目的，而是为了改进或提出新理论，比如麦克斯韦提出的光的电磁学说。

---

① James Joseph Sylvester(1814—1897)，数学家，侧重于矩阵理论(matrix theory)。

② 菲利普·坎贝尔、路甬祥主编：《〈自然〉百年科学经典》第一卷（上），外语教学与研究出版社 2016 年版，第 293 页。

③ 西方科学与哲学的共同源头可追溯至古希腊。歌德名篇的诗意又如荷尔德林的诗："惟美斯静"，解读参见钱锺书《谈艺录》。这些关联着中国儒学的缄默维度，参见张昭炜：《中国儒学缄默维度》，中国社会科学出版社 2020 年版，第 13 页。

## 光的电磁学说①

在本论著的若干部分中，曾经作过借助于机械作用来解释电磁现象的尝试，那种机械作用是通过占据着物体之间的空间的一种媒质而从一个物体传到另一个物体的。光的波动学说也假设一种媒质的存在。现在我们必须证明，电磁媒质的性质是和光媒质的性质相等同的。（笔者注：已有的学说、旧理论是以机械作用解释电磁现象。）

每当有一种新现象需要解释时就用一种新的媒质来充满全部的空间，这在哲学上绝不是多么有道理的。但是，如果两个不同科学分支的研究已经独立地提供了关于一种媒质的想法，而且，如果为了说明电磁现象而必须赋予媒质的那些性质是和我们为了说明光的现象而赋予光媒质的那些性质种类相同的，那种媒质之物理存在的证据就将得到很大的加强。（笔者注：通过假设构建关系，相当于将理性的范畴作用于自然界。从媒质上构建，光和电磁的传播都依赖媒质，如果两者传播的媒质相同，则有利于说明光与电磁的性质相近。）

但是，各物体的性质是可以定量地测量的。因此我们就得到媒质的数据，例如一种扰动通过媒质而传播的那一速度的数值，而这一速度是可以根据电磁实验来算出的，也是在光的事例中可以直接观测的。如果居然发现电磁扰动的传播速度和光的速度相同，而且这不但在空气中是如此，在别的透明媒质中也是如此，则我们将有很强的理由相信光是一种电磁现象，而且光学资料和电学资料的组合也将产生一种关于媒质之实在性的信念，和我们在其他种类的物质的事例中通过感官资料的组合而得到那种信念相似。（笔者注：光与电磁的传播速度相同，这亦有利于说明光与电磁的性质相近。光与电磁在空气中与别的透明介质中都是如此，更有利于说明光与电磁的性质相近。）

当光被发出时，发光物体就会消耗一定的能量；而如果光被另一物

---

① 麦克斯韦：《电磁通论》，戈革译，北京大学出版社 2010 年版，第 583~584 页。

体所吸收，则这个物体会变热，表明它从外面接收到了能量。在从光离开第一个物体以后到它达到第二个物体以前的那一时间阶段中，光必须曾经作为能量而存在于中间的空间之中。（笔者注：对无形之物、未知世界的探索：光传播能量，通过物理能量的传递揭示出无形之物存在的轨迹；同样，电磁也传播能量。这更有利于说明光与电磁的性质相近。）

按照粒子发射学说，能量的传递是通过光颗粒从发光物体到被照物体的实际转移来达到的，这些颗粒携带着它们的动能，以及它们可以接受的任何其他种类的能量。

按照波动学说，有一种物质性的媒质充满在两个物体之间的空间中，而正是通过这种媒质的各相邻部分的作用，能量才从一部分传到其次的部分，直到它到达了被照明的物体为止。

因此，在光通过它的期间，光媒质就是能量的一种承受物。在由惠更斯、菲涅耳、杨、格林等人发展起来的波动学说中，这种能量被假设为部分是势能而部分是动能。势能被假设为起源于媒质各元部分的形变。因此我们必须认为媒质是弹性的，动能被假设为源于媒质的振动。因此我们必须认为媒质有一种有限的密度。（笔者注：阐释光的波粒二象性，即粒子特性与波动特性。光的两种能量，势能与动能。）

在本书所采用的关于电和磁的理论中，两种形式的能量曾经得到承认，那就是静电能量和动电能量（见第630节和第636节），而这些能量被假设为不仅在带电的物体和磁化的物体上有其存身之处，而且在观察到有电力或磁力起作用的每一部分周围的空间中有其存身之处。由此可见，我们的理论在假设存在可以成为两种形式的能量的承受者的一种媒体质方面是和波动学说一致的。① （笔者注：光有两种形式的能量，电磁

---

① "在我这方面，当考虑到真空和磁力的关系以及磁体外面的磁现象的一般特性时，我更倾向于认为在力的传递中的磁体外面，有这样一种作用，而不太倾向于认为效应只是超距的吸引力和推斥力。这样一种作用可能是以太的一种功能；因为，完全不无可能的是，如果存在一种以太，则它除了仅仅作为辐射的传送物以外还应该有别的用处。"——法拉第，Experimental Researches, 3075。（转引自麦克斯韦：《电磁通论》，戈革译，北京大学出版社2010年版，第584页。）

也有两种形式的能量，这有利于说明光与电磁的两种形式能量的相似性。）

以上通过三个方面论述了光与电磁的一致性：

(1)两者传播的媒质相同；

(2)两者都传播能量；

(3)两者都具有两种形式的能量。

由以上三个方面可以得出光与电磁具有相同的性质，即光的电磁学说。在这一探索过程中，麦克斯韦综合运用了批判性思维，结合了范畴关系，形成新的科学理论。

另外，举例一篇现代科学家撰写的 *Nature* 论文，这篇论文的作者之一是钱永健(Roger Yonchien Tsien，1952—2016)，加州大学圣地亚哥分校药理教授及化学与生物教授，美国艺术科学院士，2008 年获诺贝尔化学奖。论文属于化学专业，其主旨也是说明如何看到我们肉眼看不见的事物，揭示宇宙、自然的隐性维度。其依赖的手段是实验，工具便是批判性思维指导下的怀疑与建构。

关于现代论文的规范格式，可以参考 *Nature* 的要求，以下引自 *Nature* 纸质版中国订阅版的"*Nature* 杂志的发表政策、作者指南及服务"：

> *Nature* 关于原始研究论文的主要格式为 Articles 和 Letters to *Nature*。本刊也发表很少的 Brief Communications。
>
> Articles 是其结论，代表着对一个重要问题的理解上所取得的一个实质性进展、其结论具有现实的和深远的意义的原始研究报告。它们通常不超过 *Nature* 杂志的 5 个页面，参考文献不超过 50 条。（一满页文字约有 1300 个单词。）
>
> Articles 论文有一个供本专业以外的读者阅读的摘要，与文章正文分开，篇幅可以达到 150 个单词。这个摘要不含数字、缩写、首字母缩略语或计量单位，除非非常重要。它含有对研究工作的背景和原理所做的一个简短的介绍，接下来是对主要结论的一个陈述，陈述部分以"Here we show"或相似的语句开始。

Articles 论文本身一般约有 3000 个单词的文字，开始是近 500 个单词、标注参考文献的文字，对研究工作的背景做进一步介绍(与摘要部分有一些重叠是可以接受的)，接下来是对研究工作的发现做简洁明了的介绍，最后以一两段讨论结束。

正文可含有几个简短的小标题，每个小标题由约 20 个字符组成，但不能超过 40 个字符。

图形要尽可能地小；Articles 一般有 5 或 6 幅图形。图例和/或方法是在正文之外的。方法部分篇幅不超过 800 个单词，最好短一些；图例每个不应当超过 100 个单词，应当由一个"一句话"图名开始，接下来为对图上各部分和符号所做的一个简短解释。

Letters to Nature 是较短的原始研究报告，集中介绍一个重要研究成果，这个成果的重要性意味着其他领域的科学家将会对其感兴趣。

它们通常不超过 Nature 杂志的 3 个页面，参考文献不超过 30 条。它们由一个充分标注参考文献、不超过 180 个单词的段落开始，以其他领域的读者为阅读对象。这个段落含有对研究工作背景和原理的一个摘要介绍，接下来为对主要结论所做的一个"一句话"陈述，用"Here we show"或相似语句引出，最后用一两个描述背景和含义的句子结束。

接下来的正文部分一般长度为 1500 个单词。如果作者要求，正文部分可再用一个简短的引导性段落开始，不要重复摘要段中的内容。正文部分最后所做的任何讨论都应当尽可能简洁。

图形要尽可能地小；Letters to Nature 一般有 3 或 4 幅图形。图例和/或方法是在正文之外的。方法部分篇幅不超过 800 个单词，最好短一些；图例每个不应当超过 100 个单词，应当由一个"一句话"图名开始，接下来为对图上各部分和符号所做的一个简短解释。

下面的论述属于 Letters to Nature，论文详见 Nature①。

---

① Roger Heim, Andrew B. Cubitt, Roger Y. Tsien, Improvcel green fluorescence, *Nature*, 1995(373), pp.663-664.

# Improved green fluorescence（改进的绿色荧光）

Sir-The green fluorescent protein（笔者注：GFP 绿色荧光蛋白）from the jellyfish *Aequorea victoria* has attracted widespread interest since the demonstration[1] that heterologous expression of the cloned gene[2] can generate striking green fluorescence.（笔者注：已有的研究成果）Despite the tremendous potential of recombinant GFP as a marker for gene expression or cell lineage or as an *in situ* tag for fusion proteins[3], the wild-type protein from *A. victoria* has several significant deficiencies.（笔者注：已有的研究成果存在的问题）Its excitation spectrum（*a* in the figure）shows peaks at both 396 and 475 nm. The longer-wavelength excitation peak has the advantages of greater photostability[1] and better matching to standard fluorescein filter sets, but is relatively low in amplitude. Considerable improvement should be possible, because a closely related protein[4] from the sea pen *Renilla reniformis* has the same high quantum vield of emission（0.7-0.8）, yet shows only one absorbance and excitation peak with an extinction coefficient per monomer more than 10 times that of the longer-wavelength peak of *Aequorea* GFPs[5,6].（笔者注：改进后仍存在的问题）We now report that simple point mutations in *Aequorea* GFP ameliorate its main problems and bring its spectra much closer to that of *Renilla*.（笔者注：本论文要解决的问题）

Serine 65 of the amino-acid sequence of *Aequorea* GFP becomes part of the °p-hydroxybenzylideneimidazolinone chromophore. To test the hypothesis[7] that Ser 65 undergoes additional dehydration to form a vinyl side chain, we mutated that residue to Ala. Leu, Cys or Thr.（笔者注：假设，并通过实验来验证）If a vinyl group were formed by elimination of $H_2O$ or $H_2S$, Ser and Cys should give identical spectra very different from Ala and Leu in which elimination is impossible. Serendipitously, all four mutants showed single excitation peaks located at 470-490 nm, whose amplitudes were four- to sixfold greater than that of wildtype for equal numbers of molecules ( *a* in the figure ). These results exclude vinyl formation ……（笔者注：研究结果分析） It remains unclear exactly how position 65 controls spectral properties or why *Aequorea* chose serine. Nevertheless, the greatly increased brightness and rate of fluorophore generation in mutants such as S65T should make them superior to wild- type *Aequorea* GFP for most experimental uses.（笔者注：指出存在的问题，再次总结强调本研究的重要性。）

参考文献

1. Chalfie, M.. Tu. Y., Euskirchen, G., Ward, W. W. & Prasher, D. C. *Science* 263. 802-805( 1994 ).

2. Prasher, D. C. et al. *Gene* 111, 229-233( 1992 ).

3. Wang, S. & Hazelrigg, T. *Nature* 369. 400-403 ( 1994 ).

……

这篇论文的结构类似于前面所讲的数学建模论文结构，这是科学研究写作的共性。众所周知，*Nature* 和 *Science* 是理工科的权威期刊，同学们应该以此为榜样，学习写作。一篇好的学术论文重在高质量，用精练的语言表达出原创性的观点，而不是用冗长拖沓的语言来陈述平庸的内容。学术论文的内核在于原创性成果，但也要兼顾表述成果时所使用的论文形式、写作语言。大班第二次授课，布置的小班作业是写小论文，要求论文字数控制在 1500 字以内，小组同学共同完成。其目的是让学生将更多精力放在逻辑层次的严谨与写作语言的精练。

# 附录三：学术不端问题

为节省时间，在简要介绍学术不端的问题之后，这部分内容的学习由同学在课下完成。布置作业：查找并准确抄录教育部与学校对于学术不端行为的规定细则，并谈谈如何在学习中避免学术不端。

要求：

1. 规定与细则分别在《高等学校预防与处理学术不端行为办法》（2016）第二十七条与《武汉大学学术不端行为查处细则》（2016）第十九条。

2. 至少谈三点，不低于300字。

具体规定如下：

教育部《高等学校预防与处理学术不端行为办法》（2016）第一章《总则》第一条指出："为有效预防和严肃查处高等学校发生的学术不端行为，维护学术诚信，促进学术创新和发展，根据《中华人民共和国高等教育法》《中华人民共和国科学技术进步法》《中华人民共和国学位条例》等法律法规，制定本办法。"《总则》第二条界定："本办法所称学术不端行为是指高等学校及其教学科研人员、管理人员和学生，在科学研究及相关活动中发生的违反公认的学术准则、违背学术诚信的行为。"

《高等学校预防与处理学术不端行为办法》（2016）第二十七条规定：经调查，确认被举报人在科学研究及相关活动中有下列行为之一的，应当认定为构成学术不端行为：

（一）剽窃、抄袭、侵占他人学术成果；

（二）篡改他人研究成果；

（三）伪造科研数据、资料、文献、注释，或者捏造事实、编造虚假研究成果；

……

《武汉大学学术不端行为查处细则》（2016）

第十九条规定：经调查，确认被举报人在科学研究及相关活动中有下列行为之一的，应当认定为构成学术不端行为：

（一）抄袭与剽窃：在学术活动过程中抄袭他人作品，文章无新意，将他人的学术观点、学术思想或实验数据、调查结果据为己有且不标明出处等行为；

（二）伪造与篡改：伪造科研数据、资料、文献、注释，或者捏造事实、编造虚假研究成果，篡改他人研究成果；

……

（六）买卖论文、代写论文等其他严重违反公认的学术准则、违背学术诚信的行为，根据相关学术组织或学校制定的规则，属于学术不端行为。

由于一些学术不端源于学术引用的不规范，下面介绍一下引用的一些注意事项：

（1）引用古籍文献注意事项

第一，引用权威版，如《论语》引用朱熹集注本，《道德经》引用王弼注本，《庄子》引用郭象注本。（对于西方经典，如柏拉图的《斐多》等著作最好用希腊语直接翻译本，席勒的《审美教育书简》等著作最好用由德语直接翻译本。当然，《斐多》《审美教育书简》等都有成熟的英译本，英语好的同学可以直接看英译本。）

第二，尽量用知名出版社的整理标点本，如中华书局、上海古籍出版社等。佛经可引佛藏经典，如《大正藏》等；道经可以引《道藏》。

举例如下：

图附 3-1　中华书局版的《四书章句集注
元明清《论语》权威注释本

图附 3-2　中华书局版的《老子今注今译》
今人的《庄子》注释翻译本

（2）引用研究文献注意事项

第一，人文研究重视著作，以厚重的研究著作优先。

第二，研究论文要看内容，也要看作者是否为权威专家，可以检索一下作者以往发表的论文，以及作者的学术简历，初步判定一下是否为该领域的专家。为什么要引权威专家的研究专著呢？首先权威专家长期深耕这个研究领域，对于该主题的研究成果把握比较全面，研究也比较深入，以此作为研究的基础，使得我们研究的出发点比较坚固，而且"站在巨人的肩膀上"，有助于视野的开阔与学术的创新。

第三，现代研究论文要看期刊是否为 CSSCI（Chinese Social Sciences Citation Index，中文社会科学索引，2000 年至今）。2000 年以后，收录 CSSCI 的论文相对有保障；但只是相对有保障，有些专家并不在乎期刊的级别。一些非 CSSCI 的期刊长期开设的专题研究积累厚重，也值得关注。

第四，英文文献 A&HCI（Arts & Humanities Citation Index，艺术与人文科学引文索引，1976 年至今），收录到 A&HCI 的论文相对有保障。

# 附录四：小班讨论

小班讨论（学术会议式），按照论文主题分小班，各组之间以批判性思维讨论小论文：

1. 提前阅读其他小组论文。

2. 组长组织成员，找出每篇论文的优点与缺点各四项以上（可先写好文字）。

3. 小班讨论时，按照学术会议模式，先汇报论文，其他小组点评，然后由汇报小组一一回应。

4. 评论要有理有据，切忌套话、空话、大话、假话。

麦克斯韦在科学研究中使用批判性思维，获得了巨大成功。按照罗素的观点，"哲学的本质特征是批判，它使哲学成为一门与科学有别的学科。(The essential characteristic of philosophy, which makes study distinct from science, is criticism. )"① 批判性思维不仅在哲学、科学中非常重要，而且同样体现在论文写作中。在德国柏林访学期间，我曾在洪堡大学听过一学期康德哲学的研究生课程，这是一门高阶论文写作课。在教授带领下，大家每节课讨论一篇学生的习作。每名学生一学期只有一次机会，所以学生准备得比较充分。在上课前一周，学生会将撰写的论文群发到上课学生的邮箱。在课堂上，大概用两个小时的时间来讨论这篇论文。在讨论之前，有的学生会简单介绍一下论文写作的主题以及论文的结构等，但这不是必须的，也有的学生不做介绍，因为参与者事先已经阅读了论文。参与讨论者的发言多是批判性的评论，所提的问题通常比较尖锐，直指论文的薄弱环节。评论者的评论以指出问题为主，较少作正向的、客套性的评价。尽管论文写作者已有充分的准备，但面对这些批评，有时也难以招架。两小时下来，经过十来个评论者的评判，这篇论文可谓是弊端尽显，甚至是体无完肤。当评论偏离主题时，教授会及

---

① 罗素：《哲学知识的限度》，《哲学问题》，贾可春译，商务印书馆 2019 年版，第 142~143 页。

时纠正。最后，教授总结，这种总结也不是打圆场式的，而通常是在更开阔的学术视野、更深的层次来评判论文，指出更深的问题、改进的方向、需要进一步阅读的研究文献等。这样的课程对于锻炼学生的写作水平、培养学生的批判性思维大有裨益。有鉴于此，我将这种模式引入人文社科经典导引的教学，根据我的观察以及小班老师的反映，效果非常好。我想主要有两个原因：其一，参与者是一年级的本科生，尤其是秋季学期的学生，他们刚入学，比较容易接受新鲜事物，束缚性较小；其二，学生对于讨论主题有相对深入的了解。这是因为我在第二次大课布置论文写作的作业，分六个主题，每组5~7名学生共同选择完成一个主题，写一个约1500字的小论文。一个小班内不能重复选择，这样能够保证通过讨论，在广度上，每个小班学生对这个6个主题都有全面了解，以巩固第二讲的大课内容。各小组在小班内汇报后，根据反馈意见，在小班老师指导下，继续修改论文。到第五次大课，再布置批判性讨论的作业，并按照6个主题重新分班，每个新的小班只讨论同一主题。从第二次大课到第五次小课，大概经过了七八周时间，学生对这个主题已经比较熟悉。由于小班的每名成员都参与写作过同样主题的论文，他们都比较清楚难点在哪里，因此，小班讨论热烈，批判性也很强，效果很好。有小班老师说学生批判性的发言可以媲美博士生论文答辩，虽然有过誉之词，但也表明了这种方法的应用收到了良好的效果，能够引导学生的批判性思维。

# 附录五：爱国主义教育

在学术论文写作教学时，可以融入"厚植爱国情怀"。电磁学理论是第二次工业革命的基础性科学，由此产生了发电机、电话等先进技术的产品。在西方国家如火如荼地展开第二次工业革命时，清政府却闭关锁国，妄自尊大，皇权专制，欺压百姓，没能跟上第二次工业技术革命的步伐，最终导致丧权辱国。当今，第三次信息技术革命在加速发展中，我们在 5G、高铁等方面取得了举世瞩目的成功，但是，相对于发达国家，我们也应该清醒认识到基础科学（数学、物理、化学）水平还比较薄弱，高精尖工业制造水平也需要大幅提升，尤其是在以诺贝尔奖为标志的原创性成果方面，须勇于赶超欧美日。更进一步，要实现从跟进到引领世界基础科学、先进技术，仍有漫长的路要走，对于新时代大学生而言，可谓是任重道远。

我曾经看到北京师范大学顾诚老师收藏的一本英国历史书（见图附 5-1），顾先生在扉页写道："这本书出版的时候，还是清朝统治着中国。"

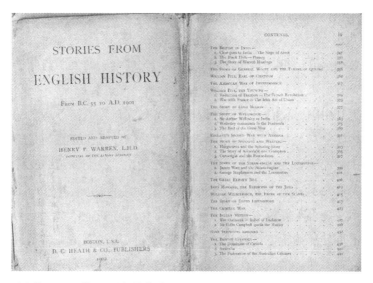

图附 5-1 《英国历史的故事》*Stories From English History*（*From B. C. 55 To A. D.* 1901），美国波士顿 1902 年出版。

　　我们从书中可以看到英国的殖民历史，以及在工业革命滋润下繁盛的伦敦（见图附5-2）；而当时中国的北京，在八国联军侵略后，伤痕累累，民生凋敝。从科学技术来看，造成落后挨打局面的原因是思想的禁锢、科技的落后。

图附 5-2　工业革命时期的伦敦

　　我曾在柏林墙附近的跳蚤市场淘到一本介绍电动机技术的书，斯图加特1908 年出版（见图附5-3）。电动机是第二次工业革命核心部件，我们由这本书可以管窥德国电动机技术的发展，当然，先进电机的发明与制造以电磁理论为基础，其层级关系是：电磁理论—电动机—先进装备。

　　以此返观中国，我们不难想到以"自强"为口号的洋务运动的迫切性及其重要的现实意义。在那个时代，洋务运动的倡导者主要目的是学习先进技术，提升中国的装备。结合麦克斯韦的电磁理论，我们知道，支撑电动机技术的理论基础是麦克斯韦方程。我们固然通过学习模仿，掌握西方先进的制造轮船、汽车、火车等技术；但由层级来看，先进装备依赖于电动机的核心部件，核心部件依赖于电磁理论，我们要想实现先进制造业的遥遥领先，需要有像麦克斯韦那样的大科学家。因此，重视基础科学理论，学习掌握大科学家的批判性思维，才有可能提出原创性理论，才能引领世界科技的发展，推动人类科技的进步。

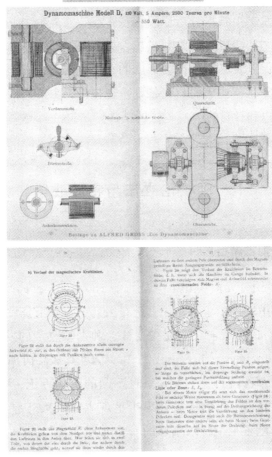

图附 5-3　德国电动机技术示意图

# 第六讲:《历史》与历史

希罗多德的《历史》通常被概括为希波战争史。在希波战争中,希腊联军获胜,从而迎来了辉煌灿烂的希腊文明,哲学、艺术等空前发展,成为西方文明的源头活水。由结果分析原因,希腊在希波战争中获胜,是法治民主社会抵制集权专制社会侵略的胜利。在人类文明发展中,希腊率先进入了法治社会,梭伦是促进希腊法治社会形成的重要立法者。有鉴于此,在兼顾讲授《历史》的教学大纲内容时,我特别重视梭伦,主要包括梭伦立法与他的幸福观:前者可以和教材的"《论法的精神》与自由"与"《正义论》与正义"相通,后者关联着"《斐多》与生命"。

## (一) 梭伦立法与希波战争

### 1. 梭伦与史前古希腊文明

梭伦 *Solon*(约公元前 640 年至公元前 560 年),雅典政治家、立法者。梭伦在雅典崛起中发挥了重要作用,他是公元前 594 至公元前 593 年的首席行政长官(chief magistrate),也是主要社会和宗教改革的发起人(instigator of major social and religious changes)。① 在美国联邦法院门楣上,有孔子、梭伦、摩西三个人的雕像,这三个人来自不同的文化传统,其中梭伦是希腊文明立法者的代表。梭论的传记及思想呈现主要依赖三部经典:柏拉图的《蒂迈欧篇》、第欧根尼·拉尔维修的《古希腊先哲传》与希罗多德的《历

---

① Robert N. Bellah, *Religion in Human Evolution: From the Paleolithic to the Axial Age*, the Belknap Press of Harvard University Press, 2011, p. 347.

史》，三者各有侧重。梭伦奉行的格言是"言语是行动的镜子（Speech is the mirror of action）"①。这里所说的言与行的关系类似于言行一致。"沉默是言语的封条，时机是沉默的封条。（Secrecy he called the seal of speech, and occasion the seal of secrecy.）"② 这是从秘密来谈默，言与默的关系包括两方面：第一方面是以默否定言、关闭言，按照中国哲学传统理解，相当于默识躬行，结合前面讲到的"《坛经》与悟性"，类似于迦叶的缄默、维摩诘的"默然无言"；第二方面是以言否定默、打破默，在时机成熟时，必须要言。综合来看，这条格言兼取言默，而且注重两者在相互否定中的轮转，以及各自呈现的时机。与柏拉图《理想国》中的哲学王类似，梭伦认为："只有最强大的人和最有能力的人能成为王者。（The strongest and most capable is king.）"③ "梭伦不仅极其聪明，而且他的作品充满自由精神。"④ 如教材的"《论法的精神》与自由"，法律与自由密切相关，自由、重法都是梭伦思想的特色。

《蒂迈欧篇》对于梭伦的记述指出：在古希腊文明之前，便有个辉煌的文明，也就是"史前古希腊文明"⑤，但这个古老的文明已经被古希腊人遗忘了。埃及的祭司告诉梭伦这个古老文明的概貌：

当神用洪水清理大地时，你们那里的城邦居民被洪水席卷入海，而

---

① Diogenes Laertius, *Lives of Eminet Philosophers*, English translated by R. D. Hichks, Havard univeristy press，1972，p.59. 中文据第欧根尼·拉尔修：《古希腊哲学的故事》，王晓丽译，时事出版社 2018 年版。

② Diogenes Laertius, *Lives of Eminet Philosophers*, English translated by R. D. Hichks, Havard univeristy press，1972，p.59.

③ Diogenes Laertius, *Lives of Eminet Philosophers*, English translated by R. D. Hichks, Havard univeristy press，1972，p.59.

④ 柏拉图：《蒂迈欧篇》，谢文郁译注，上海人民出版社 2003 年版，第 18 页。

⑤ 通常所说的古希腊文明包括青铜时代的米诺斯文明（B.C.3000~B.C.1100）、迈锡尼文明（B.C.1900~B.C.1100）；黑暗时代（B.C.1100~B.C.800/B.C.750）；古风时代（B.C.800/B.C.750~B.C.479）；古典时代（B.C.478~B.C.338），这里的史前古希腊文明不是以上的古希腊文明，从埃及祭司对梭伦所言而言，这个史前古希腊文明要比米诺斯文明更为古老。

我们这山上的牧羊人和羊群却得以免灾。而在这个国家里，水不会从天而降，总是从下面涨起来。因为这个原因，这个地方的传统是记载中最古老的。当然，无论何处，异常气候或冷或热都不可能毁灭人类，总会有多多少少的人幸存下来。在我们神庙里的文件中，记载了许多伟大的事业，或重要的事件，有些是发生在你们那里，有些则在和我们有联系的别处。但是，在你们以及其他民族那里，时间给你们带来的是，每次天灾洪水都像瘟疫似的，留给你们的只是文化的丧失，回归野蛮状态。因而你们只好一次又一次地发展文字，重建文化。因此，你们就像小孩一样重新开始，对古时候发生的事一无所知。比如说，梭伦，你重述的那些家谱，并不比童话好多少。你们民族只记得一次灾难，而在此之前有多次灾难发生。而且，你们不知道在你们的国土上曾经生活过世界上最伟大、最英勇的民族。你和你们的同胞只不过是他们当中的幸存者遗传下来的。但你对此一无所知，因为幸存者已经死了好几代了，而他们又没有文字记载。梭伦呀，在这特大洪水之前，现在称为雅典的城邦，在战争中是最英勇的；在城邦治理上是无与伦比的。她的业绩和政绩在普天之下公认是最伟大的。我们听到的就是这些。"

听到这些话后，梭伦很吃惊，迫切要求祭司们从头到尾地告诉他那些古代公民们的一切。

"我很愿意。"这位祭司回答说，"这既是为了你，也是为了你的城邦；同时也是为了我们彼此的共同保护神、养育者、指导者，我们的女神的荣誉。你们的城邦早一千年建立；我们从格（Ge）和荷法斯特（Hephaestus）那里得到你们民族的种子，因而我们的城邦是后建的。在神庙的文件记载中，我们民族有八千年历史，因而你们的那些同胞生活在九千年前。我打算简略地谈谈他们的法律及其最辉煌的业绩。我们在空闲的时候再根据这里的文件记载来详谈他们的历史。"

"要想了解他们的法律，你可以比较一下我们现行的法律，其中有许多方面和你们当时的法律一致。首先，祭司和其他阶层分立。其次，手艺人自成一体，不与其他阶层混杂。再次为牧羊人、狩猎者和农民等。

你也注意到，士兵与其他阶层分立；法律规定他们除了战争外不准参加任何事情……这些秩序和体制都是女神最初建立你们国家时给予你们的。她选中你们所生长的那片土地，觉得温和的气候有利于高智力人类的出现。因为她酷爱战争和智慧，所以哪个地方的人民像她，她就挑选他们。你们居住的地方原先就有这些体制，甚至更好，是当时人类中最优秀的，连诸神的后代都会羡慕。"①

这个史前古希腊文明的重要特征是法律社会。我们可以怀疑这是埃及祭司虚构了一个希腊前史；又由于这是柏拉图的作品，也可说柏拉图虚构了一个希腊前史。姑且承认这种虚构性，那问题是他们为什么要虚构这个希腊前史呢？其用意何在呢？从文本分析，结合梭伦立法，我们可以找出三个理由：其一，通过希腊前史建构，赋予法律以神圣性。"这些秩序和体制都是女神最初建立你们国家时给予你们的"，女神立法，或者说假托女神立法，这为法律的制定找到了一个神圣的基础，具有权威性、不可撼动性。其二，为什么唯有希腊人得到女神的青睐呢？因为希腊人像女神，所以女神挑选了希腊人，从而有利于彰显希腊民族精神的优越性。其三，如果这种立法纯粹停留在神圣阶段，将不能向世俗的现实法律转化。为解决这种矛盾，通过类比希腊前史当时的法律与现行的希腊法律，其中有许多方面是一致的，从而说明现行的法律亦具有神圣性，体现出希腊民族精神的优越性。更有甚者，"连诸神的后代都会羡慕"。

继续来看希腊前史：

在我们的记载里有许多关于你们的可歌可泣的业绩。最值得一提的是你们如何打败大西洋人的故事。当时有一股来自大西洋的强大势力，敌视整个欧洲和亚洲。那时的大西洋是可以横越的，因为在那称为"赫拉克勒斯柱子"的海峡出去有一岛，利比亚和亚洲加起来还不如它大。当时的航海者可以从这里再到中间的一些岛屿上，并继续前行而到达大

---

① 柏拉图：《蒂迈欧篇》，谢文郁译注，上海人民出版社 2003 年版，第 21~22 页。

西洋彼岸。在赫拉克勒斯海峡以内，只不过是有一狭长出口的小海湾而已，真正的海洋乃在此之外，而围绕这海洋的则是无边无际的大陆。在这个岛上崛起了一股强大势力，把各国联合为一体，统治着整个岛，以及周围岛屿和大陆的一部分。他们是海峡内的利比亚的主人，势力扩展到埃及。对欧洲的统治则达到图灵尼亚城邦（Tyrrhenia）的边界。这股势力集中力量企图一举奴役你们和我们以及峡内的全部民族。就这时，梭伦啊，你们城邦的力量向全人类显示了她的英勇和伟大。她的作战艺术和勇气是最杰出的。开始时，她是希腊人的领袖，后来其他城邦背信于她，她就单独作战，历经千难万险而击败了入侵者，终于取得了胜利。她使那些尚未被奴役的民族免遭奴役，毫无保留地解放了海峡内的所有民族。自那以后，有一个地震和洪水频繁时期。在那可怕的日日夜夜，那些斗士们全都被地球吞噬了。同时，那大西洋岛也沉入海底，消失了。留下的只有那无法跨越、无法探究的一片汪洋。那沉下去的岛屿则变成了淤泥浅滩。①

在这个希腊前史中，希腊军队与强大的大西洋敌对势力作战，最终获胜，体现出希腊军队的英勇。如果结合《历史》来看，这个相当于希波战争的浓缩版。

**2. 梭伦为希腊立法与波斯帝国的专制（希波战争前的欧亚世界）**

我们先来看梭伦的法律贡献："他的改革关切不是推翻已经存在的社会等级，而是给予每个群体之所应得，简言之，他最关心的是正义。（His reforms were not concerned not to overturn existing social arrangements but to give to each group its due-in short, he was above all concerned with justice.）"②

---

① 柏拉图：《蒂迈欧篇》，谢文郁译注，上海人民出版社 2003 年版，第 22~23 页。

② Robert N. Bellah, *Religion in Human Evolution: From the Paleolithic to the Axial Age*, the Belknap press of Harvard University press, 2011, pp. 347-348.

梭伦出生在萨拉米斯……他的第一项成就是撰写了《摆脱债务法》并在雅典推行相关法令,他的目的是赎回人身和财产。这是因为过去的人们经常用自己的人身作为担保来贷款,因此,很多人从穷人沦为奴隶。他率先放弃了他父亲的七塔仑特债权,并鼓励其他人效仿他,采取一样的行动。①

这项法律有利于减少奴隶的产生,尊重人身和财产的权利,也有利于雅典民主社会的形成。反之,在没有类似法律的情况下,如波斯帝国,穷人很容易沦为奴隶,中产阶级也比较容易沦为穷人,由此导致社会财产逐步向极少数人集中,越来越多的人沦为没有财产和人身权利的奴隶。

很明显,那些法律的作者就是他。他的演讲和挽歌体诗,还有以萨拉米斯和雅典政治为主题发表的演说,总计五千行,此外,他还创作了短长格诗和吟唱诗。他的雕像上刻着这样的铭文:

在萨拉米斯,波斯人的实力遭受重创,

在那里,立法者梭伦却孕育了圣望。②

据此可以说梭伦立法为雅典带来了希望,为重创波斯帝国提供了法律制度保障。他颁布了一些很有效的法律:

(1) 如果有人不供养自己的父母,就会失去公民权。

(2) 如果浪子肆意浪费祖上的产业,也会遭受类似的惩处。

(3) 懒汉不干活,也会被定罪。

(4) 任何人都有投状公诉的权利。

(5) 在他看来,法律与蜘蛛网很相似,如果一种比较轻巧的东西落

---

① 第欧根尼·拉尔修:《古希腊哲学的故事》,王晓丽译,时事出版社 2018 年版,第 13 页。

② 第欧根尼·拉尔修:《古希腊哲学的故事》,王晓丽译,时事出版社 2018 年版,第 19 页。

在上面，它们依旧牢固，可以承受；如果是一个更大、更重的东西，就会将它们撕扯开并且逃走。

（6）他减少了参与运动会的运动员的奖金，奥林匹亚赛会获胜者的奖金被固定在了500德拉克马，伊斯特摩斯运动会的获胜者则获得100德拉克马作为奖励，至于别的赛会，也有相应的奖金比例。在他看来，提高这些获胜者的奖金并没有好处，只有那些战死沙场的人，才应该获得重赏，而且国家还应该负责抚养并教育他们的儿子。这一法令推行的结果就是，很多人在战场上奋勇杀敌，表现得十分出色……

（7）任何人都不能随意取走其他人的财产积蓄，如果违反，会被处以死刑。

（8）如果官员酗酒、醉酒，也会被处死。①

梭伦制定的这些法律条款可以说是西方法律的母本，是形成希腊民主社会、塑造希腊精神的重要保障。即使放置在现代社会，这些法律依然有值得借鉴之处。比如第1条是防止不孝的有效方式，这与儒学倡导的孝道可以配合使用。如我们通过第二讲"《论语》与仁性"可知，"君子务本，本立而道生。孝弟也者，其为仁之本与！"（《论语·学而》）儒学以孝为本，可谓对孝推崇备至，但在实行过程缺乏执行力。如果一个人不孝，仅通过道德说教，很难奏效，梭伦通过立法，对不孝之人剥夺公民权，这样的执行力就很强，却又缺乏儒学的温情。第2条适用于惩戒纨绔子弟。第3条适用于防止躺平。第8条适用于反腐倡廉。第5条指出法律的有限性，法律并不能解决所有的问题，也就是法的承受能力有限制。如同蜘蛛网捕虫，对于小蚊蝇之类的虫子有效，但是，对于大的、重的动物却无效，如螳螂、麻雀之类，甚至会破坏掉整个蜘蛛网。在具体执行法律过程中，专制、腐败等都是破坏甚至摧毁法律之网，比如封建社会中，皇帝的金口玉言便是法律；在金钱利益的巨大诱惑下，法官践踏法律。其中最重要的是第4和第7条，这两条是民主社会

① 第欧根尼·拉尔修：《古希腊哲学的故事》，王晓丽译，时事出版社2018年版，第16~18页。

的基础性法律条款：每个公民都有公诉的权利，在民主社会，人人权利平等；每个人的私人财产受到法律保护，如果有人违反这一条，这人将被处以死刑。相反，没有这两条，一个人没有当家作主的心态，且自己的财产随时可能被没收，如何维持一个稳定的生活状态？如何爱国？另外，设定了运动员奖金的上限，这样可能削弱运动员的积极性。梭伦的用意是将运动员与战士对比，运动员参赛，是一项带有娱乐性质的运动，带动全民健身；而战士是在用生命捍卫国家的疆土，无论是从性质还是付出的代价来比，战士显然远比运动员更加值得重赏。这项法律的制定从物质上保证了战士的利益，他们甘愿为国而战，一旦成为烈士，他们的家庭能够得到相应的补偿。战士的儿子能够有国家抚养教育，这样死而无憾。反之，如果一个战士为国捐躯，他得到的补偿还不如一个运动员参加一项比赛的奖金高，作为自由选择的人而言，他宁可去参加运动获得奖金，而不会去参军冒险。这项法律对于雅典战士在战场的英勇杀敌起到了关键作用，如马拉松战役的获胜，与此密切相关。

梭伦立法之后，还需要法律的贯彻执行，否则法律将是一纸空文，在这一点上，雅典人能够遵守信用："他应雅典人之请他们制定法令，然后外出 10 年。他借口游历扬帆出航，实际上是为了避免被迫取消他定的任何法令。雅典人自己不能这么做，因为雅典人立下了大誓，10 年之内遵守梭为他们制定的法令。"① 通过这样的方式，梭伦立法得以在雅典贯彻执行。那梭伦的游历又引出了他的幸福观，我们下节再讲。

于是，雅典的势力壮大起来，这表明，不只在一个方面，而是在所有的方面，平等参政怎样是一件极好的事情。因为雅典人在遭受僭主统治的时候，他们在军事上一点也不比其邻邦强；但是一旦摆脱了僭主统治，他们就是无与伦比的了。这就说明，在受到压制的日子，他们垂头丧气，因为他们在为一个主子工作。一旦得到解放，个个都扬眉吐气，

---

① 李建中主编：《人文社科经典导引》（第三版），武汉大学出版社 2021 年版，第150 页。

就要成就（点什么）了。①

在这些法律的保证下，雅典的社会迎来了大发展，精神风貌焕然一新。人们平等参政，每个人都是国家的主人②，即使没有爱国主义教育，强烈的爱国主义精神油然而生，每个人都扬眉吐气，这直接影响了军事实力的强大。与此相比，在希腊文明产生发展时，波斯文明也在蓬勃发展，波斯是希腊人的邻邦，是君主集权，民众遭受压制。民众的生活状态可以说为一个主子工作，没有权利，没有地位，可以说是个个"垂头丧气"。③ 综上来看，希腊与波斯的社会统治形式差异决定了两种社会民众的不同状态，决定了他们在战场上的表现，当然，可以更大胆地说，未战之前，胜负已定。希腊取胜的原因在于社会统治形式，梭伦立法奠定了希腊民主制，因此，希波战争交战双方的根本差异在于立法，在于有没有梭伦，尽管这样的结论有些简单武断。

### 3. 波斯帝国的专制与政治制度选择

约公元前 2000 年，波斯人来到伊朗高原西南部，开始了波斯帝国的奠基。公元前 559 年，居鲁士二世（Cyrus Ⅱ）称王，开始扩张，征服了小亚细

---

① 李建中主编：《人文社科经典导引》（第三版），武汉大学出版社 2021 年版，第 162 页。

② 参照伯里克利的演讲："我们的政治制度不是从我们邻人的制度中模仿得来的。我们的制度是别人的模范，而不是我们模仿任何其他的人的。我们的制度之所以被称为民主政治，因为政权是在全体公民手中，而不是在少数人手中。"（修昔底德：《伯罗奔尼撒战争史》，谢德风译，商务印书馆 1960 年版，第 147 页。）

③ 有两种体制的母亲，也就是说，你们很好地说，所有其他体制都是它们生下来的。君主制是前一位母亲的恰当名称，民主制是另一位母亲的恰当名称。前一种体制在波斯人那里可以看到最完全的形式，后一种体制则在我的国家中被发挥到极致；而他所有体制，如我所说，均为这两种体制的变种。""一个国家过分热烈地只拥抱君主制的原则，另一个国家只拥抱自由的理想；两个国家都没有在两种体制中间取得平衡。"参见柏拉图：《法篇》，《柏拉图全集》（增订版）下卷，王晓朝译，人民出版社 2018 年版，第 102 页。

亚的强国吕底亚（Lydia）①、东部伊朗和中亚，又灭了新巴比伦王国。他的继承人冈比西斯二世（Cambyses Ⅱ）于公元前530年称王，远征埃及与努比亚（Nubia，埃及南部）。此后是大流士（Darius I，公元前548年至公元前486年）于公元前521年称王，继续扩张，由此形成了一个横跨亚非欧的波斯大帝国。与希腊的政治制度不同，波斯帝国是集权制，如下是大流士的政策：

▲加强王权，确立君主专制政体。

▲神化自己，控制行政权、军权、司法权，建立特务组织（"国王的眼镜"），刺探各地情报，防止发生叛乱。

▲以行省制管理全国，行省长官为总督，掌管省内的军事与民政。

▲将全国划分为五大军区，军事长官和总督各司其职，互相牵制。

▲对于征服者采取怀柔政策，尊重被征服地区的文化习俗和宗教。

▲促进了近东地区（the Near East，欧洲中心论）的文化融合。②

集权制与民主制实难相容，当希腊文明与波斯文明沿着各自的政治制度同时发展时，一场希波战争在所难免，其导火索源于利益纠纷：波斯国王大流士向希腊人索要税收，希腊人反抗，被打败。为防止希腊人再叛乱，波斯

---

① 吕底亚（Lydia）与希腊的历史参见教材第147页的"克洛索斯篇"："吕底亚人克洛索斯，阿吕阿忒斯的儿子，是哈吕斯河以西各民族的君主，这条河介于叙利亚人与帕普拉戈尼亚人之间，由南向北注入所谓"厄乌克塞诺斯海"（黑海）。就我们所知，在异族当中，克洛索斯第一个制服了一些希腊人，并使之纳贡，却与一些希腊人交朋友。他制服了亚细亚的伊俄尼亚人、埃俄利斯人和多里斯人，却与拉刻代蒙人交了朋友。在克洛索斯的统治之前，所有的希腊人都是自由的……"居鲁士 Cyrus 征服吕底亚（Lydia）的历史参见教材第152页："波斯人攻占了萨耳得斯，俘虏了克洛索斯。至此，克洛索斯已经统治了14年，被围城14日……波斯人将被俘的克洛索斯带到居鲁士面前。居鲁士让他们堆起一座巨大的柴堆，将戴着脚镣的克洛索斯置于其上，还有二七一十四个吕底亚男孩在其身旁。也许他想把他们当做第一批战利品祭祀某一位神，也许想要兑现自己的许愿，还有一种可能，他听说克洛索斯虔敬神明，他想把他放到柴堆上，看看是否有某位神明把他从烈火中救出。不管居鲁士是怎么想的，他这样做了……"

② 马克垚主编：《世界文明史（上）》，北京大学出版社2016年版，第63~64页。

人入侵希腊半岛；公元前490年，波斯军队登陆马拉松，被雅典军队击败。①此后，大流士之子薛西斯（Xerxes，或译为泽尔士、克赛耳克塞斯）再次入侵希腊北部地区。希腊联军人在温泉关伏击，波斯军队遭受重创。最终，希腊联军被波斯人全歼，但斯巴达勇士精神展现得淋漓尽致，极大鼓舞了联军的士气。② 薛西斯乘胜南进，洗劫雅典，后遭失败。公元前479年，希波战争结束，拉开了希腊化时代的序幕。当然，希腊联军获胜后，希腊又经历了伯罗奔尼撒战争，从而元气大伤，最后又被波斯吞并，希腊文明沦陷。

在此，有必要说明两个问题：

第一，战争是残酷的，有时《历史》的寥寥数笔，便令人心惊胆战，不寒而栗。举例如下，薛西斯（克赛耳克塞斯）率军出征时，吕底亚人皮提俄斯有五个儿子随军参战。他因得到过赏赐，便鼓起勇气，向薛西斯求情留下大儿子，为自己养老守业。皮提俄斯的要求并不过分，有理有据，合情合理。但是，薛西斯不仅没有答应皮提俄斯的请求，甚至以极其血腥残酷的方式回应：

> 马上命令手下负责此类事务的人，找到皮提俄斯的长子，将其劈成

---

① 参见教材第162~163页："波斯人进入了这座城市，劫掠并焚烧了神庙，作为对萨耳得斯的神庙被焚毁的报复。他们还遵照大流士的命令，将其居民卖为奴隶……雅典人在马拉松是这样排兵布阵的：他们的战线长度与波斯人相等，中军仅有几排的纵深，最为薄弱，左右两翼人多，力量强。雅典人排好了阵，献祭得到吉兆，立即行动起来。他们跑步向异族进攻……""双方在马拉松战斗了很长时间。异族在中军取得胜利，在那里列阵的是波斯人自己和萨开人，异族突破了雅典人的阵线，将他们赶往内陆方向。但在两翼，雅典人和普拉泰亚人取得胜利。他们取胜后，让两翼败北的异族逃走，然后收拢两翼，攻击突破了中军阵线的敌人。雅典人胜利了。波斯人败北，雅典人追击，将他们砍杀在地，一直到海边。雅典人一边喊放火，一边去夺敌人的战船。"

② 温泉关战役，参见教材第164页："直到波斯军队来到这个地区和温泉关之时，其军力尚未受损，其人数跟以前一样。根据我的计算……在大流士的儿子克塞耳克塞斯领兵进抵塞庇阿斯（Sepias）和温泉关之时，其麾下有528万3220人。"教材第167页："许多波斯人也倒在那里了，包括一些知名人士，其中就有大流士的两个儿子。……克塞耳克塞斯的两个兄弟也倒在那里了……他们就被葬在倒下的地方。后人为这些人，也为那些在勒俄尼达斯叫一些希腊人离开之前阵亡的人，镌刻下了如下铭文：三百万人曾在此与/来自伯罗奔尼撒的四千人厮杀。这是为全军镌刻的。以下是专为斯巴达人镌刻的：过客啊！去告诉拉刻代蒙人/我们服从他们的命令，躺在这里了。"

两半，一半置路右侧，另一半置于道路左侧，让大军从中间穿过。手下人照着命令做了，大军中间穿过。领头的是随军侍子和驮兽，接着是全部民族不加区分、混合组成的部队……随后是克赛耳克塞斯本人，他坐在一辆战车上……①

单就这件事而言，薛西斯完胜。我们揣测薛西斯的意图，他应是想让他的大军都亲睹惨状，杀鸡儆猴，此后，应再无退缩求情者。皮提俄斯完败，他不仅没能留下大儿子，而且大儿子尚未奔赴战场，便以极其悲惨的方式结束了生命。但是，就对于整个战争的影响来看，薛西斯的大军中难免对此有恻然动情、潸然泪下者，如皮提俄斯的4个儿子，他们的亲友，乃至吕底亚人等，他们不是不想表达，而是不敢表达。残暴的薛西斯肯定不会只任意处死一个人，厄运随时会降临到每个人头上，他们每个人都可能像皮提俄斯的长子那样惨死。当薛西斯的大军以这样的心情去奔赴战场时，无疑会极大削弱战斗力，因此，薛西斯对这件事的处理对于军队的影响是极其负面的。②

---

① 李建中主编：《人文社科经典导引》（第三版），武汉大学出版社2021年版，第164页。

② 如果一个权力的存在就是为了祸害每一个人，那么它就没有长久存在的道理，因为在那权力之下，每一个人都在沉吟喘息，当他们凭着共同的恐惧而团结起来，那个权力就将陷入四面的危险。这就是为什么，大多数的国王都要么成了单独的刺客的牺牲品，要么成了一群人的牺牲品，而那些人所以聚集一起，正是出于同仇敌忾的决心。但是，这个大多数的国王们啊，他们把愤怒当做王者的象征，就如大流士（Darius）的所作所为，他在把那个冒充国王的玛戈僧（Magus）废黜之后，成为统治波斯和广大的东方世界的第一人。他宣布对帝国东邻的塞西亚人开战，这个时候就有一个叫欧约巴佐斯（Oeobazus）的老贵族向他提出了请求，那个老贵族有三个儿子，他请求国王在召集他的两个儿子服役出征的时候，给他留下一个儿子，好叫他这个做父亲的人有一些慰藉。大流士就答应说，既然带走他的三个儿子显得残忍，那么，他给予的比请求的还要多，他要免除那三个人的兵役，然后他就在那个做父亲的人面前杀死了那三个人，并把他们的尸首抛在地上。薛西斯（Xerxes）则要宽宏大量得多，有一个有五个儿子的父亲叫披提欧斯（Pythius），他也曾请求免除一个儿子的兵役，薛西斯就叫他自己挑选一个儿子，然后就把他挑选出来的那个儿子撕扯两半，并在路的两边儿各放一半，把那当做替他的征战赎罪的祭品。薛西斯也就理所应当地遭遇了他的命运，他大败而归，他的军队一败涂地，尸陈遍野，他就在尸体的夹道中狼狈逃生。"（塞涅卡：《论愤怒》，《道德和政治论文集》，袁瑜玲译，北京大学出版社2010年版，第135~136页。

再看《史记·项羽本纪》中楚汉争霸时的残酷场景：

> 汉军皆走，相随入縠、泗水，杀汉卒十余万人。汉卒皆南走山，楚又追击至灵壁东睢水上。汉军却，为楚所挤，多杀，汉卒十余万人皆入睢水，睢水为之不流。

如果没有战争，皮提俄斯会有五个儿子为其养老，守护家业，安享幸福生活。如果没有战争，这些十余万的汉卒同胞当是安居乐业，陪伴着家人幸福生活。他们或是家中的顶梁柱，或是奉养慈母的孝子，或是稚子眼中的慈父，但是，却因战争而溺亡，十余万人，只是罗列名单，其字数便与《史记》体量相当，而最终，他们仅变成了史书中的寥寥数笔，成为历史的记忆。战争是残酷的，因此，我们应倍加珍惜当下的和平，反对战争。我想举两例说得具体一些。武大的战争痕迹，比如从珞珈山北部的梅园可以直接走到珞珈山北部的防空洞隧道，这里曾是抗战期间遭敌军空袭时，师生们的逃生通道。隧道口有四个大字"平战结合"，多么希望没有"战"，只有"平"，永远和平。战争造成的直接伤害是显见的，比如柏林市中心在"二战"时被炸成废墟的威廉皇帝纪念教堂（Kaiser-Wilhelm-Gedächtniskirche），现在仍有战争留下的痕迹，路人看到这个被炸的残塔，估计大多会有所触动。显见的创伤容易修复，比如夏洛滕堡宫（Schloss Charlottenburg），虽然是用水泥修复的，不如原初的石头坚固美观，但至少还能还原旧貌。战争的长期影响及隐性伤害却很难在短时间消除，在柏林保卫战中，约八十万士兵失去生命，至少也导致八十余万家庭支离破碎，造成战后的柏林大多是单亲家庭。幸存的单亲妈妈为了撑起一个家承受着太多的痛苦，这还会影响到孩子，其影响甚至持续至今。

第二，强调希腊民主制与波斯集权专制的区别，并不是说两种制度的差异就必然要导致战争。从《历史》的记述来看，希波战争的直接原因是波斯人向希腊人索要税收引起的，可以说与制度无关。但是希波战争一旦开始，必然代表了两种制度之间的较量。波斯人也有机会实现民主，波斯贵族召开过制度的选择会议，讨论对于民众统治、少数人统治、独裁统治三种制度的取舍，这三种制度相当于民主制、寡头制、君主集权专制，但最终波斯人选择了集权专制。《历史》记述的这个选择过程在教材第 159~161 页。这次会议有七个主要代表参加，其中三个贵族各主一制，三个贵族分别是俄塔涅斯、墨伽彼克索斯、大流士。俄塔涅斯建议民主制，他说：

> 不要让我们当中哪个人出来当王了，君主制既不讨人喜欢，又没有好处。冈比西斯胡作非为到了何种程度，你们都目睹了。马戈斯为非作歹，你们也都亲身经历了。君主可以为所欲为，不用对任何人负责，这样的制度怎么能将事情办得妥妥帖帖？即便是最优秀的人，如果被放到君主的位置上，也会失去他平常惯有的理智。一个人要风得风，要雨得雨，就会胡作非为，人性中固有的妒忌之心也开始滋生。有此两点，一切邪恶都会随之而来——他的所有残暴行为都可以归因于胡作非为和妒忌……他妒忌最优秀的人物，恨不得他们早死，却喜欢那些最糟糕的人，而且没有人比他更听信谗言。他最喜怒无常……不经过审判滥人。那么，多数人统治如何呢？首先，它名声最好——平等人统治；其次，它完全不像君主制那样行事：官员由摇签产生，官员离职要审计，所有的决议由民众作出。我建议们放弃君主制，增加民众的权力，因为一切在多数人之中。

墨伽彼克索斯建议少数人统治，他说：

> 俄塔涅斯流废止君主制，我表示赞同。但是说到把权力转交民众，那就偏离最好的判断了。一群成不了事的乌合之众最胡作非为，也最愚蠢。人们从一个君主的暴虐统治中逃脱，却落入肆意而为的民众的暴虐统治之中，绝对是无法忍受的。不管这个君主做什么，他总知道自己在做什么；可是，民众连自己在做什么都不知道！……他们就像一条泛滥的河流，在政事活动中，没头没脑地你推我搡、彼此冲撞。

让那些对波斯不怀好意的人享用民众统治，让我们选出一群贤达，将权力赋予他们吧！我们自己将位列其中，最优秀的人士自然能够做出最好的决策。

大流士主张君主集权制，他说：

我认为，墨伽彼克索斯关于民众统治意见是对的，但是关于少数人统治，他说错了。有三种选择，让我们假定每一种都是其类中最好的：｛最好的｝民众统治、｛最好的｝少数人统治、｛最好的｝君主制。我认为第三种比前两种要好得多。没有什么比得上一个最优秀人物的统治——他的见解最高明，他的统治完美无瑕，对付敌人的策略深藏不露。在少数人统治之下，许多人竞相发挥其才能为公众效力，随之而生的是彼此强烈的憎恨。因为人人都想出人头地，自己的主张胜过别人。于是，相互的怨怼越积越深。随之就是结党，再就是流血冲突，最后以一个人的统治收场。由此可见，君主制确实最好。再就是民众统治，在这种政体下，不可能不出现坏人当政。坏人当政后，他们却没有相互仇视，反而沆瀣一气，因为这些坏人拉帮结伙，祸害全体人民。这种行径持续下去，直到有人出来，领导人民加以制止。这个人于是受到人民的尊崇。赢得了人民的尊崇，他也就成了一位君王。这再次表明君主制是三种制度中最好的。一言以蔽之，我们的自由从哪里来？谁给予我们？来自民众？来自少数人？还是来自君王？我的看法是，既然我们的自由来自一个人，那么我们就要保守这种政体。另外，我们不要废弃祖宗之法，它是良法，没有比它更好的了。

在三人发表三种意见后，七个人表决，其他四个人都同意大流士的意见，波斯人再次选择君主集权制。以今观古，结合历史发展，我们看到，这三个贵族都言之凿凿，论证有据。当时的波斯走到了一个决定自己国家前途命运的三岔路口，因此，三个贵族代表也各尽其力，慎重比较三种制度。俄塔涅斯与墨伽彼克索斯揭露了君主集权的弊端，比如君主为所欲为，难以约束；君主容易失去理智，胡作非为。甚至可以说"一切邪恶都会随之而来"。大流士如何来化解这些弊端呢？从大流士的陈词来看，他的发言层次清晰，很像一个老道的辩手。① 通过对比，他驳斥了其他两种制度的危害，如寡头制容易相互积怨，民众制容易坏人当政。这两种制度处理不好，最终都将会走向君主制，大流士以此说明君主制是三种制度最终的归宿，这是站在君主制的立场而言的。同时也提醒我们从另外一个角度思考，作为民主制，如何预防向君主集权制塌陷呢？如何真正做到民众利益至上，而不是为了少数人利益，或者说是拉帮结伙的坏人的利益，更不是为了君主一个人的利益呢？

大流士的论证还有两个严重问题，一是前提，他预设了君主制的君主是一个"最优秀人物"，"见解最高明"，"统治完美无瑕，对付敌人的策略深藏不露"。但是，这是不能保证的，俄塔涅斯已经指出了具体的例子，"冈比西斯胡作非为到了何种程度，你们都目睹了。"因此，这个论证是站不住脚的。换言之，如果有一个最优秀的人物作为国家领导人，这相当于柏拉图所说的哲学王，又相当于梭伦所说的"只有最强大的人和最有能力的人能成为王者"，在民主制中，选这样优秀的人作为总理全国事务的行政首长，那当然也是很合适的。二是将过去的经验转移到现在。"我们不要废弃祖宗之法，它是良法，没有比它更好的了。"祖宗之法也就是波斯传统的君主集权制，他的论证可简单概括为：因为祖宗之法是良法，且祖宗之法是君主制，所以还要继续实行君主制。这还可以通过冈比西斯的例子反驳，既然是良法，为何有不良之人当政，胡作非为？因此，更应该改革祖宗之法，以保证不再出现胡作非为的祸害者。

更为严重的问题是：大流士言行不一，在他当政后，波斯人民的自由并没有来自君王，如前所述，在他统治期间，民众的自由受到极大侵害。他加强王权，神化自己，建立特务组织（"国王的眼镜"），刺探各地情报，防止发生叛乱。这些所作所为，又何尝不像另一个冈比西斯呢？这也间接说明了

---

① 他的发言类似于一个论文，可作为写作入门的范文，前提是我们只看其中的论证，当然不能接受他的结论。

波斯人在这次三岔路口抉择制度的失败。①

# （二）梭伦的幸福观

梭伦立法后，他开始了海外的游历，在游历中，引出了梭伦的幸福观，主要表现在他与克洛伊索斯（也翻译成"克洛索斯"）的对话中。

### 1. 谁是最幸福的人？

首先来看第欧根尼的记载，这个记载较为简略：

> 他乘船前往埃及，这还去了塞浦路斯，在那之后，又前往克洛伊索斯的宫廷。克洛伊索斯在那里问他："你认为，到底谁是幸福的？"他回答："雅典的特洛斯、克勒俄比斯和彼同。"他还说了许多其他的话，口若悬河。②

这个记载比较简略。梭伦谈幸福，这里并没有给出一个准确的定义，而是通过列举三个幸福的人，告诉克洛伊索斯什么是幸福。这是怎样的三个人呢？为什么他们能够称得上是幸福的人呢？《历史》有详细记载：

> 在他抵达之后，克洛索斯在他的宫廷中款待了梭伦。到了第三天或者第四天，克洛伊索斯命令他的仆人带着梭伦参观他的财宝库，向他展

---

① 在柏拉图看来，波斯在大流士时代亦有公共精神的体现，从大流士到薛西斯，波斯趋于集权暴政的原因还在于教育的差异："大流士不是王子，没有受过傲慢和浮夸的教育。""在这个国家里，他通过立法引入了某些平等，使波斯人之间的和睦与公共精神得以提升"，"于是波斯人的军队效忠于大流士，为他赢得了大片土地"，"等到大流士一死，薛西斯又是一个接受溺爱教育的王子！""宽泛地说，从他那个时代一直到今天，波斯人从来没有一位真正的大王，说他们有名无实并不为过。按照我的理论，这种事情并非偶然，其原因正在于君主的儿子和暴富者的后代所过的这种恶的生活。这样的教养绝不会在男孩子、青年男子、成年男子身上产生杰出的善。"参见柏拉图：《法篇》，《柏拉图全集》（增订版）下卷，王晓朝译，人民出版社 2018 年版，第 104~105 页。

② 第欧根尼·拉尔修：《古希腊哲学的故事》，王晓丽译，时事出版社 2018 年版，第 15 页。

所有贵重和赏心悦目的宝贝。等到梭伦观赏够了，克洛伊索斯趁机说道："雅典来的人，我们听到大量你如何智慧和如何游历的故事，听说你因为热爱智慧而到过很多地方，所以我很想问问你：谁是你见过的最幸福的人？"言下之意，他是最幸福的人。

但是，梭伦不讨好他，怎么想的就怎么说："国王啊！是雅典的忒罗斯（Tellus）。"克洛索斯吃了一惊，急切地问道："怎么你就认定是忒罗斯呢？"梭伦回答："首先，忒罗斯生在一个繁荣的城邦，孩子们优秀，他看到孩子们又有了孩子，而且都活着；其次，照我们的标准，他的一生过得很好，又极其光荣地结束了自己的一生。雅典人与邻邦在厄勒乌西斯打仗，他前去助战，打败了敌人，自己却英勇地战死了。雅典人以公帑隆重地将他安葬在他倒下的地方。"梭伦大谈忒罗斯如何如何幸福，惹得克洛索斯追问谁排在忒罗斯之后，满心以为第二的位子非他莫属。

梭伦却说："克勒俄比斯（Cleobis）和比冬（Biton）！这两位是阿耳戈斯人，生活富足。他们堪称体力强健，一来因为他俩都在体育竞技会上得过奖，二来因为下面这个故事：阿耳戈斯人正过赫拉节，他们的母亲必须乘牛车去神庙，他们家的牛在里不能及时赶回来。眼看就来不及了，两个年轻人给自己套上牛轭，牵引着牛车，载着母亲，走了 45 斯塔狄翁，一路到了神庙。参加节庆的人们都目睹了他们的举动，神明赐给他们人生最美好的结局，这就清楚地表明，对于凡人而言，死了要比活着更好。① 阿耳戈斯的男人们围在这两位年轻人身旁，称赞他们的体力，

---

① "无论希罗多德还是梭伦，都不相信灵魂不朽，他们最感兴趣的是，平静安详地离开人世（如睡梦中）。公元前 8 世纪下半期的赫西阿德（Hesiod）就有此观念，此后便成为古希腊的传统观念。"（教材，第 151 页）这个议题很重要，"在奥林匹斯神话中，灵魂是无足轻重的，重要的是现世的肉体生活。"以荷马史诗的阿克琉斯为例，"冥界中的灵魂生活再风光，也抵不上现世的肉体生活；宁愿在人世间当牛做马，也不愿去地府发号施令。这是奥林匹斯神话的基本格调，这也是希腊人普遍的现实主义生活态度。"（赵林：《西方文化的传统与演进》，中信出版集团 2021 年版，第 60~61 页。）梭伦是一个灵魂可朽论者，按此观点，一个人应将有生之年过好，死后便一了百了。这类似于孔子所言的："未知生，焉知死？"（《论语·先进》）重视当下生存的世俗世界，在这一点上，梭伦与孔子具有一致性，表现出轴心文明时期的世俗精神。在灵魂可朽论之外，古希腊哲学还有奥尔弗斯教的灵魂不朽论，我们在下一讲会看到苏格拉底关于灵魂不朽的四个论证，这还与毕达哥拉斯学派有关，由此发展出与梭伦不同的幸福观。在这个意义上讲，灵魂不朽还是可朽决定了两种幸福观的差异。

女人们则称赞他们的母亲有如此杰出的儿子。面对儿子的壮举和人们的赞誉，这位母亲无比欣喜。她站在赫拉女神的雕像前，为她的孩子克勒俄比斯和比冬祈福。鉴于他们给她带来如此巨大的荣誉，她祈求女神将凡人能得到的最好东西赐予他们。祈福完了，享用圣餐。两位年轻人就在赫拉神庙里睡着了，再也没有醒来，他们就这样离开了人世。阿耳戈斯人相信他们是最杰出的人，为他们做了雕像，送到德尔菲。"梭伦就这样将第二幸福的位子给了这两人，克洛索斯急了，说道："雅典来的客人啊！你就这样将我的幸福贬低得一钱不值，竟然不如一个普通人？"梭伦回答说："克洛索斯啊！您问我有关凡人的处境，据我所知，神明是很嫉妒的，喜欢搅乱凡人的幸福。悠长的一生，会让人看到和经历许多他所不愿意看到和经历的事情……人一辈子真是难以预料！我看您非常富有，统治着众多的人民，但是您问我的问题，在得知您善终之前，我是回答不了的。您看，那些拥有巨额财富的人不比那些勉强度日的人更幸福，除非幸运伴随着他，享有自己的全部财宝直到幸福地结束了自己的一生。许多特别有钱的人并不幸福，而许多财富中等的人生活幸福。那些拥有巨额财富而不幸福的人与那些生活幸福的人相比，只是在两个方面超过他们，在许多方面反而不及。大富翁更能满足自己的愿望，更能承受大灾大难的打击；而幸福的人没有这个能力，但幸运让他可以避开这些，远离疾病，不知痛苦，子女优秀，相貌堂堂。如果除了这些之外，他还得到善终，这就是您要找的人。只有这种人才配得上'幸福'这个称呼。一个人在他死之前，不能说他幸福，只能说他幸运。当然，这些好处一个凡人不可能头头占尽，就像一方水土不能出产他所需要的全部东西，有了这，又缺那，出产最多的就是最好的。因此，没有哪个人什么都不缺，都是有这缺那。但是，上述好处得到最多，保有终生，并得以善终，国王啊！这样的人才配得上我说的'幸福'！每件事我们都必须看它的结局是什么样子的，在很多情况下，神明刚刚让人看见幸福的子，就让他彻底完蛋！"这就是梭伦对克洛索斯说的一番话，完全没有讨好他的意思。克洛索斯不把他当回事了，打发他走了。他觉得梭伦无视眼前的好东西，却要他看每件事情的结局，真是一个大傻瓜！①

据此，我们可以通过幸福指数（HI, Happiness Index）来总结一下梭伦的幸福观。这里的 HI 不是现代社会学科使用的幸福指数，而是用于表示梭伦所言的幸福程度的高低，程度有高低，但没有具体的数量，通过权重系数 $\varphi$ 来表示：

Croesus HI $=\varphi_1$，这里的 $\varphi_1$ 表示财富，包括他的财宝库、贵重和赏心悦目的宝贝等；

Tellus HI $=\varphi_2+\varphi_3$，这里的 $\varphi_2$ 表示家庭，孩子优秀，子孙满堂；这里的 $\varphi_3$ 表示为城邦献身；

Cleobis & Biton HI $=\varphi_4$，这里的 $\varphi_4$ 表示为母亲献身。

按照权重结果的 HI 排序：

Tellus>（大于）Cleobis & Biton ≫（远大于）Croesus。

当然，最高的幸福指数应能综合各种权重系数：$\varphi_1+\varphi_2+\varphi_3+\varphi_4+\varphi_5$……
在这里，奉献精神具有很大的权重，忒罗斯之所以是最幸福的人，其中为城邦献身的奉献精神 $\varphi_3$ 起到了重要作用，他为国而战，打败了敌人，自己却英勇地战死了。这也符合前文所讲的梭伦立法："只有那些战死沙场的人，才应该获得重赏，而且国家还应该负责抚养并教育他们的儿子。"克勒俄比斯和比冬仅凭为母亲献身这一项，便占据最幸福的人的第二位。综上，奉献精神在整个梭伦的幸福观中居首。② 以上权重系数都是显性的，能够容易识别的，还没有考虑隐性的，无法改变的命运。命运能够完全颠覆其他的权重系数。我们下面会讲。

克洛索斯最看重财富，而财富在梭伦的幸福观中只是一个因素。有财富的人也不一定幸福，比如我们熟知的林黛玉，出身姑苏贵族，身在豪门贾府，

① 李建中主编：《人文社科经典导引》（第三版），武汉大学出版社 2021 年版，第150~152 页。

② 这种献身精神甚至可以说是希腊精神的重要特征，梭伦之后，伯利克里是倡导勇士献身精神的主要代表，他赞扬勇士们："在他们生命的顶点，也是光荣的顶点。"（修昔底德：《伯罗奔尼撒战争史》，谢德风译，商务印书馆 1960 年版，第 152 页。）这种献身精神在一定意义上可以与苏格拉底为城邦献身的精神相通，我们在下一讲中会谈到。

却并不幸福，如《葬花吟》的"一年三百六十日，风刀霜剑严相逼"，其幸福指数还不如贫穷的刘姥姥。尽管财富所占权重较小，但仍可以通过财富为中心，展现梭伦的幸福观重要面向（示意图见图6-1）：

（1）财富不是获得幸福的充分条件。换言之，金钱的富有、物质生活的富足并不能保证幸福，代表人物便是克洛伊索斯，也可以说他是反面典型：拥有巨量的财富，却没有幸福。

（2）但是，如果没有财富，同样也没有幸福。衣不蔽体、食不果腹的赤贫之人，生存都受到威胁，何谈幸福？

（3）不同于以上两个极端的财富状况，中等财产的人是幸福的。"许多特别有钱的人并不幸福，而许多财富中等的人生活幸福。"

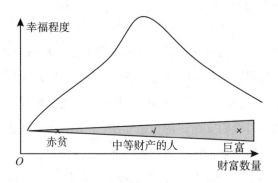

图 6-1　梭伦的幸福观示意图

## 2. 命运决定论

克洛索斯不但没有得到梭伦的赞扬，而且他自认为的幸福却被梭伦贬得连中等财产的人都不如。可想而知，克洛索斯与梭伦的谈话不欢而散。《历史》的记述并未到此截止，幸福的讨论还在继续，在两人对话的后半部分，又引入了"幸运"这个权重系数 $\varphi_5$。梭伦指出，这个权重系数能够改变克洛索斯的幸福，"那些拥有巨额财富的人不比那些勉强度日的人更幸福，除非幸运伴随他，享有自己的全部财宝直到幸福地结束了自己的一生。"如果幸运能与克洛索斯相伴，那么他将是幸福的人。但是，克洛索斯并没有那么幸运，而是遭到了灭国之灾，失去了财富。

相对于幸福排名第一的忒罗斯，克洛索斯的 $\varphi_2$ 喜忧参半；相对于忒罗斯优秀的孩子，克洛索斯的两个儿子却各有问题：

> 但是，在梭伦走后，克洛伊索斯从神那里受到了一次可怕的惩罚，神之所以惩罚他，多半就是由于他自视为世界上最幸福的人。不久他就在睡着时做了一个梦，这个梦确确实实地向他预言，他将要在他儿子身上遇到惨祸。克洛伊索斯有两个儿子，一个儿子既聋且哑是个天生的残废，另一个儿子在与他同岁的人们当中，在任何一方面却都要比其他人突出得多。后面这个儿子的名字叫做阿杜斯（Atys）。在梦里向克洛伊索斯提起的，就是关于这个儿子的事情；梦里告诉说他的这个儿子将要被铁制的尖器刺死。①

阿杜斯“在任何一方面却都要比其他人突出得多”，应该是优秀的儿子，由此可以提升克洛索斯的幸福指数。但是，命运权重指数的介入，使得这个本来可以加分项变为减分项。尽管克洛索斯通过各种方式努力避免阿杜斯接触铁器，但阿杜斯最终也没能摆脱命运，被铁制的尖器刺死。② 另一个“既聋且哑是个天生的残废”的儿子，由此带来的 $\varphi_2$ 是减分项，降低了克洛索斯的幸福指数，但是，命运女神却给克洛索斯开了个玩笑：

> 当城砦被攻陷的时候，一个不知道克洛伊索斯是何许人的波斯人遇到他，打算把他杀死。克洛伊索斯虽然看见他过来，但是由于当前的不幸遭遇而无心去理会，他根本不介意这个人会不会把他打死。但这时他那不说话的儿子看到波斯人向克洛伊索斯那边去，便在既害怕又悲痛的心情中说出了话，他喊道："这个人不要杀死克洛伊索斯！" 这是他说的

---

① 希罗多德：《历史》，王以铸译，商务印书馆 2005 年版，第 19 页。

② 用铁枪刺死阿杜斯的阿德拉斯托斯同样受制于命运，他被父亲赶出，被克洛索斯收留，"过去杀死了自己的亲兄弟，现在又毁了给他洗净血的人，他认为他自己在他所知道的人中间是最不幸的人了，因当人们散去而坟墓的四周寂静无人的时候，他便在墓地上自杀了。"（希罗多德：《历史》，王以铸译，商务印书馆 2005 年版，第 24 页。）

第一句话，从此以后，他一辈子都能讲话了。①

这个聋哑残废儿子在关键时刻救了克洛索斯，而且能说话了，这使得克洛索斯的 $\varphi_2$ 得以提升。他的两个儿子都受命运的影响②，来自克洛索斯的炫富，"他将要在他儿子身上遇到惨祸"。比这更难理解的是，克洛索斯还要受到更大的亡国惩罚，而这个惩罚的原因来自其祖先，这种命运在家族内部传递，父亲的行为影响到儿子，祖先的行为影响到后辈，其中暗含着道德因素，类似于《周易》的"积善之家，必有余庆，积不善之家，必有余殃"：

> 任何人都不能逃脱他的宿命，甚至一位神也例外。克洛伊索斯为他五代以前的祖先的罪行而受到了惩罚。这个祖先当他是海拉克列达伊家的亲卫兵的时候，曾参与一个女人的阴谋，在杀死他的主人之后夺取了他的王位，而这王位原是没有他的份的。③

祖先古革斯弑君夺权的余殃传递给了克洛索斯④，由此导致了这个世袭

---

① 希罗多德：《历史》，王以铸译，商务印书馆 2005 年版，第 51 页。

② 克洛索斯的小儿子也难以摆脱命运的控制，"他这个儿子除了是哑巴以外，在其他方面可说是个不坏的少年。在克洛伊索斯以前的全盛时代，他为自己的这个儿子什么办法都想到了，在他想的其他计划以外，他特别曾派人到戴尔波伊去请示神托问关他的儿子的事情。他从佩提亚那里得到的回答是这样：生而为吕底亚人的众民之王，你这非常愚蠢的克洛伊索斯啊！不要希望和请求在你的宫廷里听到你儿子的声音吧，你的儿子若像先前一样的哑巴那会好得多；你第一次听到他讲话时，那将是不幸的一天。"（希罗多德：《历史》，王以铸译，商务印书馆 2005 年版，第 50~51 页。）

③ 希罗多德：《历史》，王以铸译，商务印书馆 2005 年版，第 55 页。

④ 古革斯（Gyges）篡位的故事参见《历史》第 1 卷第 8~12 章，教材第 148 页。国王坎道勒斯对自己的妻子宠爱有加，以至于认为她是世上最美丽的女人。他最宠信侍卫（亲卫兵）古革斯，并请古革斯去看他妻子的裸体之美。古革斯在观看时被坎道勒斯的妻子发现。坎道勒斯的妻子随后找到古革斯，请古革斯将坎道勒斯杀死。成功后，古革斯取得王位，并娶了坎道勒斯的妻子，这就是引文所说的"参与一个女人的阴谋，在杀死他的主人之后夺取了他的王位"。从这个故事来看，在坎道勒斯统治时期，权力集中，没有制衡力量，因此可以为所欲为；但是，这种体制也极其脆弱，仅仅宫闱内斗，便结束了国王的生命。坎道勒斯死后，对于新国王的反抗之所以不强烈，可能是坎道勒斯平时为所欲为，不得人心。

的家族丧权亡国，克洛索斯的财富也随之被掳。由此来看，命运或运气来自于宿命，或者说是神的惩罚，人们无法改变：无论被惩罚者如何努力，都无济于事。这种幸福观强化了命运的不可抗性，同时，也打击了人们通过努力来改变命运的信心。① 教材所选的《史记》也有命运决定论的色彩，如在秦始皇当政时，便有"楚虽三户，亡秦必楚"的预言，最终是来自楚国的项羽灭掉了秦国。佛教也有类似的宿命论，解释为三世因果，但是，佛教较为开明豁达，通过积德行善，被惩罚者可以改变命运。明代儒学也吸取了佛教的思想，通过积德行善，以功过格来累计功与过，功与过可以相互抵消。当功积累足够多时，命运也随之向好的方向改变。比较有代表性的是袁黄，他的命中无子，但是，通过在天津兴修水利的大善事，改变了这种不幸福的命运，有了儿子。有兴趣的同学可以阅读《了凡四训》。宋明理学殿军、明季大儒刘宗周批评袁黄的观点杂糅佛教的因果论，可参见《人谱》。

综上，通过克洛索斯的儿子与祖先，展现了运气或命运对于幸福的决定性影响，这个权重系数对于古希腊伦理学影响甚巨，幸福生活依赖于人类所不能控制的命运或运气。当代比较有代表性的研究成果是 Martha C. Nussbaum 的《善的脆弱性：古希腊悲剧与哲学中的运气与伦理》，试举例如下："消除人类生活中的运气，就意味着由我们自己（或者是我们认同是我们自身所有

---

① 命运决定论的幸福观是希腊哲学发展的重要方向："在希腊，一切神明只是次等的存在，在他们之上还有一个更高的存在，这就是命运。命运是自在自为的，不可知的，超验的。因此命运是形而上学，是真正的神、唯一的神。"如同罗素所言："在荷马诗歌中所能发现与真正宗教感情有关的，并不是奥林匹克的神祇们，而是连宙斯也要服从的'运命'、'必然'与'定数'这些冥冥的存在。""从而诸神不再是真正意义上的神，不再是独立的自在自为的主体，而是那个游离于此岸之上和之外的唯一的真神（命运）的手段，是那个至高无上的绝对实体的诸多样式。""希腊多神教的这种内在矛盾实际上已经预示了多神教向一神论转化的可能性。""苏格拉底之所以被雅典人处以死刑，柏拉图之所以被斥为'不信神'，都与他们企图用一种超验的神来代替希腊多神教有关。事实上，整个希腊哲学就是对希腊多神教的否定。"（赵林：《西方文化的传统与演进》，中信出版集团 2021 年版，第 30~32 页。）我们下一讲会看到，苏格拉底被指控的罪名便有不信城邦的神。

的因素）来掌握生活，或者掌握生活中最重要的东西"。①（从学生反馈来看，同学们深受康德以来的幸福观影响，这种幸福观强调道德的决定性；与此对立的是功利主义的幸福观，这种幸福观强调功利的决定性。因此，在小班课上讨论幸福时，较少有同学涉及运气或命运对幸福的影响，学生的讨论主要围绕道德与功利两大主题展开。）

我们来看克洛索斯幸福故事的大结局：

> 波斯人攻占了萨耳得斯，俘虏了克洛索斯。至此，克洛索斯已经统治了 14 年，被围城 14 日……波斯人将被俘的克洛索斯带到居鲁士面前。居鲁士让他们堆起一座巨大的柴堆，将戴着脚镣的克洛索斯置于其上……克洛索斯站在柴堆上，身处如此悲惨的境地，于是他想起了梭伦的话——没有哪个活着的人能被称作"幸福"——好像是在神明的帮助下说出来的。他本来一直没有说话，想到这里，不禁长叹一声，三次大喊梭伦的名字……现在，梭伦所说的一切都应验了。不仅适用于他本人，还适用于所有的人，特别是适用于那些自认为幸福的人。②

从最终结果来看，克洛索斯因为大喊梭伦的名字而得救，因此，梭伦的幸福观常被称作"救命的幸福观"。梭伦的话全部应验，这显示出梭伦的智慧，以及他对幸福的深刻思考。"没有哪个活着的人能被称作'幸福'"相当于前文所言："那些拥有巨额财富的人不比那些勉强度日的人更幸福，除非幸运伴随着他，享有自己的全部财宝直到幸福地结束了自己的一生。"在亡国后，克洛索斯丧失了巨额财富，且差点丧命，甚至可以说巨额财富是导致他险些丧命的重要因素。由此，财富的权重系数在整个幸福

---

① 玛莎·C. 纳斯鲍姆：《善的脆弱性：古希腊悲剧与哲学中的运气与伦理》，徐向东、陆萌译，译林出版社 2018 年版，第 5 页。

② 李建中主编：《人文社科经典导引》（第三版），武汉大学出版社 2021 年版，第 152 页。

指数中占比不会太高,这也是克洛索斯以巨额财富炫耀,却被梭伦贬斥的缘故。

在梭伦的幸福观中,还有两个重要问题:

其一,如前所论,按照财富来看,梭伦崇尚中等财产的人,这可以理解为这样的人物质条件中等,既不是太富有,也不是太贫乏,这也是梭伦的幸福观称之为"中道幸福观"的原因。引入道德因素后①,随着哲学的发展,这个中道幸福观出现分化,主要有两个方向:一是向富有发展,崇尚享乐,重视物质条件。在苏格拉底后学,代表是昔兰尼学派的感官享乐幸福论;在古罗马时期,是伊壁鸠鲁的快乐主义幸福论;在近代欧洲,是边沁的功利主义幸福论。二是向非物质条件发展,蔑视物质财富,重视道德。由此发展,在苏格拉底后学,代表是犬儒学派的禁欲幸福论;在古罗马时期,是斯多葛学派的禁欲主义;在近代欧洲,是以康德为代表的德行和幸福结合的古典理性主义幸福论。梭伦之后的这些幸福观,都可以为梭伦的幸福观所兼容。由于梭伦的幸福观提出最早,因此,我们可以说梭伦的幸福观是诸多后期幸福观的母体;换言之,诸多后期的幸福观是梭伦幸福观在不同方向的展开。由此显示出梭伦幸福观的重要价值。

其二,如前所述,梭伦认为灵魂可朽,而灵魂可朽还是不朽的问题直接影响着幸福观。坚持灵魂可朽者认为,人死如同灯灭,幸福的全部问题要在当世解决;而坚持灵魂不朽者认为,幸福的问题不仅是当世的问题,还表现在来世,以至永恒,因此,幸福的问题将会有新的观点,这就是下一讲要讲的苏格拉底、柏拉图的灵魂不朽,以及由此兼带的幸福观。

---

① 梭伦的幸福观也有重视道德的面向:"梭伦在一首诗中写道:'作恶的人每每致富,而好人往往受穷。但是,我们不愿把我们的道德和他们的财富交换,因为道德永远存在,而财富每天都在更换主人。'梭伦认为人应当致富,因为没有财富人们就无法得到幸福,但决不能为了财富不顾一切,不能取不义之财,损害他人,从而丢掉道德。当有了一定的物质生活条件之后,要更加注重道德。一个既具有一定的财富,同时又具有高尚道德的人,才能是最幸福的人。"(冯俊科:《西方幸福论——从梭伦到费尔巴哈》,中华书局2011年版,第45页。)又可参考 McMahon, Darrin M., *From the happiness of virtue to the virtue of happiness: 400 B. C. - A. D. 1780*, *Daedalus*, 2004, 133 (2), pp. 5-17.

### 3. 幸福观的庄禅色彩

最后来看一个自然与人为、有相与无相的问题，这个问题在梭伦和克洛索斯对话时产生，在前面忽略了，补充如下：

> 据说，克洛伊索斯身上佩戴着五颜六色的装饰物，端坐在王位上，问梭伦有没有见过比他更美丽的。梭伦说："肯定见过，雉鸡、孔雀和公鸡呀，它们身上闪烁的是大自然的色彩，这些色彩比你美丽万倍。"①

梭伦回答的风格颇似庄子的语气，结合第三讲"《庄子》与天性"中的《秋水》："曳尾涂中"的乌龟相当于大自然的色彩，如同长在活的雉鸡、孔雀和公鸡身上的羽毛；而被杀后当作祭品的神龟（"王巾笥而藏之庙堂之上"）相当于克洛伊索斯身上佩戴着五颜六色的装饰物。自然的充满着生机，展现出生命的活力，而人为的装饰没有生机，甚至是繁缛的、拖沓的、浮华的。另外，结合第四讲"《坛经》与悟性"，梁武帝与达摩的对谈也涉及幸福的问题：

> 祖泛重溟，凡三周寒暑，达于南海，实梁普通七年丙午岁九月二十一日也……十月一至金陵。帝问曰："朕即位已来，造寺写经，度僧不可胜纪，有何功德？"祖曰："并无功德。"帝曰："何以无功德？"祖曰："此但人天小果，有漏之因，如影随形，虽有非实。"帝曰："如何是真功德？"祖曰："净智妙圆，体自空寂，如是功德，不以世求。"帝又问："如何是圣谛第一义？"祖曰："廓然无圣。"帝曰："对朕者谁？"祖曰："不识。"帝不领悟，祖知机不契，是月十九日，潜回江北。十一月二十三日，届于洛阳。当魏孝明帝孝昌三年也，寓止于嵩山少林寺，面壁而

---

① 第欧根尼·拉尔修：《古希腊哲学的故事》，王晓丽译，时事出版社 2018 年版。

坐，终日默然。①

结合第四讲的"《坛经》与悟性"，列表小结如下（见表6-1）：

表6-1　　　　　　　　　　　　　　有相与无相

| | 有　相 | 无　相 |
|---|---|---|
| 1 | 修福 | 修道 |
| | 有漏（小果） | 无漏（大果） |
| | 如影随形 | 真实不妄 |
| 2 | 功德在福田 | 功德在法身 |
| 3 | 造寺 | 消心中三业（身语意）、三恶（贪嗔痴）<br>修自己心中的"灵山塔" |
| 4 | 布施、供养 | 平直是德、自法性有功德，德与圣同 |
| 5 | 写经（言语传播） | 常行于敬（身体力行） |
| 6 | 度僧 | 己度度人 |

　　达摩与梁武帝的分歧主要体现在有相与无相，梭伦与克洛索斯的对谈是否也涉及这个问题？两者是否可以类比？同学们可以脑洞大开一下，如果梭伦面对的是梁武帝，对谈的结果如何呢？如果达摩面对的是克洛索斯，对谈的结果如何呢？相对于修道的第一义，修福退居第二义，梭伦贬低克洛索斯财富的幸福观是否属于第二义呢？更进一步，梭伦的中道幸福观还牵带着财富，是否也属于第二义呢？相对于有相幸福，是否有更超越的无相幸福？以上问题可留给同学们进一步思考。

　　由于这一讲的故事性强，同学们有兴趣阅读。在结课论文写作中，有同学便以《历史》为题，比如赵婕乐同学的"《历史》中的女性与当今女权运动"。论文分析了《历史》中女性的婚姻地位，包括波斯人、纳萨摩涅斯人、色雷斯人等都是一夫多妻制的典型代表，巴比伦人以女子的美貌来买卖妻子

---

① 普济：《初祖菩提达摩大师》，《五灯会元》卷一，中华书局1984年版，第43页。

等。女性在社会生活中的地位处于不平等的状态，巴比伦人被大流士攻城之后，大流士会命令毗邻民族送妇女过来补足失衡的男女比例；冈比西斯的妹妹会因为心疼居鲁士家族家破人亡，而被冈比西斯拳脚相加，流产而死；皮格列斯和曼提亚斯会利用妹妹引起大流士对派奥尼亚的兴趣，从而获取其统治权。女性可以由统治者肆意安排，女性自己的意志往往被忽视，成为权力争夺的牺牲品。对现世生活的启示包括重视人权与平等、拒绝倚弱卖弱、转变观念等。

## 附录六："学大汉，武立国"与斯巴达之魂

《历史》的启示还在于希腊联军面对强敌时表现出的英勇精神，这亦契合武汉大学"自强弘毅"的精神。在武汉大学，同学们都知道"国立武汉大学"牌坊的六个字反过来读，便是"学大汉，武立国"，据说这种读法源于吴于廑教授在全校抗美援朝救援会以此为题的演讲。这种精神在救国存亡时期以"国魂"形式呈现，1903 年留日爱国学生创办的《浙江潮》杂志连载长文《国魂篇》，给"国魂"定义：

> 一民族而能立国于世界，则必有一物焉，本之于特性，养之以历史，鼓之舞之以英雄，播之于种种社会。扶其无上之魔力，内之足以统一群力，外之足以吸入文明与异族抗。其力之膨胀也，乃能转旋世界而鼓铸之；而不然者，则其族必亡。兹物也，吾无以名之，名之曰国魂。①

据武汉大学人文社科资深教授冯天瑜先生解读：

> 革命派考察"国魂"问题，并非不着边际地玄讲清谈，而是紧密联系现实斗争的需要，强调对传统民族心理、民族性格的改造。他们释国魂为"山海魂"，或"冒险魂"，提倡勇于探索，不断进取，反对因循守旧，固守自封；他们释国魂为"军人魂"，或"武士魂"，提倡军国民主义，以武力抵抗侵略，反对逆来顺受，委曲求全；他们释国魂为"游侠魂"，提倡义无反顾，视死如归，反对畏葸柔懦，苟且偷安；他们释国魂为"平民魂"，或"社会魂"，提倡自由平等，个人权利，反对等级名分，压抑个性。②

---

① 《国魂篇》，《社说》，《浙江潮》第一期，中央编译出版社 2014 年影印本，第 6 页。
② 冯天瑜、何晓明、周积明：《中国文化史（珍藏版）》，上海人民出版社 2015 年版，第 676 页。

下文选录鲁迅的《斯巴达之魂》，出自 1903 年《浙江潮》的第 5、9 期（影印节选见图附 6-1、图附 6-2），署名"自树"，其历史背景是俄国断然取中国的东三省，留学生组织义勇队抵抗。在此情况下，如能将斯巴达之魂注入中国的国魂，将会极大增强抵抗外敌侵略的精神动力。"精神要素跻身于战争中最重要的要素之列。它们构成弥漫于战争总体的气质，并且在一个早先阶段确立起一种与那驱动和引领整个大军的意志的紧密关系，实际上与之合为一体，因为这意志本身是一种精神素质。"① 斯巴达的勇士精神在希波战争中表现出坚强的意志力，正是当时中国抵抗强大的俄国时最为急需的精神。《斯巴达之魂》赞美爱国的勇士，讥讽卖国的懦夫，慷慨悲壮，感人泪下，催人奋进，其素材源于《历史》，可与教材参照阅读。

图附 6-1　鲁迅《斯巴达之魂》

① 卡尔·冯·克劳塞维茨：《战争论》（上册），时殷弘译，商务印书馆 2016 年版，第 259 页。

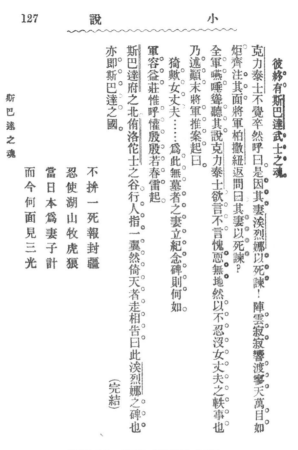

图附 6-2　鲁迅《斯巴达之魂》

西历纪元前四百八十年，波斯王泽耳士大举侵希腊。斯巴达王黎河尼佗将市民三百，同盟军数千，扼温泉门（德尔摩比勒）。敌由间道至。斯巴达将士殊死战，全军歼焉。兵气萧森，鬼雄昼啸，迨浦累皆之役，大仇斯复，迄今读史，犹懔懔有生气也。我今掇其逸事，贻我青年。呜呼！世有不甘自下于巾帼之男子乎？必有掷笔而起者矣。译者无文，不足摸拟其万一。噫，吾辱读者，吾辱斯巴达之魂！

依格那海上之曙色，潜入摩利逊之湾，衣驮第一峰之宿云，亦冉冉呈霁色。湾山之间，温泉门石垒之后，大无畏大无敌之希腊军，置黎河尼佗王麾下之七千希腊同盟军，露刃枕戈，以待天曙。而孰知波斯军数万，已乘深夜，得间道，拂晓而达衣驮山之绝顶。趁朝暾之瑟然，偷守兵之微睡。如长蛇赴壑，蜿蜒以逾峰后。

旭日最初之光线，今也闪闪射垒角，照此淋漓欲滴之碧血，其语人以昨日战争之烈兮。垒外死士之残甲累累成阜，上刻波斯文"不死军"三字，其示人以昨日敌军之败绩兮。然大军三百万，夫岂惩此败北，夫岂消其锐气？噫嘻，今日血战哉！血战哉！黎河尼佗终夜防御，以待袭来。然天既曙而敌竟杳，敌幕之乌，向初日而噪，众军大惧；而果也斥候于不及防之地，赍不及防之警报至。

有奢刹利人曰爱飞得者，以衣驮山中峰有他间道告敌；故敌军万余，乘夜进击，败佛雪守兵，而攻我军背。

咄咄危哉！大事去矣！警报轰脑，全军沮丧，退军之声，嚚嚚然挟飞尘以磅礴于军中。黎河尼佗爰集同盟将校，以议去留，佥谓守地既失，留亦徒然，不若退温泉门以为保护希腊将来计。黎河尼佗不复言，而徐告诸将曰："希腊存亡，系此一战，有为保护将来计而思退者，其速去此。惟斯巴达人有'一履战地，不胜则死'之国法，今惟决死！今惟决死战！余者其留意。"

于是而胚罗蓬诸州军三千退，而访嘻斯军一千退，而螺克烈军六百退，未退者惟刹司骏人七百耳。慨然偕斯巴达武士，誓与同生死，同苦战，同名誉，以留此危极凄极壮绝之旧垒。惟西蒲斯人若干，为反复无常之本国质，而被抑留于黎河尼佗。

嗟此斯巴达军，其数仅三百；然此大无畏、大无敌之三百军，彼等曾临敌而笑，结怒欲冲冠之长发，以示一瞑不视之决志。黎河尼佗王，亦于将战之时，毅然谓得"王不死则国亡"之神诫；今无所迟疑，无所犹豫，同盟军既旋，乃向亚波罗神而再拜，从斯巴达之军律，舆榇以待强敌，以待战死。

呜呼全军，惟待战死。然有三人焉，王欲生之者也，其二为王戚，一则古名祭司之裔，曰豫言者息每卡而向以神诫告王者也。息每卡故侍王侧,王窃语之,彼固有家,然彼有子,彼不欲亡国而生,誓愿殉国以死,遂侃然谢王命。其二王戚,则均弱冠矣;正抚大好头颅,屹立阵头,以待进击。而虢意王召之至,全军肃肃,谨听王言。噫二少年,今日生矣,意者其雀跃返国,聚父母亲友作再生之华筵耶!而斯巴达武士岂其然?噫,如是我闻,而王遂语,且熟视其乳毛未褪之颜。

王:"卿等知将死乎?"少年甲:"然,陛下。"王:"何以死?"甲:"不待言:战死!战死!"王:"然则与卿等以最佳之战地,何如?"甲乙:"臣等固所愿。"王:"然则卿等持此书返国以报战状。"

异哉!王何心乎?青年愕然疑,肃肃全军,谛听谛听。而青年恍然悟,厉声答王曰:"王欲生我乎?臣以执盾至,不作寄书邮。"志决矣,示必死矣,不可夺矣。而王犹欲遣甲,而甲不奉诏;欲遣乙,而乙不奉诏。曰:"今日之战,即所以报国人也。"噫,不可夺矣。而王乃曰:"伟哉,斯巴达之武士!予复何言!"一青年退而谢王命之辱。飘飘大旗,荣光闪灼,於铄豪杰,鼓铸全军,诸君诸君,男儿死耳!

初日上,征尘起。睁目四顾,惟见如火如荼之敌军先锋队,挟三倍之势,潮鸣电掣以阵于斯巴达军后。然未挑战,未进击,盖将待第二第三队至也。斯巴达王以斯巴达军为第一队,刹司骇军次之,西蒲斯军殿;策马露刃,以速制敌。壮哉劲气亘天,竣乌退舍。未几惟闻"进击"一声,而金鼓忽大振于血碧沙晶之大战斗场里;此大无畏、大无敌之劲军,于左海右山、危不容足之峡间,与波斯军遇。呐喊格击,鲜血倒流,如鸣潮飞沫,奔腾喷薄于荒矶。不刹那顷,而敌军无数死于刃,无数落于海,无数踩蹒于后援。大将号令,指挥官叱咤,队长鞭遁者,鼓声盈耳哉。然敌军不敢迎此朱血涂附,日光斜射,愈增煇燦,而霍霍如旋风之白刃,大军一万,蜂涌至矣。然敌军不能撼此拥盾屹立,士气如山,若不动明王之大磐石。

然未与此战者,犹有斯巴达武士二人存也。以罹目疾故,远送之爱尔俾尼之邑。于郁郁闲居中,忽得战报。其一欲止,其一遂行。偕一仆以赴战场,登高远瞩,呐喊盈耳,踊跃三百,勇魂早浮动盘旋于战云黯淡处。然日光益烈，目不得瞬，徒促仆而问战状。

刃碎矣！镞尽矣！壮士歼矣！王战死矣！敌军猬集，欲劫王尸，而我军殊死战，咄咄然……危哉，危哉！其仆之言盖如是。嗟此壮士，热血滴沥于将盲之目，攘臂大跃，直趋战垒；其仆欲劝止，欲代死，而不可，而终不可。今也主仆连袂，大呼"我亦斯巴达武士"一声，以闯入层层乱军里。左顾王尸，右拂敌刃，而再而三；终以疲惫故，引入热血朱殷之垒后，而此最后决战之英雄队，遂向敌列战死之枕。噫，死者长已矣，而我闻其言：

汝旅人兮，我从国法而战死，其告我斯巴达之同胞。

巍巍乎温泉门之峡，地球不灭，则终存此斯巴达武士之魂；而七百刹司骏人，亦掷头颅，洒热血，以分其无量名誉。此荣光纠纷之旁，犹记通敌卖国之奢刹利人爱飞得，降敌乞命之四百西蒲斯军。虽然，此温泉门一战而得无量光荣、无量名誉之斯巴达武士间，乃亦有由爱尔俾尼目病院而生还者。

夏夜半阑，屋阴覆路，惟柝声断续，犬吠如豹而已。斯巴达府之山下，犹有未寝之家。灯光黯然，微透窗际。未几，有一少妇，送老妪出，切切作离别语；旋铿然阖门，惨淡入闺里。孤灯如豆，照影成三；首若飞蓬，非无膏沐，盖将临蓐，默祝愿生刚勇强毅之丈夫子，为国民有所尽耳。时适万籁寥寂，酸风戛窗，脉脉无言，似闻叹息，忆征戍欤？梦沙场欤？噫，此美少妇而女丈夫也，宁有叹息事？叹息岂斯巴达女子事？惟斯巴达女子能支配男儿，惟斯巴达女子能生男儿。此非黎阿尼佗王后格尔歌与夷国女王应答之言，而添斯巴达女子以万丈荣光者乎？噫，斯巴达女子宁知叹息事。①

长夜未央，万籁悉死。噫，触耳膜而益明者何声欤？则有剥啄叩关者。少妇出，问曰："其克力泰士君乎？请以明日至。"应曰："否否，予生还矣！"咄咄，此何人？此何人？时斜月残镫，交映其面，则温泉门战

---

① 鲁迅：《斯巴达之魂》，《小说》，《浙江潮》第五期，中央编译出版社2014年影印本，第159~164页。

士其夫也。

少妇惊且疑，久之久之乃言曰："何则……生还……污妾耳矣！我夫既战死，生还者非我夫，意其鬼雄欤？告母国以吉占兮，归者其鬼雄，愿归者其鬼雄。"

读者得勿疑非人情乎？然斯巴达固尔尔也。激战告终，例行国葬，烈士之毅魄，化无量微尘分子，随军歌激越间，而磅礴戟刺于国民脑筋里。而国民乃大呼曰："为国民死！为国民死！"且指送葬者一人曰："若夫为国民死，名誉何若！荣光何若！"而不然者，则将何以当斯巴达女子之嘉名？诸君不见下第者乎？泥金不来，妇泣于室，异感而同情耳。今夫也不良，二三其死，奚能勿悲，能勿怒？而户外男子曰："浍烈娜乎？卿勿疑。予之生还也，故有理在。"遂推户脱扃，潜入室内，少妇如怨如怒，疾诘其故。彼具告之。且曰："前以目疾未愈，不甘徒死。设今夜而有战地也，即洒吾血耳。"

少妇曰："君非斯巴达之武士乎？何故其然，不甘徒死，而遽生还。则彼三百人者，奚为而死？噫嘻君乎！不胜则死，忘斯巴达之国法耶？以目疾而遂忘斯巴达之国法耶？'愿汝持盾而归来，不然则乘盾而归来。'君习闻之……而目疾乃更重于斯巴达武士之荣光乎？来日之行葬式也，妾为君妻，得参其列。国民思君，友朋思君，父母妻子无不思君。呜呼，而君乃生还矣！"

侃侃哉其言，如风霜疾来，袭击耳膜；懦夫懦夫，其勿言矣。而彼犹嗫嚅曰："以爱卿故。"少妇怫然怒曰："其诚言耶！夫夫妇之契，孰则不相爱者？然国以外不言爱之斯巴达武士，其爱其妻为何若？而三百人中无一生还者何……君诚爱妾，曷不誉妾以战死者之妻。妾将娩矣，设为男子，弱也则弃之泰噶托士之谷；强也则忆温泉门之陈迹，将何以厕身于为国民死之同胞间乎？……君诚爱妾，愿君速亡，否则杀妾。呜呼，君犹佩剑，剑犹佩于君，使剑而有灵，奚不离其人？奚不为其人折？奚不断其人首？设其人知耻，奚不解剑？奚不以其剑战？奚不以其剑断敌人头？噫，斯巴达之武德其式微哉！妾辱夫矣，请伏剑于君侧。"

丈夫生矣，女子死耳。颈血上薄，其气魂魂，人或疑长夜之曙光云。惜也一应一答，一死一生，暮夜无知，伟影将灭。不知有慕涘烈娜之克力泰士者，虽遭投梭之拒，而未能忘情者也。是时也，彼乃潜行墙角以去。

初日瞳瞳，照斯巴达之郊外。旅人寒起，胥驻足于大逵。中有老人，说温泉门地形，杂以往事；昔也石垒，今也战场，絮絮不休止。噫，何为者？——则其间有立木存，上书曰：

> "有捕温泉门堕落武士亚里士多德至者，膺上赏。"

盖政府之令，而克力泰士所诉也。亚里士多德者，昔身受迅雷，以霁神怒之贤王，而其余烈，乃不能致一士之战死，咄咄不可解。

观者益众，聚讼嚣嚣。遥望斯巴达府，有一队少年军，鍪甲映旭日，闪闪若金蛇状。及大逵，析为二队，相背驰去，且抗声而歌曰：

> "战哉！此战场伟大而庄严兮，尔何为遗尔友而生还兮？尔生还兮蒙大耻，尔母笞尔兮死则止！"

老人曰："彼等其觅亚里士多德者欤……不闻抗声之高歌乎？此二百年前之军歌也，迄今犹歌之。"

而亚里士多德则何如？史不曰：浦累皆之战乎，世界大决战之一也，波斯军三十万，拥大将漠多尼之尸，如秋风吹落叶，纵横零乱于大漠。斯巴达鬼雄三百，则凭将军柏撒纽，以敌人颈血，一洗积年之殊怨。酸风夜鸣，蓠露竞落，其窃告人生之脆者欤！初月相照皎皎，残尸马迹之间，血痕犹湿，其悲蝶尔飞神之不灵者欤？斯巴达军人，各觅其同胞至高至贵之遗骸，运于高原，将行葬式。不图累累敌尸间，有凛然僵卧者，月影朦胧，似曾相识。其一人大呼曰："何战之烈也！噫，何不死于温泉门而死于此。"识者谁？克力泰士也。彼已为戍兵矣，遂奔告将军柏撒纽。将军欲葬之，以询全军；而全军哗然，甚咎亚里士多德。将军乃演说于军中曰：

> "然则从斯巴达军人之公言，令彼无墓。然吾见无墓者之战死，益令我感，令我喜，吾益见斯巴达武德之卓绝。夫子勖哉，不见夫杀国人媚

异族之奴隶国乎？为谍为伥又奚论？而我国则宁弃不义之余生，以偿既破之国法。嗟尔诸士，彼虽无墓，彼终有斯巴达武士之魂！"

克力泰士不觉卒然呼曰："是因其妻涘烈娜以死谏！"阵云寂寂，响渡寥天；万目如炬，齐注其面。将军柏撒纽返问曰："其妻以死谏？"

全军咽唾，耸听其说。克力泰士欲言不言，愧恧无地；然以不忍没女丈夫之轶事也，乃述颠末。将军推案起曰：

"猗欤女丈夫……为此无墓者之妻立纪念碑，则何如？"

军容益庄，惟呼欢殷殷若春雷起。

斯巴达府之北，侑洛佗士之谷，行人指一翼然倚天者，走相告曰："此涘烈娜之碑也，亦即斯巴达之国！"①

小说后有题诗：

> 不拚一死报封疆，
> 忍使湖山牧虎狼？
> 当日本为妻子计，
> 而今何面见三光？

---

① 鲁迅：《斯巴达之魂》，《小说》，《浙江潮》第九期，中央编译出版社 2014 年影印本，第 123~127 页。

# 第七讲：《斐多》与生命

　　《斐多篇》的作者是古希腊的柏拉图，柏拉图大概生活在公元前 427 年到公元前 347 年，他的老师苏格拉底生活在公元前 469 年到公元前 399 年，也就是《斐多篇》对话的主人公。孔子出生于公元前 551 年，逝世于公元前 479 年，这相当于孔子去世 10 年后，苏格拉底出生。这个时期是人类历史上的轴心时代，轴心时代的观点由德国哲学家雅斯贝尔斯（Karl Theodor Jaspers）提出（示意图见图 7-1）：

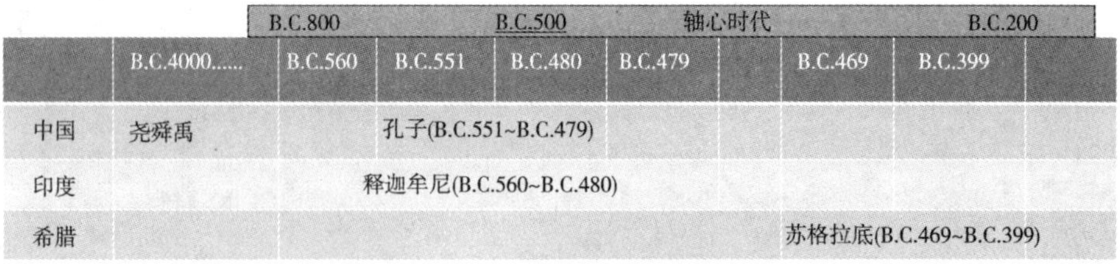

| | | B.C.800 | | B.C.500 | 轴心时代 | | | B.C.200 | |
|---|---|---|---|---|---|---|---|---|---|
| | B.C.4000...... | B.C.560 | B.C.551 | B.C.480 | B.C.479 | | B.C.469 | B.C.399 | |
| 中国 | 尧舜禹 | 孔子(B.C.551~B.C.479) | | | | | | | |
| 印度 | | 释迦牟尼(B.C.560~B.C.480) | | | | | | | |
| 希腊 | | | | | | | 苏格拉底(B.C.469~B.C.399) | | |

图 7-1　"轴心时代"示意图

　　这一世界史的轴心似乎是在公元前 500 年左右，是在公元前 800 年到公元前 200 年产生的精神过程。那里是历史最为深刻的转折点。那时出现了我们今天依然与之生活的人们。这一时代，我们可以简称其为"轴心时代"。①

────────────────

① 雅斯贝尔斯：《论历史的起源与目标》，李雪涛译，华东师范大学出版社 2018 年版，第 8 页。

在公元前 800 年到公元前 200 年之间，世界文明主要有三个中心：一是中国，二是印度，三是希腊。这三个中心独立产生，并在后续发展中融合。以中国为中心，在公元前 500 年左右，是老子、孔子、庄子生活的时代，那个时代的大哲学家奠基了中国的儒道文化，这在第二、三讲中已经谈到过。在这个时期，印度的释迦牟尼奠基了佛教，中印文化的融合，促成了中国佛教的产生，其中的重要代表便是禅宗，我们已在第四讲"《坛经》与悟性"介绍了这部分内容。希腊文明的苏格拉底、柏拉图、亚里士多德奠基了西方哲学文化，明清以来，中西文化的交流日趋紧密，尤其在近代，中国引入西方的"德先生"和"赛先生"（民主与科学），并与中国文化融合发展，这个进程至今还在进行中。

> 在这个时代产生了我们至今思考的基本范畴，创立了人们至今赖以生存的世界宗教的萌芽。不论从何种意义上来讲，都走出了迈向普遍性的一步。①

这些基本范畴包括中国哲学的仁、义、道、德等，这些范畴构成了中国哲学、政治学的基本框架，通过前面的学习，我们对此已经有了比较深入的了解。从这一讲开始，将涉及古希腊哲学的灵魂、形而上学、正义等基本范畴，这些范畴奠基了西方哲学、政治学，有些已经为中国文化消化吸收。总之，直至今日，我们仍然使用轴心时代创造的基本范畴，以此仰望孔子、老子、庄子、孟子、柏拉图、亚里士多德等轴心时代的大哲学家。

本讲主要包括四部分：

一是苏格拉底其人其事。

二是苏格拉底之死（天鹅之歌）。

三是苏格拉底的生死观。

---

① 雅斯贝尔斯：《论历史的起源与目标》，李雪涛译，华东师范大学出版社 2018 年版，第 9 页。

四是苏格拉底后学与幸福观。

这一讲的核心概念是"灵魂"。作为《斐多篇》补充材料，在第一部分通过阿尔喀比亚德来看苏格拉底的哲学人生；第三部分通过引入毕达哥拉斯学派，来看苏格拉底对灵魂的论证，有毕达哥拉斯学派背景的学生对此的诘难，以及苏格拉底的回应。第四部分再回到上一讲的问题，探讨苏格拉底的幸福观及对后学的影响。

## （一）苏格拉底其人其事

《斐多篇》① 是柏拉图的作品，这篇对话的主人公是他的老师苏格拉底。承接上一讲，希波战争后，希腊城邦进入繁荣时期，在梭伦立法的带动下，以民主制为代表的雅典成为希腊文化中心。由此而带来智者（作为传授智慧的人）的兴起，智者传授修辞学和论辩学，培养在政治中获胜的人才，以功利性为目的，带有商业特点，代表人物有普罗泰戈拉（Protagoras）、高尔吉亚（Gorgias，公元前 480 年至公元前 370 年）。柏拉图批评："智者在为他出售的东西做广告时会欺骗我们，就像在市场上出售供养身体的粮食的商人。""这些人带着他们的教育周游列邦，以批发或零售的方式把它们卖给想要买他们教育的人，向这些人推荐他们所有的产品"。② 与智者不同，苏格拉底自称是没有智慧但爱智慧的人，自知其无知，他追求确定的真理，而不是像智者炫耀或者出卖知识赚钱：

---

① "斐多出身显赫，是埃利斯人，出身高贵，但是，随着这座城市沦陷，他成了俘虏，只能住在一间马厩里。但是，他足不出户，只是想要融入苏格拉底的圈子，最终，在苏格拉底的劝说下，才和朋友一同将他赎救出来。他从那时起获得了自由，并开始致力于研究哲学。希罗尼谟斯在《论判断的悬置》中称他为奴隶。"（第欧根尼·拉尔修：《古希腊哲学的故事》，王晓丽译，时事出版社 2018 年版，第 84 页。）

② 柏拉图：《普罗泰戈拉篇》，《柏拉图全集（增订版）》（上卷），王晓朝译，人民出版社 2018 年版，第 402~403 页。

他在与人辩论时总是言辞激烈，因此，时常被人殴打甚至被扯掉头发。在大多数情况下，人们总是嘲笑他、鄙视他，但是，他忍受了所有的一切。有一次，当又有人踢打他时，他还是选择了忍受。这时，一个路人备感惊讶，苏格拉底告诉他："难不成他踢了我一脚，我就应该效仿驴子的习惯？"……

他一生的大多数时间都在自己国内，热切地与所有愿意跟他交谈的人探讨。他的目的不是为了掠夺他人的想法，而是为了说服对方，探寻真理。①

以上是一个生活化的苏格拉底，一个追求真理的人，一个能忍受屈辱的人。驴子的比喻可笑而略带自嘲，令人不禁怜悯这位大哲学家的遭遇。相对于智者的功利性，苏格拉底可谓是一个为理想而生活的、淡泊名利的哲人。以上是苏格拉底在辩论中的外在表现形式，他有一贯的指导原则，那便是探寻真理，这是苏格拉底之所以成为大哲学家苏格拉底的核心原因。而在辩论中，他常用的方法是助产术，不是掠夺别人的想法，而是帮助别人认识到他自己。② 我们在上一讲中谈到梭伦，他的幸福观与财富相关，可以说是中产

---

① 第欧根尼·拉尔修：《古希腊哲学的故事》，王晓丽译，时事出版社 2018 年版，第 57 页。

② 讲苏格拉底，通常会介绍其助产术。苏格拉底把自己的方法比作他母亲从事的"助产术"，他在对话时并不宣布问题的正确答案，正如助产士的任务是帮助孕妇生育，她自己并不生育；对话者对自己既有成见的否定好比是临产前的阵痛，这是每一个获得真理的人必经的途径；对话的结果是对话者在自己内心中发现真理，正如产妇从自己作本内产生新的生命。（赵敦华：《西方哲学简史（修订版）》，北京大学出版社 2020 年版，第 30 页。）这与知识、灵魂有关，关联着知识论的真理，举例如下："产婆的工作极为重要；不过，还不如我施行的助产术那么重要。由于这个原因，孕妇有时生下幻影，有时产下真相，不在于助产术的进一步运用，而是这二者实在难以辨别。""我的助产术与她们的助产术在许多方面是相同的。区别在于，我要照料的是男人而不是妇女，我观察的是他们灵魂的生育，而不是他们的身体。我的技艺最重要的事情是对产物进行各种可能的考查，确定这个年轻人的心灵产下的是幻影，也就是谬误，还是能存活的真相。因为有一件事情我和那些普通产婆是一样的，在智慧方面我是不育的。人们对我的普遍责备是，我总是向别人提问，但从不表达我自己对任何事情的看法，因为我自己没有智慧。其原因在于，（转下页）

阶级的幸福观，而苏格拉底相当于赤贫状态，举三个例子：

> 对那些嘲笑他的人，他有充分的理由藐视他们。他为自己朴素的生活而骄傲，他未曾向任何人索要金钱。他经常说，他最钟爱的是不使用任何调味品的菜肴，最喜欢的是不会引发渴望的饮料。
>
> 据他所说，因为他离神最近，因此，他的需求也最少。
>
> 从很多喜剧诗人的作品中也可以找到关于这一点的证据，那些人虽然时常嘲笑他，但是，又经常在不经意间称赞他。①

> 阿里斯托芬是这么说的：
> 噢，那个渴求着大智慧的人，
> 你在雅典人和希腊人之中悠闲度日，
> 是何其幸福，
> 你思维缜密，有着惊人的记忆力，

---

（接上页）神强逼我替别人接生，但禁止我生育。""这不是由于他们向我学到了什么，而是在他们自身中发现了众多美妙的东西，把他们生了下来。但是，在神的保佑下，帮他们接生的是我。""那些与我为伴的人很像产妇。他们承受着分娩之痛，日夜困惑；他们的不幸远胜于产妇。我的技艺能够引起这种痛苦，也能消除这种痛苦。""我既是一位产婆的儿子，本人又擅长这门技艺。在考察你说的话时，我可能会认为这是一个幻影，而不是真相，悄悄地把它引产，将它抛弃。如果发生这种事，请别说我残忍，就像一位失去头生子的母亲。你要知道，人们以前经常这样对待我，每当我消除了他们愚蠢的念头或其他怪胎，他们就打算咬我一口。他们决不相信我这样做完全是出于善意，更不明白神决不会恶意待人，哪怕我出于恶意没做这种事，那也是因为我不允许接受谎言和埋没真相。"参见柏拉图：《泰阿泰德篇》，《柏拉图全集（增订版）》（中卷），王晓朝译，人民出版社2018年版，第360~362页。助产士面对两种对象，一是幻影，他的任务是帮"产妇"（实际上没有受精怀孕）抛弃掉这种幻影；二是真相，助产真相，相当于认识到真理，这是西方哲学理性精神的体现。如同第四讲的《坛经》的"何期自性，本自具足"；"何期自性，能生万法"。真理、知识都是源于"孕妇"（要对话的人），苏格拉底只是将"孕妇"的本自具足的知识助产出来。苏格拉底说"我自己没有智慧"，相当于自知其无知，但这正是苏格拉底留给后人的最大智慧。

① 第欧根尼·拉尔修：《古希腊哲学的故事》，王晓丽译，时事出版社2018年版，第58页。

甘愿忍受贫穷与辛劳;

无论是站立还是行走,你不知疲倦;

你不为餐食而饥渴,不因寒冷而冻僵;

你杜绝美酒,从不贪食,远离任何愚蠢的举动。①

雅典人,要在你们中间找到另一个这样的人是不容易的……我就是神馈赠给这个城邦的礼物,你们可以通过下列事实明白这一点:我多年来放弃自己的全部私事,简直不像是凡人的所作所为,我总是关心和接近你们,像父亲或长兄那样敦促你们关注德性。如果我从中谋利,对我提供的建议收费,那还有些道理,但是现在你们亲眼看到,尽管控告我的人厚颜无耻地说我犯有各种罪行,但有一件事他们不敢提出来,就是说我勒索或收取报酬,因为他们不能提供证人。而我却可以提供证据说明我说的是真话,这就是我的贫穷。②

阿里斯托芬认为苏格拉底是"何其幸福的人",很显然,苏格拉底的幸福观

---

① 第欧根尼·拉尔修:《古希腊哲学的故事》,王晓丽译,时事出版社 2018 年版,第 58~59 页。关于苏格拉底不怕寒冷,能忍饥渴的事情,又据阿尔喀比亚德的描述:"我深深地感到他对我的鄙视,但也不得不敬佩他的天性、节制和刚毅——这个人的力量和智慧超出我最大胆的想象!……其实早在雅典人侵犯波提狄亚的时候,所有这些事情都已经发生,我们俩都参加了当时的战役,吃饭睡觉都在一起。一开始,他就以吃苦耐劳见长,不仅胜过我,而且胜过队里的其他人。每逢给养跟不上,这在战争中是常有的事,没有人能像他那样忍饥挨饿。供应充足的时候,也不会有人像他那样吃得津津有味。尽管他本来不大爱喝酒,但要是强迫他喝,他的酒量比谁都大。最奇怪的是,从来没有人见他喝醉过。""除此之外,他忍受严寒的方式也令人吃惊——让我告诉你们,那里的冬天可怕极了。我记得,有一次天气骤变,冰冻三尺,我们全在帐篷里待着,不敢出去。如果要出去,我们全身穿得非常厚实,还在鞋上裹上毡子,但他照样出去行走,穿着他原来常穿的那件破长衫,赤脚在冰上行走,比我们穿鞋的人走得还要自在。有些士兵用怀疑的眼光看他,以为苏格拉底这样做是故意的,他是在以此表现对其他人的蔑视。"(柏拉图:《会饮篇》,《柏拉图全集(增订版)》(上卷),王晓朝译,人民出版社 2018 年版,第 754 页。))

② 柏拉图:《申辩篇》,《柏拉图全集(增订版)》(上卷),王晓朝译,人民出版社 2018 年版,第 18 页。

不是建立在财富之上的，也不是中产阶级的幸福观，而是一个以追求大智慧为根本目标的人。这种对于大智慧的追求，超越了财富等物质条件，甚至驾驭财富。如同钟爱不用任何调味品的菜肴，他崇尚朴素的生活，如同"素以为绚兮"（《论语·八佾》）。他的超越追求是以神为效法对象，苏格拉底离神最近，是神谕中最有智慧的人，而神是无嗜欲的人，因此，苏格拉底需求也最少，家庭生活条件也很差。① 但他将毕生的精力投入"德性"，在这里面，形成嗜欲与德性的对立，我们将在下面会分析。相对于依靠出卖智慧而赚钱的智者，苏格拉底"未曾向任何人索要金钱"，"勒索或收取报酬"。因此，我们至少从是否收取报酬来判定苏格拉底与智者的区别。

苏格拉底是一个沉思的哲人：

> 有一天清晨，太阳还没升起，苏格拉底想到某个问题，就站在那里沉思，想不出答案来就誓不罢休。他就一直这样站着，到了中午的时候，士兵们看他这样都感到很惊讶，相互传话说，苏格拉底从天亮起就站在那里沉思。到了傍晚，几个伊奥尼亚人吃过晚饭，把他们的铺盖搬了出来，睡在露天里，想看他是否站着过夜，那个时候当然是夏天，睡在外面要凉快些。果然，他在那里一直站到天亮，直到太阳升起。他对着太阳做了祷告，然后就走开了。②

苏格拉底沉思超俗常遭讽刺，比如阿里斯蒂多芬的《云》：

> 门徒甲：才不久一只壁虎打断了他一个伟大的思想。

---

① 他曾经邀请几个富人来家里吃饭，他的妻子克珊西帕感到自卑，他鼓励她："有点信心吧，他们如果是通情达理的，就会体谅我们的情况，他们如果是庸俗不堪的，我们也不用因为他们而烦恼。"他说，他是为了活而吃，而其他人是为了吃而活。（第欧根尼·拉尔修：《古希腊哲学的故事》，王晓丽译，时事出版社 2018 年版，第 61 页。）

② 柏拉图：《会饮篇》，《柏拉图全集（增订版）》（上卷），王晓朝译，人民出版社 2018 年版，第 755 页。

斯瑞西阿得斯①：那又是怎样的呢？告诉我！

门徒甲：有一天晚上，他正在观察月亮的循环轨道，张开口望着天上的时候，一只壁虎从屋檐上拉屎，把他弄脏了。

斯瑞西阿得斯：壁虎拉了苏格拉底一脸屎，真有趣！②

斯瑞西阿得斯：……那是谁？那坐在吊筐里的人是谁呀？

门徒甲：正是他。

斯瑞西阿得斯：他是谁呀？

门徒甲：苏格拉底。

斯瑞西阿得斯：苏格拉底！快替我大声叫他！

门徒甲：你自己叫吧！我可没有工夫替你叫。

　　　　门徒甲进入右屋。

斯瑞西阿得斯：苏格拉底啊，亲爱的苏格拉底！

苏格拉底：（自空中回答）朝生暮死的人啊，你叫我做什么？

斯瑞西阿得斯：我求你首先告诉我，你在那上面做什么？

苏格拉底：我在空中行走，在逼视太阳。

斯瑞西阿得斯：那么，你鄙视神，是从吊筐里，而不是从地上了，如果你真——

苏格拉底：如果我不把我的心思悬在空中，不把我的轻巧的思想混进这同样轻巧的空气里，我便不能正确地窥探这天空的物体。如果我站在地下寻找天上的神奇，便寻不着什么，因为土地会用力吸去我们思想的精液，就像水芹菜吸水一样。

斯瑞西阿得斯：你说的什么话？我们的思想会把精液吸到水芹菜上去吗？快降下来，亲爱的苏格拉底，快到这里来教教我，我特别为这事情来的。

---

① 斯瑞西阿得斯（Strepsiades）前往苏格拉底的"思想所"向苏格拉底学习诡辩逻辑，以便讨债。

② 阿里斯多芬：《云》，《阿里斯多芬喜剧集》，罗念生译，上海人民出版社 2020 年版，第 18~19 页。

苏格拉底自吊筐里下降。①

苏格拉底相貌丑陋，这是先天条件，无法改变，我们就不展开描述了。但是，苏格拉底内在的美难以超越，这种外丑内美的特征可通过他的学生、美男子阿尔喀比亚德（Alcibiades/Alkibiades）的话来看：

> 我愿对你们发誓说……每逢我听［他说话］，心脏就跳得比科瑞班特人还厉害得多，眼泪就由于这人的言辞涌了出来。而且啊，我还看见许许多多其他人也经历过同样的情形。我听过伯利克勒斯和其他好的演说家［的言辞］，……但我从来没经历过这样的情形：要么灵魂被搅成一团乱麻，要么恼怒自己简直像置身奴仆境地……以至于我认为，我过的生活根本就不值得。②

阿尔喀比亚德在这里对苏格拉底有两个类比：第一是类比"科瑞班特人"。据注释：科瑞班特人是与小亚细亚女神西布莉（Cybele）相交的一个神秘群体，祭典时在手鼓和排箫伴奏下狂跳据说有治疗作用的舞蹈，其癫狂感就是迷狂。仪式后，参加者们解除了心中焦虑，回归宁静平和。这说明苏格拉底的言语特别能够打动人，让人的灵魂深受触动，甚至流泪。引申一下，科瑞班特人狂跳的结果是消除心中的焦虑，回归平静。在听苏格拉底讲话后，阿尔喀比亚德的灵魂被深深触动，或者说如同下文所言的"灵魂被搅成一团乱麻"，最终又归于宁静，如同科瑞班特人狂跳后归于宁静。我们由此可以推断出苏格拉底的言语直指人心，面对生命最本质的问题，其目的是使人获得灵魂的宁静。第二是类比伯利克勒斯（Pericles，又译为伯里克利，公元前495年至公元前429年）。柏拉图早年丧父，他的继父是伯利克利的朋友，苏

---

① 阿里斯多芬：《云》，《阿里斯多芬喜剧集》，罗念生译，上海人民出版社2020年版，第21~22页。

② 柏拉图著，刘小枫编：《会饮》，《柏拉图四书》，生活·读书·新知三联书店2015年版，第259~260页。

格拉底曾向伯里克利的老师达蒙学过音乐。"伯里克利是当时雅典人的领导人物;无论在行动上或辩论上,他是最有力量的人。"① 伯里克利完善了希腊的民主制度,建立了强大的希腊海军。阿尔喀比亚德在这里主要是将苏格拉底的演说与伯里克利类比。我们知道,伯里克利是希腊著名的演讲家,如下面一段战争动员演说:

> "……我们不会发动战争,但是我们将抵抗那些实际发动战争的人。这是一个正当的答复,同时也是我们这样一个城市所应当作的一个答复。我们要知道,这个战争是强迫加在我们身上的,我们愈愿意接受挑战,敌人向我们进攻的欲望将愈少。我们也要知道,无论对于城市也好,对于个人也好,最大的光荣是从最大的危险中得来的。
>
> 当我们的祖先反对波斯人的时候,他们还没有我们现在所有的这样的资源;就是他们所有的那一点资源,他们也放弃了,但是他们驱逐了外族的入侵,把我们的城邦建成现在这个样子,这是由于他们的贤智,而不是由于他们的幸运;由于他们的勇敢,而不是由于他们的物质力量。我们要学他们的榜样:我们应当尽一切力量,抵抗我们的敌人,努力把与平常一样伟大的雅典遗传给我们的后代。"这就是伯里克利的发言。雅典人认为他的发言是最好的,所以照他的意见表决了。②

从修昔底德的评述来看,雅典人认为伯里克利的"发言是最好的",我们读一遍这篇演讲,结合上一讲的希波战争,很容易被他的演讲打动。在战争面前,伯里克利的演讲给人以精神力量,人民由此备受鼓舞,敢于英勇抵抗,通过战争来争取和平。按照阿尔喀比亚德的观点,苏格拉底的演讲要胜过伯里克利,尤其是在触动灵魂方面。苏格拉底能将一个人的灵魂搅成一团乱麻,他的说话直指灵魂。结合前面所讲的助产术,苏格拉底观察的是与其对话者

---

① 修昔底德:《伯罗奔尼撒战争史》,谢德风译,商务印书馆1960年版,第111页。
② 修昔底德:《伯罗奔尼撒战争史》,谢德风译,商务印书馆1960年版,第116~117页。

灵魂的生育，在助产过程中，引起对话者的痛苦，如同阿尔喀比亚德形容的"灵魂搅成一团乱麻"，但这只是中间过程，其最终结果是让对话者发现真理，获得灵魂的安宁。伯里克利演讲的听众显然没有经历痛苦与最终获得安宁与真理，听众只是受到精神鼓舞而已。

以上是从与苏格拉底对话者的感受来刻画苏格拉底，这样反映的苏格拉底是间接呈现的。更进一步，我们可以转向苏格拉底本人，探索他的内在特质，由此可以直接面对其内心：

> 这个人听了这番话后，非常装傻地、用绝对是他自己才有的那副惯有口气说："亲爱的阿尔喀比亚德，你恐怕实实在在不赖呢，要是你说的关于我的这番话是真实的，要是我身上确有某种权能，凭靠它你会变得更好。你瞧，恐怕你看到了我身上的那种不可思议的美，看到［这美］与你身上的那个标致的美截然不同。所以啊，若是你观察到我身上的美就起心要与我共享，要以美换美，那么，你动的心思就没少占我的便宜：你起心用被［人们］以为美的东西来获取美的东西的真实，你打的主意实实在在是以铜换金①哦。不过，幸运哥儿眼不再眼尖，思想的视见才开始看得锐利；你离这些还远着呐。"②

上文通过阿尔喀比亚德的标致美的外貌类比苏格拉底内在的"不可思议的美"，两种美一显一隐，一外一内。虽然两者都是美，但在苏格拉底看来，他显然更重视其内在的隐性的美，相当于金；而阿尔喀比亚德的外在的显性的标致之美相当于铜，两者不能交换。这涉及美学，我们将在下一讲重点展开。

---

① "以铜换金"系用典《伊利亚特》卷六 232-236。"克罗诺斯之子宙斯使格劳科斯失去了理智，他用金铠甲同提丢斯之子狄奥墨得斯交换铜甲，用一百头牛的高价换来九头牛的低价。"（荷马：《荷马史诗·伊利亚特》，罗念生、王焕生译，人民文学出版社 1994 年版，第 161 页。）苏格拉底用"铜"指阿尔喀比亚德的美貌，用"金"指道德上的向善。

② 柏拉图著，刘小枫编：《会饮》，《柏拉图四书》，生活·读书·新知三联书店 2015 年版，第 266~267 页。

# （二）苏格拉底之死（天鹅之歌）

苏格拉底在现实生活中被人殴骂、踢打、嘲讽，这也预示了苏格拉底之死的悲剧。他的行为不能被世人理解，他在社会生活中像一个不断刺激城邦的牛虻，由此导致了苏格拉底之死：

> 神把我指派给这座城邦——尽管这话听起来有点可笑，但我还是要说——这座城邦就像一匹高贵的骏马，因身形巨大而行动迟缓，需要一只牛虻来刺激它。我相信，神把我安放在这座城里，就是为了让我起这样的作用。我一刻不停地去激励你们中的每个人，整天指责和劝导你们，无论在哪里，只要我发现自己在你们中间。①

我们上一讲谈到希腊民主制与波斯集权制的区别，在集权制的社会中，像苏格拉底这样刺激城邦、激励民众的"牛虻"，将速招杀身之祸，也许连审判申辩的机会都没有。苏格拉底能在雅典城邦生活下来，也说明了民主制社会对持不同意见者的容忍性。以梭伦立法促成的民主制，虽然可以说如同骏马那样"高贵"，但并非一劳永逸，民主制仍有改进之处，需要不断激发出活力，这就是苏格拉底存在的意义。神的指派显示出苏格拉底承担的使命，他不是为了获取财富的个人利益而活，也不是为了恭维取悦别人而活，他是为了使"高贵的骏马"行动更加灵活，为了城邦保持活力，而不是让"高贵的骏马"在民主制名义下昏昏睡去。他甘愿做一只牛虻，只要有机会，他尝试激励更多的人，去指责和劝导，体现出他的批判精神。如同我们在第三讲中谈到的批判精神，批判不是目的，而是为了更好的改进。但是，牛虻的命运注定是悲惨的，常人难以理解，"苟利社稷，死生以之"，为城邦而死，死有何惧？

在苏格拉底的审判过程中，作为最有智慧的苏格拉底，他当然有机会扭

---

① 柏拉图：《申辩篇》，《柏拉图全集（修订本）》（上卷），王晓朝译，人民出版社2018年版，第18~19页。

转不利的局面，但是，他没有那样做，而是宁折不弯：

> 雅典人，要不了多久，那些反对城邦的人就会认为你们有罪，因为你们杀了有智慧的苏格拉底，那些想责怪你们的人也会这么看，他们会说我是有智慧的，哪怕我没有智慧，只要你们再等一段时间，这件事就会发生。瞧我这把年纪，活得很长，现在接近死亡了。我说这些话并非针对你们全体，而是针对投票判处我死刑的人，对这些人我要说：雅典人，你们也许认为我很难用语言来说服你们，赢得这场官司，就好像为了获释我应当什么都说，什么都做。远非如此。我很难赢得这场官司，其原因不是缺乏言辞，而是缺乏厚颜无耻和懦弱，不肯对你们说那些你们喜欢听的话。我不会痛哭流涕，摇尾乞怜，不做也不说那些不合自己品行的话，而你们习惯从其他人那里听到这种话。我不认为面临危险就可以做任何卑贱的事，我对我的申辩方式并不后悔。我宁可做了这样的申辩以后去死，也不愿活着再去做其他申辩。①

如同武汉大学校训的"弘毅"，苏格拉底在申辩时毫不怯懦，"不会痛哭流涕，摇尾乞怜"，只有刚毅。他之所以会输掉这场官司，是因为正直刚毅，他不会对审判者阿谀奉承（"不做也不说那些不合自己品行的话，而你们习惯从其他人那里听到这种话。我不认为面临危险就可以做任何卑贱的事"），而是义正辞严，这反而不利于他打赢这场官司。"苏格拉底尽力树敌于陪审团"②，从而被判死刑。

---

① 柏拉图：《申辩篇》，《柏拉图全集（修订本）》（上卷），王晓朝译，人民出版社2018年版，第26~27页。

② 斯东：《苏格拉底的审判》，董乐山译，北京大学出版社2015年版，第253页。苏格拉底指出，只差30票就可以宣布无罪开释了。在500人的陪审团中，应该是280票无罪比220票有罪。（《苏格拉底的审判》，第253页。）"死，是他的选择，他只有从生气的陪审团那里才能弄到手。他不想取悦他们。他在致陪审团的发言中所采用的是吹牛和自大的口气，令人生厌。"（《苏格拉底的审判》，第257页。）"审判结束时主张判处死刑的多数票要比当初主张定罪的多数票要大的多。""死刑表决的比例是360对140。"（《苏格拉底的审判》，第261页。）

《斐多篇》① 是记述苏格拉底为信念而坦然赴死的对话录，探讨灵魂不朽以及正义，通常被称作苏格拉底的天鹅之歌：

> 我一直在费力地劝说别的世人信服，我可没把自己眼下的偶然看做不幸……当天鹅感到自己必须死的时候，它们就歌唱，尽管在早前的时间也歌唱，但这时它们拼命地歌唱、最美地歌唱……可世人呢，由于自己畏惧死，就编出关于天鹅的谎话，说它们哀哭死亡，出于痛苦而念唱经歌。世人没有理性思考一下，鸟儿因饥饿或寒冷或其他什么苦痛而感到痛苦时从不歌唱，即便夜莺、燕子、戴胜也不，虽然据说它们因痛苦而歌唱哀婉的东西。在我看来，这些鸟儿不会歌唱痛苦的东西，天鹅也不会。毋宁说，我认为，天鹅既然属于阿波罗，它们就是先知；而且，由于预先看到哈得斯②中的好东西，它们才歌唱，为那个与先前时间中的时日截然不同的时日喜悦不已。而我呢，我认为自己是与天鹅一样的仆人，献祭同一位神，我也从这位主子那里得到先知术，而且不比天鹅差，我解脱生命的时候，一点儿不比它们更感到哀伤。③

以苏格拉底之死类比天鹅之歌，两者的相同点有：第一，没有恐惧，不是哀苦死亡、出于痛苦而唱歌，即使夜莺等其他鸟儿也不会歌唱痛苦的东西，更

---

① 《斐多篇》也可视作西方哲学的生死书，对于死亡有深刻体验者，就愈容易深入理解。比如杨绛翻译《斐多》是在她的女儿钱瑗、爱人钱锺书去世后，"我们仨"成了一个孤独老人的形影相吊，她翻译《斐多》，在翻译中融入了她对生命的思考，换言之，思念亡故的亲人是她翻译《斐多篇》的内在动力。如中国国际广播出版社 2012 年版的杨绛译《斐多：柏拉图对话录》封面所示："柏拉图的这篇绝妙好辞，我译前已读过多遍，苏格拉底就义前的从容不惧，同门徒侃侃讨论生死问题的情景，深深打动了我，他那灵魂不灭的信念，对真、善、美、公正等道德的追求，给我以孤单单生活下去的勇气，我感到女儿和锺书并没有走远……"

② 哈得斯（Hades）指"冥府"。从这里，灵魂获得再生，由此关联着灵魂不朽的论证："于是，"苏格拉底说，"我们的灵魂就在哈得斯。""由此，我们就得同意，活着的人从已死的人生成而来，一如已死的人从活着的人成而来。如果这就是这么回事，我觉得，就足以证明，已死的人的灵魂必然在某个地方，并从那里再次生成。"（教材，第 182 页。）

③ 李建中主编：《人文社科经典导引》（第三版），武汉大学出版社 2021 年版，第 195 页。

何况天鹅？苏格拉底没有痛哭流涕，而是洒脱面对死亡。第二，天鹅先知预见到死而喜悦，拼命地歌唱、最美地歌唱；苏格拉底在申辩中主动树敌并激怒陪审团，从而选择死亡。苏格拉底如同天鹅那样"喜悦不已"，与天鹅一样用生命献祭给同一位神。第三，死亡不是痛苦的，而是生命的解脱，苏格拉底与天鹅都用生命谱写了一首最美的歌。

> 就这样，他与人们告别了。不过，雅典人很快就后悔了……于是，他们又将墨勒托斯处死了并流放了其他几个控诉者；他们修建了一座铜像，用来纪念苏格拉底，还把它安放在用来存放各种游行所用的器皿的礼堂之中，这尊铜像是由吕希珀斯创作的。阿尼图斯刚刚在赫拉克勒亚定居下来，就在同一天，该城的人们就把他赶了出去。雅典人在包括苏格拉底这件事在内的很多事情上都追悔莫及。①

正如苏格拉底在《申辩篇》预言的那样："雅典人，要不了多久，那些反对城邦的人就会认为你们有罪，因为你们杀了有智慧的苏格拉底"。苏格拉底死后，雅典人后悔了，他们失去了最有智慧的苏格拉底，失去了刺激城邦活力的"牛虻"，这头"高贵的骏马"开始变得沉闷无趣，缺乏了内在的活力。处死控诉者、修建铜像等，雅典人做的任何形式上的弥补几乎都无济于事，难以挽回失去大哲学家的损失。但是，苏格拉底之死的天鹅之歌却得以永生，萦绕在雅典人的心中，转化为刚毅的勇气，鼓舞着更多的人；当然，天鹅之歌不仅属于雅典，而是西方文明的骄傲，成为激励人民无惧死亡、为国献身的精神动力。

## （三）苏格拉底的生死观

这部分是本讲的中心内容，下面从欲望/理性、灵魂不朽、幸福生命三点来讲，第一点侧重在欲望与理性二元对立关系中来考察灵魂：欲望是否定、

---

① 第欧根尼·拉尔修：《古希腊哲学的故事》，王晓丽译，时事出版社 2018 年版，第 64 页。

消解的对象，理性是肯定、确立的对象。欲望与理性的二元对立可以映射到生与死的二元对立，死便有了肯定、确立的积极意义。这种伦理、生死观兼带着幸福观，这种幸福观强调灵魂的纯化，这与上一讲梭伦的幸福观明显不同。

### 1. 欲望/理性

如同苏格拉底的内美外丑，内在的美源于德性，外在的丑是形体相貌，如果以他人的美貌来换取苏格拉底的德性，在苏格拉底看来，相当于"以铜换金"。与此类似，在苏格拉底的哲学中，他追求灵魂的纯净，消解欲望。对于苏格拉底而言，灵魂的纯净是金，而欲望不仅不如金，甚至不如铜铁，相当于要清除的垃圾。如同第四讲"《坛经》与悟性""心如明镜台"，欲望如同尘垢，而灵魂如同纯净的心，需要"时时勤拂拭"，以扫除欲望，维持灵魂的纯净。下面来看三段引文，关注灵魂、欲望与恶：

> ……热爱智慧之人才会正确地远离所有基于身体的欲望。他们坚韧不拔，不让自己屈服于这些欲望，不是因为畏惧倾家荡产、畏惧贫穷，像多数人和贪钱财的人那样；他们远离基于身体的欲望，也不是因为畏惧由于窘迫而名声不好、没有脸面，像那些恋权力和好名誉的人那样。……具有这种品质的这些人只专注自己的灵魂，不会为了型塑身体而生活……他们自己深信，不可做任何与热爱智慧相反的事情，不可做与因热爱智慧而解脱和洁净自身相反的事情，于是，他们转向热爱智慧，跟随热爱智慧的引导。①

> 由于欲望才会有牢房，以至于囚徒自己往往是囚禁的帮手……于是，热爱智慧便温和地勉励灵魂，试图解脱灵魂，并向灵魂表明，凭眼睛所看到的都是十足的欺骗，凭耳朵听见的以及凭其他感觉来感觉到的都是十足的欺骗，劝说灵魂从这些感觉中退出来，除非万不得已才使用这些

---

① 李建中主编：《人文社科经典导引》（第三版），武汉大学出版社 2021 年版，第 193 页。

感觉。[热爱智慧] 建议灵魂收拾起自己、聚集起自己，除了信任自身，信任灵魂自体自根地思考到的存在物的自体自根，[别的] 什么都不要信任。……于是，灵魂便尽其所能远离快乐、欲望、痛苦和畏惧，并理性地思考到，一旦某人强烈地经受或快乐或畏惧或痛苦或欲望，他所经受的就不仅是这样一种性质的恶……而且是所有恶中最大、最极端的那种恶——他经受着这个恶，却无法理性地思考这个恶本身。①

这些解脱为这个灵魂铺设出宁静，使之能够跟随理性思考，并总是在理性思考中生存，观看真实的东西、神样的东西、非意见性的东西，用这些东西来养育自己。[这个灵魂] 会认为，自己只要活着就必须如此生活，终了之后，就去到 [与自己] 同族的东西—— [与自己] 性质相同的东西那里，脱离种种世人的恶。②

苏格拉底 "热爱智慧" 的学问就是哲学，这是生命的根本学问。本章的主题是 "《斐多》与生命"，生命的关键是如何正视生死，正确理解死亡的意义。"热爱智慧之人才会正确地远离所有基于身体的欲望"，稍作转化，热爱哲学的人不只是理论的思辨，而是要从根本上认识生命，从而指导人的幸福生活。在苏格拉底看来，需要远离欲望，如同庄子所讲的 "嗜欲深者天机浅"（《庄子·大宗师》），也如同儒学的 "灭欲存理"，当然，佛教也要消除欲望，因此，欲望的消除是人类各大文明、各大宗教面对的共同问题。③ "灭欲

---

① 李建中主编：《人文社科经典导引》（第三版），武汉大学出版社 2021 年版，第 193 页。

② 李建中主编：《人文社科经典导引》（第三版），武汉大学出版社 2021 年版，第 194 页。

③ 古希腊哲学也有以酒神狄奥尼索斯为代表的纵欲主义，他们放纵欲望，在迷狂中达到灵与肉的统一。支撑禁欲主义的宗教是奥尔弗斯教，禁欲导致理性与欲望的二元对立。在这个意义上，这两种宗教的教义决定了两种有关欲望的哲学，决定了对待欲望的两种态度，也间接决定了苏格拉底后学分化的两种方向。从更长远的历史来看，决定了伊壁鸠鲁主义与斯多葛主义。从欲望态度的深层原因而言，哲学源于宗教，宗教影响甚至决定着哲学。

存理"源于宋明理学的话语体系，理学家要存的"理"是天理，从天人合一的中国哲学传统来看，天理表现在人道，也就是人伦之理，如父慈子孝之类。苏格拉底的"理"是理性，使得灵魂"能够跟随理性思考，并总是在理性思考中生存，观看真实的东西、神样的东西、非意见性的东西"；与此相反，在欲望主导下，人将背离理性，观看到的是虚妄的东西、世俗的东西、意见性的东西。据此，理性与欲望的二元对立可以表述为真实与虚妄、神圣与世俗、非意见与意见的二元对立。

热爱智慧的人"坚韧不拔"，也就是具有"弘毅"的精神，这是武汉大学校训的重要内容。要能贯彻弘毅精神，其中内在心理支撑是"无欲"，用苏格拉底的话说："坚韧不拔，不让自己屈服于这些欲望"。屈服于欲望，便是曲；反之，不屈服，便是刚。孔子也有类似的观点："子曰：'吾未见刚者。'或对曰：'申枨。'子曰：'枨也欲，焉得刚？'（《论语·公冶长》）孟子也说："养心莫善于寡欲。"（《孟子·尽心下》）一个充满欲望的人，为世俗的虚妄、利益所折服，利欲熏心，很难有弘毅的精神。如果以消解欲望来解释求仁，颜子在孔门弟子中当属第一，他安贫乐道，内在追求并默识躬行孔子教诲的"克己复礼"，借用苏格拉底的话语，便是"克欲复理"（这里的"理"是指理性）。具体来看：

> 颜渊问仁。子曰："克己复礼为仁。一日克己复礼，天下归仁焉。为仁由己，而由人乎哉？"颜渊曰："请问其目。"子曰："非礼勿视，非礼勿听，非礼勿言，非礼勿动。"颜渊曰："回虽不敏，请事斯语矣。"（《论语·颜渊》）

"非礼勿视，非礼勿听"，在苏格拉底的话语中，便是"非理勿视，非理勿听"。为什么要这样呢？因为"凭眼睛所看到的都是十足的欺骗，凭耳朵听见的以及凭其他感觉来感觉到的都是十足的欺骗"，要从欺骗的幻象回归真实，就是要"勿"，也就是拒斥、退出，"劝说灵魂从这些感觉中退出来，除非万不得已才使用这些感觉。"这里可以关联柏拉图哲学的相论，相（idea）指向真实世界，而感觉关联着现实世界。

与欲望相关的是恶，或者说欲望的内在根源是恶，苏格拉底面对恶时，略显悲观：人经受恶，"而且是所有恶中最大、最极端的那种恶"，由此可以关联康德提到的天生的（angeborenes）、根本的（radikales）恶。① 人只要活着，就不能彻底摆脱恶；人只有死了，才能"脱离种种世人的恶"。这样看来，死亡不再是完全消极的，而是彻底消除恶的唯一途径。这种对于死亡积极意义的解读可以直接关联灵魂不朽。

**2. 灵魂不朽：来自毕达哥拉斯学派的两个反驳与回应**

柏拉图讨论灵魂的著作包括《蒂迈欧篇》（Timaeus）、《斐多篇》（Phaedo）、《斐德罗篇》（Phaedrus）、《斐莱布篇》（Philebus）、《法篇》（Laws）、《国家篇》（Republic）等，可统称为讨论灵魂的"经典群"。②《斐多篇》的灵魂不朽论证有四个，分别是：（1）相反者相成③：生与死是循环的。④（2）灵魂回忆说⑤：灵魂在出生之前就存在。（3）与"理念"类比的论证⑥：灵魂在死后也会存在。（4）灵魂的本质论证。⑦ 关于这些内容可以参考教材，也是通用课件的教学重点，这里不再展开，仅重点介绍西米亚斯

---

① Immanuel kant, *Die Religion innerhalb der Grenzen der bloßen Vernunft*, Felix Meiner Verlag, p. 40.

② 灵魂专题研究著作可参考罗宾逊（Thomas M. Robinson）：《柏拉图的灵魂学 Plato's Psychology》，张平译，黄薇薇校，华夏出版社 2019 年版。

③ 李建中主编：《人文社科经典导引》（第三版），武汉大学出版社 2021 年版，第 181~182 页。

④ 可与中国哲学的生死观稍作对比，参见张昭炜：《儒学死亡视域的打开与生生仁体的锤炼——方以智的药树思想形成及发展》，《世界宗教研究》2022 年第 12 期。

⑤ 李建中主编：《人文社科经典导引》（第三版），武汉大学出版社 2021 年版，第 183~190 页。

⑥ 李建中主编：《人文社科经典导引》（第三版），武汉大学出版社 2021 年版，第 190~191 页。

⑦ 李建中主编：《人文社科经典导引》（第三版），武汉大学出版社 2021 年版，第 208~209 页。

与克贝的两个反驳。西米亚斯与克贝来自毕达哥拉斯学派①,从他们对于苏格拉底的反驳来看,他们思考问题深入,且深受毕达哥拉斯学派的影响。我们可以对此引申一下,西米亚斯与克贝的反驳与回应可视作毕达哥拉斯学派与苏格拉底学说的交锋,在交锋中融合,进而直接影响了柏拉图。在此补充一下毕达哥拉斯学派的思想背景:

在上一讲的《历史》中,我们知道希罗多德(公元前 484 年至公元前 425 年)曾被流放至萨摩斯(Samos),在那里受到毕达哥拉斯学派的影响。萨摩斯正是毕达哥拉斯(Pythagoras,鼎盛时期约公元前 532 或公元前 531 年)的出生地。毕达哥拉斯被称作数学之父,另外,雅典数学家泰阿泰德(Theaetetus,或译为泰特托斯,公元前 417 年至公元前 369 年)是苏格拉底的忠实信徒、柏拉图的助手,他的数学贡献体现在论述无理数,提出多面体等。苏格拉底、柏拉图哲学均与毕达哥拉斯学派有密切关系。与苏格拉底的公开教学不同,毕达哥拉斯学派创立了兼有宗教、政治和学术特征的秘密团体②,并在团体内部以秘传方式传播其学说。据罗素评价毕达哥拉斯的哲学贡献:

> 数学与神学的结合开始于毕达哥拉斯,它代表了希腊的、中世纪的以及直迄康德为止的近代的宗教哲学的特征。毕达哥拉斯以前的奥尔弗斯教义类似于亚洲的神秘教。但是在柏拉图、圣奥古斯丁、托马斯·阿奎那、笛卡尔、斯宾诺莎和康德的身上都有着一种宗教与推理的密切交织,一种道德的追求与对于不具时间性的事物之逻辑的崇拜的密切交织;这是从毕达哥拉斯而来的,并使得欧洲的理智化了的神学与亚洲的更为直截了当的神秘主义区别开来。……我不知道还有什么别人对于思想界

---

① 正如宋代理学中来自蓝田的吕氏兄弟,他们是关中理学家张载的高徒,张载受范仲淹指教,于《中庸》用功颇深,这也影响到吕氏兄弟。张载去世后,吕氏兄弟到洛阳追随二程。在程门弟子中,吕氏兄弟对于《中庸》的思考与辩难尤为突出,这当然与张载的教导有关。

② "在最初的五年里,门徒要保持沉默不语的转台,只能聆听毕达哥拉斯讲话,却见不到他,直到最终通过测试,才能进入他的房间,见到他。"(第欧根尼·拉尔修:《古希腊哲学的故事》,王晓丽译,时事出版社 2018 年版,第 310 页。)

有过像他那么大的影响。我所以这样说，是因为所谓柏拉图主义的东西倘若加以分析，就可以发现在本质上不过是毕达哥拉斯主义罢了。有一个只能显示于理智而不能显示于感官的永恒世界，全部的这一观念都是从毕达哥拉斯那里得来的。①

罗素的论述有三点值得注意：第一点，毕达哥拉斯具有融合亚洲文明与欧洲文明的特点，由于其在数学方面独具特色，使得其与亚洲神秘主义（奥尔弗斯教等）区别开来，由此发展出欧洲的理智文明。在这一点上，毕达哥拉斯相当于欧洲理智文明的开创者、奠基者。第二点，我们知道柏拉图哲学在整个西方哲学的基础性地位，而柏拉图主义本质上是毕达哥拉斯主义，在这个意义上，毕达哥拉斯哲学是西方哲学的基础的基础。第三点，理智是西方哲学与中国哲学的最主要的差异，我们前面读过中国哲学的经典，了解了孔子、庄子、惠能的思想，但是这些思想家与柏拉图、亚里士多德相比，或者说与近代的笛卡尔、斯宾诺莎和康德相比，其差异性主要体现在理智，更基础的差异便是数学。我们当今倡导中西文明的融合，首先要解决的根本问题便是将理智主义引入中国哲学，从而使中国哲学实现本质性突破的基础。有鉴于以上三点，实有必要在人文社科经典教育中介绍毕达哥拉斯的思想。

相对于中国哲学传统，西方哲学传统中的"数"是其重要特色。据毕达哥拉斯学派杰出代表菲洛劳斯（Philolaos）② 的残篇："数的本性，是认识的原因"，"因为离开了数及其本质，任何事物——不论是就其本身还是就其与其他事物的关系而言——都是人无法认清的。"③ 对于毕达哥拉斯学派而言，

① 罗素：《西方哲学史》上卷，何兆武、李约瑟译，商务印书馆 2017 年版，第 46 页。

② Down to the time of Philolaus it was not possible to acquire knowledge of any Pythagorean doctrine, and Philolaus alone brought out those three celebrated books whichi Plato sent a hundred minas to purchase. "（Diogenes Laertitus, *Lives of Eminent Philosophers*, translated by R. D Hicks, Havarvard University Press, 1931, p. 335.）

③ Philolaos, *Fragm*, 11, 转引自恩斯特·卡西尔：《符号形式哲学，第二卷，神话思维》，李彬彬译，中国人民大学出版社 2022 年版，第 169~170 页。

"数"既有神圣性,类似于亚洲的神秘主义;"数"又有理性(理智)精神,孕育了西方的哲学科技。换言之,神秘与理性精神都可以在毕达哥拉斯学派找到源头,如德国哲学家卡西尔(Ernst Cassirer)指出:"在科学思维中,它的作用是准备一切经验性的实存东西(Existierende),把它们纳进纯粹观念性关联和纯粹观念性法则的世界中,并使之适合于观念性关联和纯粹观念性法则的世界;在神话思维中,数的作用是把一切定在的东西、一切直接给定的东西、一切单纯'世俗'的东西都纳入神话—宗教的'神圣化'过程。"① 这两种思维在毕达哥拉斯学派那里交融在一起,后学分化,各执一种。这既可以视为毕达哥拉斯学派的自身发展的两个方向,也可视为这两种思维都可以在毕达哥拉斯学派那里找到原型或原点:"菲洛劳斯不仅在人类的所有著作和语词中,在每一种雕刻和音乐中,而且也在所有'魔鬼般的和神性的事物'中寻找'数的本性和力量'"②。菲洛劳斯的努力在于寻找数,展现数的力量,这可视为数学理论的探索;同时,通过数,将魔鬼般的和神性的事物祛魅(Disenchantment),这不仅有助于破除神秘性,而且通过数将神秘理性化,显示出现代哲学科学的雏形。这种雕刻与音乐中的数可以关联柏拉图美学中的理念与形式,如雕塑家在雕刻维纳斯像中使用的黄金比例,音乐创作中亦使用黄金比例指导下的音符旋律。

毕达哥拉斯创作有《论灵魂》(*On the Soul*)③,毕达哥拉斯学派的灵魂观也是重视灵魂不朽。"他说,人的灵魂分为感知、理性与激情三部分(The soul of man, he says, is divided into three parts, intelligence, reason , and passion.)""理性部分是不朽的,其余部分则可朽。(Reason is immortal, all else mortal.)"④ "灵魂是由热元素和冷元素组成的一个部分:它与生命不同,

① 恩斯特·卡西尔:《符号形式哲学,第二卷,神话思维》,李彬彬译,中国人民大学出版社 2022 年版,第 179 页。

② 恩斯特·卡西尔:《符号形式哲学,第二卷,神话思维》,李彬彬译,中国人民大学出版社 2022 年版,第 174 页。

③ Diogenes Laertitus, *Lives of Eminent Philosophers*, translated by R. D Hicks, Havarvard University Press, 1931, p. 327.

④ Diogenes Laertitus, *Lives of Eminent Philosophers*, translated by R. D Hicks, Havarvard University Press, 1931, p. 347.

因为它是不死的，乃是由不死的元素构成的一个部分。"① 他们认为为了不失去灵魂，或死后重新获得灵魂，人需要净化自己的灵魂，哲学和音乐可以净化灵魂（音乐是和谐的音调，哲学是事物间和谐关系的思索），根基在于数的规定性，这也影响了毕达哥拉斯学派信徒以乐器的比喻来反驳苏格拉底的灵魂观。

在了解以上背景后，首先来看西米亚斯（Simmias，或译为西姆米阿斯、西米，毕达哥拉斯信徒）的反驳，他对灵魂（生命）的定义如下：

> 当我们的身体绷紧起来，由热冷干湿以及某些这样的东西聚合起来，我们的灵魂仿佛就是这样一些东西本身的混合。而且，一旦这些东西美好地、合度地相互混合起来，就是一种和音。换言之，如果灵魂恰巧是某种和音，那么很清楚，一旦身体由于疾病和其他种种恶而不合度地要么松弛要么绷紧，灵魂必然马上随之消亡，即便灵魂富有神样也罢——就像即便和音在音响中、在艺匠们的所有作品中富有神样也罢，而所有身体的遗骸则会留下很长一段时间，直到被火化或腐烂。②

西米亚斯的比喻涉及身心关系，这是哲学的基本问题之一。我们熟悉的笛卡尔的身心二元论，是西方哲学主流的身心关系。如果将心（灵魂）与身体比作乐器与音调，心驱动、运化身体，这样可以解释身体的原动力来源。如果把身体比作一台精密的机器，心便是这个机器的内核，它不仅协调身体的运转，而且供给机器运动的动能，由此强化了心的核心地位。乐器的比喻侧重于身体的协调能力，他能协调机器的张力，如肉体的湿冷干热，使之处于平衡状态，这类似于中医的理论，③ 调节身体的中气，不燥不寒，不冷不

---

① 北京大学哲学系外国哲学史教研室编译：《古希腊罗马哲学》，商务印书馆 2021 年版，第 36 页。

② 李建中主编：《人文社科经典导引》（第三版），武汉大学出版社 2021 年版，第 196 页。

③ 据注释，这与希腊医学相关："比较阿那克西曼德（Anaximandros）的说法：'正是湿干、冷热、苦甜这类力量的平衡造就并保持了良好的健康'（残篇，24B4）。按《名哲言行录》卷八 83，阿那克西曼德是个医生，毕达哥拉斯派中人，甚至可能是毕达哥拉斯的同时代人（约公元前 5 世纪末）。"（柏拉图著，刘小枫编：《斐多》，《柏拉图四书》，生活·读书·新知三联书店 2015 年版，第 476 页。）

热，阴阳平和，一本中和。①

苏格拉底的回应包括三点：

(1) 与求知回忆说相比

于是苏格拉底说，"那么，忒拜②客人啊，倘若［你的］这样一种意见仍然原封不动，即和音是复合的事物，而灵魂是某种和音，由绷紧在身体上的琴弦组合而成，你就必然得改变看法咯。毕竟，你恐怕不至于会接受你自己的这个说法吧，即在那些肯定由此才组合出和音的东西存在之前，和音就已经存在。你会接受吗？"

"的确不会接受，苏格拉底，"西姆米阿斯说。

"那么，当你说，"苏格拉底说，"灵魂在进入世人的形相和身体之前就已存在，而灵魂存在时却是由尚不存在的东西组合而成的，你注意到你所说的这些对你会得出什么吗？毕竟，和音在你那里并非是你仿制的这样一种东西。毋宁说，一架七弦琴及其琴弦和音响在尚未是和音时就出生了，在所有这些东西中，和音最后配置而成，也最先消亡。因此，这样一个说法在你怎么会与你的那个［关于灵魂的］说法唱一个调呢？"

---

① 据方以智所言："《黄帝经》曰：'六合之内，不离于五。'""惟阴阳和平之人居中"，"人受天地之中以生，故灵于万物。"人的高贵性体现在受"天地之中"，即中五，"冲阴阳之和，聚五行之秀，万善聚焉，万物备焉。"（方以智著，张昭炜注释：《性故注释》，中华书局 2018 年版，第 107～109 页。）这里面包含两个层次：其一，人先天具备中和的特征，相当于预定和谐；其二，人在后天，应该以中和为效法或致力的对象，以此维护身体的和谐。

② 据注释："西姆米阿斯和刻贝斯都是忒拜人，在当时，忒拜也是毕达哥拉斯派信徒的庇护所，苏格拉底在这里一语双关。"（柏拉图著，刘小枫编：《斐多》，《柏拉图四书》，生活·读书·新知三联书店 2015 年版，第 489 页。）由此更加明确了苏格拉底与两个毕达哥拉斯学派背景的人探讨灵魂不朽，代表了苏格拉底、柏拉图与毕达哥拉斯学派的交锋。

"的确没法唱一个调，"西姆米阿斯说。①

苏格拉底在复述中进一步明确了西米亚斯的观点，并指出了其中的矛盾，包括两点：

第一点，和音是复合的产物，既然是复合的，那就是后组成的。按照和音对应灵魂，琴弦对应身体，灵魂是由身体复合成的，因此，灵魂滞后于身体存在。

第二点，灵魂在进入身体之前就已存在，而灵魂存在时却是由尚不存在的东西组合而成的，因此，灵魂先于身体存在。

以上两点不能同时为真，由此回应了西米亚斯的反驳。

在这里，结合毕达哥拉斯学派的灵魂观，可以为西米亚斯辩护：

首先，根据亚里士多德的记载："所谓毕泰戈拉派曾经从事数学的研究，并且第一个推进了这一个知识部门。他们把全部时间用在这种研究上，进而认为数学的始基就是一切存在物的始基。""由于他们在数目中间见到了各种各类和谐的特征的与比例，而一切其他事物就其整个本性来说都是以数目为范型的，而数目本身则先于自然中的一切其他事物，所以他们从这一切进行推论，认为数目的基本元素就是一切存在物的基本元素，认为整个的天是一个和谐，一个数目。因此，凡是他们在数目与各种和谐之间所能指出的类比，以及他们在数目与天的特性、区分和整个安排之间所能指出的类比，他们都要把它们收集起来，拼凑在一起。"② 这里有两个要点：第一点，毕达哥拉斯学派的数是最先的本源，数的存在先于其他一切事物，因此，按照西米亚斯的观点，灵魂的和谐是数目的和谐，它先于身体，而不是由身体的琴弦调和成复合的灵魂。第二点，西米亚斯延续了毕达哥拉斯学派的类比传统，也就是以数的和谐类比灵魂的和谐，这种和谐相当于预定和谐。更进一步说，

---

① 李建中主编：《人文社科经典导引》（第三版），武汉大学出版社 2021 年版，第 201 页。

② 北京大学哲学系外国哲学史教研室编译：《古希腊罗马哲学》，商务印书馆 2021 年，第 38 页。

哲学和音乐可以净化灵魂（音乐是和谐的音调，哲学是事物间和谐关系的思索），根基在于数的规定性。

其次，毕达哥拉斯认为："婴儿身上有各种生命的缘由，这些缘由都是根据和谐的规律联系在他身上的，每一个缘由都在规定好的时间显现出来。"①这同样说明了灵魂的先在性。

继续来看苏格拉底与西米亚斯的对话：

> "而且，"苏格拉底说，"如果有别的什么合调的说法，也会适合关于和音的说法。"
>
> "当然会适合，"西姆米阿斯说。
>
> "因此你会发现，这一个说法并不合调；"苏格拉底说，"那么，这样两个说法你会拈选哪个：拈选求知即回忆，还是拈选灵魂即和音？"
>
> "当然拈选前面那个，苏格拉底，"西姆米阿斯说，"毕竟，这后一个说法在我看来生得缺乏证明，看起来是那么回事，表面好听，正因为如此，才会让多数世人觉得是那么回事。可我同样知道，那些把证明搞得看起来像那么回事的说法，都是些个骗子，倘若不谨防它们，八成会上当受骗，在几何学中和别的所有事情上都如此。……由于这些，对我来说，看来啊，必然既不能接受我自己也不能接受别人说灵魂即和音。"②

由于前后矛盾，西米亚斯接受了苏格拉底的回忆说，并否定了毕达哥拉斯学派的灵魂和谐说，以及七弦琴与和音的比喻。回忆说是柏拉图哲学的重要观点，在这里，我们要注意柏拉图学说与毕达哥拉斯学派之间的张力。

---

① 北京大学哲学系外国哲学史教研室编译：《古希腊罗马哲学》，商务印书馆 2021年，第 36 页。

② 柏拉图著，刘小枫编：《斐多》，《柏拉图四书》，生活·读书·新知三联书店2015年版，第 490 页。

### （2）灵魂的德性劣性（善恶）区分

"那么，灵魂是这种情形吗？一个灵魂也这样哪怕最小程度地比另一个灵魂更多、更满，或者更少、更差，灵魂这个东西本身会是这样吗？"

"无论如何不会。"西姆米阿斯说。

"可是，"苏格拉底说，"凭宙斯，据说这个灵魂既有心智、有德性，又好，而那个灵魂既愚钝、缺德，又坏，这些说得真实吗？"

"当然说得真实啊。"

"那么，那些假定灵魂即和音的人中的某人会说，灵魂中存在的这些东西——德性和劣性——是什么呢？未必是别的某种和音和不协和音？这一个灵魂已经被调音，是好的灵魂，在本身就是和音的自身中有别的和音，而另一个灵魂本身则是不协和音，自身中并没有别的和音？"

"我嘛，我倒不会这么说，"西姆米阿斯说，"不过，显然那个假设灵魂即和音的人恐怕会这么说。"

"可是，先前已经同意过，"苏格拉底说，"一个灵魂比另一个灵魂既不更多也不更少地是灵魂啊？这等于约定，一个和音比另一个和音既不更多更满、也不更少更差地是和音，难道不是吗？"

"当然喽。"

"一个和音既不更多也不更少，就是已经被调得既不更多也不更少，是这样吗？"

"是这样。"

"被调得既不更多也不更少的和音，就会更满或更差地分有和音，抑或相等地分有和音？"

"相等地。"

"那么，一个灵魂不也是这样？既然一个灵魂与另一个灵魂既不更多也不更少地就是这个［灵魂］本身，灵魂就既没有被调得更多也没有被调得更少？"

"正是如此。"

"既然灵魂是这样经历过来的，灵魂恐怕就不会更多地分有不协和音，也不会更多地分有和音？"

"当然不会。"

"再说，既然灵魂是这样经历过来的，一个灵魂恐怕就并不比另一个灵魂更多分有劣性或德性，如果劣性就是不协和音，德性就是和音的话？"

"不会更多分有。"

"不仅如此，西姆米阿斯啊，按照正确的说法，如果灵魂是和音，就没有一个灵魂会分有劣性。毕竟，如果一个和音明显完满地是和音这个东西本身，恐怕就绝不会分有不协和音。"

"当然不会。"①

按照苏格拉底的论证，他首先认为两个灵魂一致，不存在一个灵魂比另一个灵魂更多、更满，或者更少、更差，相当于两个灵魂完全等同。在此条件下，考察与这个前提相矛盾之处。他进一步认为，按照调音说，灵魂被调好的，就是德性的；没有被调好的，就是劣性的。再引入他的分有说，灵魂分有调好的和音，不多亦不少，因此，也就没有优劣之别。这与两个灵魂的一致相合，却不合乎灵魂的德性与劣性的区分。因此，要维持灵魂的一致与分有，那就要否定灵魂分优劣，也就是否定灵魂有调好的德性与没有被调好的劣性的区分。

西米亚斯的比喻还引出善恶的问题：被调好的、和谐的声音是灵魂的善；未被调好的、不和谐的声音是灵魂的恶。这个比喻令人深思：恶的来源是什么？如何能够得到灵魂的调音师的纠正？如何确保他始终调出善的灵魂？

姑且承认这个调音的比喻，使用钢琴的人知道：钢琴出厂时已经调好和

① 柏拉图著，刘小枫编：《斐多》，《柏拉图四书》，生活·读书·新知三联书店2015年版，第492~493页。

音律，在运输、使用过程中，受外界环境影响，如搬运、温度、湿度等的变化，钢琴的音律会出偏（走音），这时需要调音师来重调音律。调好后，经过一段时间，依然会出偏，仍需再调。西米亚斯和苏格拉底所说的七弦琴与钢琴的原理大同小异，因此，钢琴比喻的引申仍适用于他们的比喻。从以上分析来看，苏格拉底没有涉及调音的过程，考虑到这个因素，如果人的灵魂先天都是和谐的，两个灵魂也可以没有优劣之别，但受后天的影响，有的灵魂出偏了，劣性出现；有的没出偏，仍保持德性。由此可以在两个灵魂一致的前提下，解释后天恶的来源，以及由此产生的分有相同的问题。用宋明理学的话语来解释，便是两个灵魂的天命之性一致，同样分有；气质之性有差别，从而有善有恶，有德性有劣性。

从毕达哥拉斯学派的观点来看这个问题，"在人身上最有力的部分是灵魂，灵魂可善可恶。人有了好的灵魂便是幸福的，他们从不休止，他们的生命是一个永恒的变化。"[1] 这等于从先天层次便规定了灵魂具有善恶两种倾向，也就是两个灵魂可能本身就不一致，这等于否定了苏格拉底论证灵魂一致的前提。

再进一步从亚里士多德记述的毕达哥拉斯学派的学说来看，他们认为最终的存在是数目，而且是"一"[2]，按照这种观点，可以说两个灵魂具有一致性；这个学派的另一些人拟定了十个始基，其中包括有限与无限、奇与偶、善与恶。[3] 按此而言，在"始基"处已有善恶两种倾向，这也说明灵魂在先天处的不一致，相当于否定了苏格拉底论证灵魂一致的前提。

---

[1]  北京大学哲学系外国哲学史教研室编译：《古希腊罗马哲学》，商务印书馆2021年版，第37页。

[2]  "这些哲学家显然是把数目看作始基，把它既看作存在物的质料因，又拿来描写存在物的性质和状态。但他们把数目的元素描写成奇和偶，前者是有限的，后者是无限的；一这个数目他们认为是由这两个元素合成的（因为它既是奇数又是偶数），并且由一这个数目中产生出其他一切的数目，整个的天都只不过是一些数目。"（北京大学哲学系外国哲学史教研室编译：《古希腊罗马哲学》，商务印书馆2021年版，第39页。）

[3]  北京大学哲学系外国哲学史教研室编译：《古希腊罗马哲学》，商务印书馆2021年版，第39页。

### (3) 灵魂的支配问题

"灵魂服从还是抵制身体上的感受?我说的是这类事情,比如身体又热又渴时,灵魂会拽身体去相反的地方不让喝,身体饿时,灵魂会拽住不让吃吗?我们不是看到,在别的事情上,灵魂抵制身体感受的情形成千上万,不是吗?"

"当然啊。"

"我们先前不是同意过,如果存在和音,和音就绝不会唱与这些出自恰好是和音的东西相反的音调——无论和音绷紧、松开、弹拨还是经历其他无论什么感受,而是跟随这些东西,从不领导?"

"我们同意过,"西姆米阿斯说,"怎么会没有呢?"

"然后呢?现在,灵魂对我们显得不就完全反其道而行之吗?灵魂领导所有那些某人会说灵魂的存在所出自的东西,而且几乎整个一生都在抵制那些东西,以种种方式主宰它们,对有些更严厉地施予惩罚——甚至带有痛苦,比如以健身术和医术来惩罚,对有些则较为平和地惩罚,与欲望、冲动、畏惧交谈有时用威胁有时用告诫,仿佛一个陌生人对待一件陌生的事情,不是吗?……"①

这里涉及灵魂与身体的相互作用,按照苏格拉底举例来看,主要是身体反作用于灵魂,如身体热和渴时,会驱使灵魂(心)寻找凉快的地方,或者去找水喝。但是,按照比喻,乐器只能作用于音调(单向可行),而音调不能作用于乐器(反向不可行),即灵魂只能作用于身体(灵魂→身体,单向可行),身体不能作用于灵魂(身体↛灵魂,反向不可行)。当然,按照中国哲学的观点,即使在身体热和渴时,灵魂仍然能够不为所动,拒绝饮食,如"志士不饮盗泉之水,廉者不受嗟来之食"。这个问题还可以进一

---

① 柏拉图著,刘小枫编:《斐多》,《柏拉图四书》,生活·读书·新知三联书店 2015年版,第494~495页。

步引申出身心关系的多元性，如身心的氤氲关系"既是互相感通的关系，又是对话关系；既是依次递进生成，又是逆反共振，相入相和"，"笙入筝而中歌之节，抗坠贯珠，累累若一"。"身与心交如同笙筝两种乐器共奏，相感相通，身在心中，心在身中，相互渗入，虽可分为二，实则若一。"① 这里借用方以智的一个比喻，通过笙筝两种乐器的相互作用比喻身心关系，这既有单向的由心（灵魂）到身，亦有反向的由身到心，从而相入相和，共奏身心和谐的乐章。

再看克贝（Cebes，或译为刻贝斯、齐贝，毕达哥拉斯信徒）的反驳：

> 看来，我呢，像西姆米阿斯一样，也需要某种比喻。毕竟，我觉得，其实这与有人就人世中一个已死的年老织工所说的一番说法说的是相同的东西：这世人没死，仍安然地在某个地方，对此可以拿出那件外套作为证据——他本人织就而且亲自穿过的外套还安然地在，没有消灭。要是有谁不相信这人，他就会问：究竟哪类东西更经久，是一个世人这类还是一件在使用和披着的外套这类？那人肯定会回答：世人这类经久得多哦。而且他会以为，这已经表明：既然更少经久性质的东西也不会消亡，世人当然更为安然地在。可是，我认为，西姆米阿斯，情形并不是这么回事呀。毕竟，你考虑一下我说的吧。谁都会承认，这样说的人其实说的是蠢话。因为，这个织工织就过并且也穿破过许多这样的外套，尽管他比这许多的外套更晚消灭，但我认为，他毕竟比最后一件外套更早消灭。因此，这世人绝不比一件外套更差、更脆弱。我认为，灵魂与身体的关系用得上这同一个比喻。谁要就此说，灵魂更为经久，身体更脆弱、更少经久性质，在我看来，兴许才显得说得贴切。
>
> 不过，他兴许会进一步说，每一个灵魂都穿破过许多身体，尤其是如果这个灵魂的年岁够多的话。毕竟，倘若身体流逝和消灭，而世人还活着，灵魂又总是在重新织就破的东西，那么可以肯定，灵魂消灭之时，

---

① 张昭炜：《中国儒学缄默维度》，中国社会科学出版社 2020 年版，第 226 页。

必然碰巧穿着最后织就的东西，且仅仅比这东西更早消亡而已。灵魂消亡的那一刻，身体马上显露出其脆弱天性，迅速腐烂、消灭。所以，这样一种说法并不值得有信心去信赖，即我们死后，我们的灵魂仍在某个地方。①

这个比喻好像击鼓传花的游戏。灵魂可以传递，具有一定的不朽性，但传到最后是可朽的。苏格拉底的有力反驳是：身体上出现灵魂才会活，灵魂不会接纳与自身总是带来的东西相反的东西，灵魂不接纳死，所以灵魂不死。②

### 3. 幸福生命

毕达哥拉斯认为："那些奴性的人，平生的唯一追求是财富与荣誉，而哲学家孜孜以求的是真理。（Some grow up with servile natures, greedy for fame and gain, but the philosopher seeks for truth. ）"③ 毕达哥拉斯的追求与苏格拉底、柏拉图的追求具有一致性。毕达哥拉斯学派的幸福观："在人身上最有力的部分是灵魂，灵魂可善可恶。人有了好的灵魂便是幸福的，他们从不休止，他们的生命是一个永恒的变化。"（The most monenteous thing in human life is the art of winning the soul to good or to evil. Blest are the men who acquire a good soul;〈if it be bad〉they can never be at rest, nor ever keep the same course two days together.）④ 因此，毕达哥拉斯学派的幸福观便是获得好的灵魂，其追求是精

---

① 李建中主编：《人文社科经典导引》（第三版），武汉大学出版社 2021 年版，第 197 页。

② 柏拉图，刘小枫编：《斐多》，《柏拉图四书》，生活·读书·新知三联书店 2015 年版，第 522~523 页。

③ 第欧根尼·拉尔修：《古希腊哲学的故事》，王晓丽译，时事出版社 2018 年版，第 309 页。英文见 Diogenes Laertitus, *Lives of Eminent Philosophers*, translated by R. D Hicks, Havarvard University Press, 1931, p. 329.

④ 北京大学哲学系外国哲学史教研室编译：《古希腊罗马哲学》，商务印书馆 2021 年，第 37 页。英文见 Diogenes Laertitus, *Lives of Eminent Philosophers*, translated by R. D Hicks, Havarvard University Press, 1931, p. 349.

神性的灵魂，从而不再关注物质性的财富，这与梭伦的幸福观不同。

《斐多篇》是柏拉图记载的苏格拉底的生命之书，探究灵魂不朽。与此相应，色诺芬（Xenophon of Athens，约公元前 431 年至公元前 354 年）是苏格拉底的另一出色弟子，他是历史学家、哲学家、军人，他的《回忆苏格拉底》从另一个角度记述了苏格拉底对生命的理解。下面选录其中有关幸福生命的片段，可与教材所选内容互证互补：

> 苏格拉底在被起诉以后，他关于自己的申辩和生命的终结所作的考虑，我以为都是值得回忆的……对他来说，死比生更为可取……但希帕尼卡斯（Hipponicus）的儿子海尔莫盖尼斯（Hermogenes）[①] 是他的亲密朋友，他曾作过这样的报道，显示了苏格拉底的这些崇高的言论和他当时的心情是正相符合的。海尔莫盖尼斯说，他看到苏格拉底当时什么事都讲到了，可是没有提到自己将要受审的事，他就问他："苏格拉底，难道不需要为自己的申辩考虑一下吗？"
>
> 对此，苏格拉底首先的答复是："难道你不认为我一辈子都是在申辩着吗？"
>
> 海尔莫盖尼斯问道，"你是怎样申辩呢？"
>
> "我一生一世没有做过不义的事，我以为这或许就是最好的申辩了。"[②]

用孔子的话语来诠释苏格拉底的这段话："子曰：'二三子以我为隐乎？吾无隐乎尔。吾无行而不与二三子者，是丘也。'"（《论语·述而》）如同孔子用生命行动去践行其学说，苏格拉底的一生都在为自己的哲学作注释，也就是通过生命将其哲学诠释出来。行胜于言，既然在行上已做到极致，一生行义，无须再用言语去申辩。如果像苏格拉底这样的人还要去申辩的话，

---

① Hermogenes 是 Hipponicus 的儿子，雅典政治家、富人卡利阿斯（Callias）的兄弟，卡利阿斯在马拉松战役中表现出色。

② 色诺芬：《回忆苏格拉底》，吴永泉译，商务印书馆 2017 年版，第 190 页。

问题不是在他个人，而是国家体制。

在上面的对话中，也引出了一个重要问题，就是对苏格拉底而言，"死比生更为可取"，为什么会这样呢？

> 海尔莫盖尼斯又对他说道："难道你看不出雅典人的法庭由于受到言辞的影响常常把无辜的人处死，而在另一方面，由于言辞所引起的恻隐之心或由于申辩的人话说得中听，也常把有罪的人释放了吗？"
>
> 苏格拉底回答道："的确是这样；我曾有两次想着手考虑关于申辩的事，但我的守护神一直反对我这样做。"
>
> 海尔莫盖尼斯对他说道："你讲话很奇怪。"
>
> 苏格拉底说道，"难道你以为，即使在神明看来，我现在死去更好，也是奇怪的事吗？难道你不知道，到目前为止，我不承认有任何人比我生活得更好吗？我以为，那意识到自己一辈子度着虔诚和正义生活的人就是最幸福的人，因而，当我发现自己是这样的时候，我对于自己是感到非常快慰的，而且那些和我在一起的人对于我也是抱有同样的意见。现在，如果我还继续活下去，我知道龙钟老态就是不可避免的：目力变坏了；听觉减弱了；学习也越来越困难了；而且学过的东西也记不住了。当我感觉到自己精力不逮而怨天尤人的时候，怎么还能说我是在幸福地生活着呢？"
>
> "因此，也许，"苏格拉底继续说道，"正是由于神明恩待我，照顾我，他才不仅使我在适当的年龄死去，而且还是用最容易的方法。因为，如果我现在被判罪，很明显，那些判处我的人会让我考虑一种最容易的、使朋友最少感受痛苦、使死者最多被怀念的方式来结束我的生命。当一个人不给朋友的心上留下任何可耻和不愉快的回忆、身体还保持着健康、心灵还能表现友爱的时候就安静地死去，这样的人又怎能不被怀念呢？……"①

苏格拉底给出"死比生更为可取"的一个原因是"即使在神明看来，我

---

① 色诺芬：《回忆苏格拉底》，吴永泉译，商务印书馆 2017 年版，第 190~191 页。

现在死去更好"。我们是讲人文经典，这个神化的因素不在我们考虑的范围。从人文角度来看，苏格拉底选择死去，在色诺芬笔下，苏格拉底并不是基于像《斐多篇》那样灵魂不朽的论证，而是从幸福的角度来看："一辈子度着虔诚和正义生活的人就是最幸福的人。"在已经过去的岁月里，苏格拉底过着虔诚和正义的理性生活，消解欲望，在他看来，这是最幸福的事，自己也是最幸福的人。他的幸福观决定了他的生活方式，决定了他的人生态度。另外一个原因便是他现在已经老了，如同蜉蝣①一样，在绽放了生命的精彩以后，也必然会走向死亡，这不妨称之为蜉蝣精神。

> 苏格拉底所遭遇的，正是神所钟爱之人的命运：他避免了人生的最难忍受的部分，而且他的死法，也是一种最容易的死法。他表现了英勇不屈的精神；因为自从他认定了，对他来说，死比继续活下去更好以来，他就一直坚定不移地面向着死亡迎上前去，即使是对别的美好的事情也没有这样坚定，他从来没有对于死亡表示过任何软弱，而是极其高兴地、耐心地等待着，终于献出了自己的生命。

> 当我考虑到这个人的智慧和高尚品格的时候，我就不能不想不念他，而在想念他的同时，更不能不赞扬他。如果在那些追求德行的人们中间有谁会遇到比苏格拉底更有益的人，我认为这个人就是最幸福的人了。②

结合上一讲的幸福观，直观来看，苏格拉底与梭伦的幸福观最显著的区别是关于财富的态度；而在命运方面，两者具有一致性，苏格拉底选择死亡是基于命运。苏格拉底选择在合适的时间结束生命，"避免了人生的最难忍受的部分"，如他指出的"龙钟老态""目力变坏""听觉减弱""学习也越来越困难了""学过的东西也记不住了"。苏格拉底留给世人的形象是健硕的身体、

---

① 蜉蝣生命短暂，但在短暂的生命中展现出永恒之美："蜉蝣之羽，衣裳楚楚。""蜉蝣之翼，采采衣服。""蜉蝣掘阅，麻衣如雪。心之忧矣，于我归说？"（《诗经·曹风·蜉蝣》）

② 色诺芬：《回忆苏格拉底》，吴永泉译，商务印书馆2017年版，第197页。

敏锐的视觉听觉、超强的记忆与思辨力，将生命中最精彩的绽放留在世人心中。

按照色诺芬的记录，苏格拉底选择饮鸩而死，是出于坚定的信念，这与柏拉图在《斐多篇》中基于灵魂不朽的论证不同。色诺芬笔下的苏格拉底更具有现实性，他是为信念而死，他也是基于命运的选择而死，他避免了人老后最难忍的痛苦。柏拉图笔下的苏格拉底更富有哲思，他是基于灵魂不朽的哲学，死亡不是结束，而是新生的开始。作为苏格拉底两个出色的学生，色诺芬与柏拉图记录的苏格拉底各有特色，且可以互补互证。

## （四）苏格拉底后学与幸福观

苏格拉底死后，他的学说出现分化，形成三个小苏格拉底学派。按照幸福观的分化，苏格拉底后学可分出两种：一种重视物质，享受快乐；一种重视精神，要求禁欲。在排除命运的不可控因素之外，这两种分化进一步影响了古罗马时期乃至近代欧洲的幸福观。结合希腊哲学史，介绍如下：

> 苏格拉底的哲学变革原本具有拓创性和探索性，内容丰富却尚未形成十分严密和确定的哲学体系，他的最高哲学范畴"善"就还是比较抽象的规定，没有进一步作具体阐发，小苏格拉底学派得以撷取其不同的片面内容而自作发挥。麦加拉学派将他的"善"同爱利亚学派主张的"存在是一"结合起来，并致力于发展芝诺式的论辩法，在逻辑思想方面颇有贡献，直接影响斯多亚学派的逻辑思想。居勒尼学派吸收某些智者的感觉论因素，将"善"规定为快乐，虽有享乐主义的色彩，但还是重视理智规定的快乐，后来成为伊壁鸠鲁哲学的思想来源之一。昔尼克学派则主张"善"即顺应自然，满足于简单的自然需求，崇尚节制禁欲，后来转而演变成一种玩世不恭、放诞不羁的思想和生活方式；这个学派同后来的斯多亚学派也有直接的思想联系。①

---

① 汪子嵩、范明生、陈村富等：《希腊哲学史（修订本）》第二卷，人民出版社2014年版，第463页。

对此，略作小结如下：

**古希腊时期**

（1）麦加拉学派：影响斯多亚学派，禁欲幸福论（精神）；

（2）昔兰尼学派（犬儒学派）：影响斯多亚学派，禁欲幸福论（精神）；

（3）居勒尼学派，影响伊壁鸠鲁学派，感官享乐，快乐幸福论（物质）。

**古罗马时期**

（1）斯多亚学派：禁欲主义幸福论（精神）；

（2）伊壁鸠鲁：快乐主义幸福论（物质）。

**近代欧洲**

（1）康德：古典理性主义幸福论：德行和幸福结合（精神）；

（2）边沁：功利主义幸福论（物质）。

# 附录七：小班讨论

小组作业：

学术辩论式（结合学术会议式）

布置作业主题：幸福观

1. 结合自己对幸福的理解，搜集一些思想家代表性的幸福观；

2. 以小组为单位，集合成一种代表性观点，要有明确主题，有论据；

3. 以学术形式汇报，其他小组质疑，辩论。（四个小组可以自由组合）

4. 投票选举，得票最多的小组获胜。

# 第八讲:《审美教育书简》与审美

"美"在日常生活中有多种表现,我们经常会使用"美"这个词,比如有人说武汉大学是"中国最美的大学",珞珈山美,东湖水美,碧瓦青砖的老建筑美。四季洋溢着自然的美:冬有梅园的梅花,春有樱花大道的樱花,夏有未名湖的荷花、五教前的蔷薇,秋天有满山飘香的桂花,当然,还有荷花玉兰、迎春花、海棠花、石楠花等。但是,如果我们追问什么是美,对于美学家而言,这个根本性的问题很难有一致的答案;如同我们追问什么是幸福,对于伦理学家而言,这个根本性的问题也很难有一致的答案。通过第六讲、第七讲的小班研讨,相信同学们对什么是幸福的问题也有了切身的体会。正如在幸福观中,有功利主义(物质)与理性主义(精神)两种代表性的观点,在美学中,有感性主义与理性主义两种代表性的观点,前者关联着我们要讲的席勒美学,后者则是柏拉图哲学的传统,并与毕达哥拉斯学派有关:

> 柏拉图的哲学,你会发现支配他的是一种几何或数学模式……由此,人们可能通过严密的逻辑推导得出某种绝对正确的结论;人们可能通过柏拉图所推崇的某种方法获得绝对的智慧……几何学,或者说广义的数学,堪称这种绝对知识的范式,最完美的范式……①
>
> 而浪漫主义通常与之关联的理念是独特性意识、深刻的情感内省和

---

① 以赛亚·柏林著,亨利·哈代编:《浪漫主义的根源》,吕梁、张箭飞等译,译林出版社 2022 年版,第 2 页。

事物之间的差异性意识（而非相似性意识），它们之间完全没有联系。①

　　浪漫主义是原始的、粗野的，它是青春，是自然的人对于生活丰富的感知……是生活斑斓的丰富，是生活的丰盈（Fülle des Lebens），不可穷尽的多样性……它又是安详，是大写的"我是"的合一，是自然秩序的和谐一致，是天穹的音乐，是融入永恒的无所不包的精神。②

柏拉图哲学的理念关联着数学，主张理性的、范式的、共性的、有联系的，而浪漫主义是情感的、差异性的、独特性的、没有联系的。一个人不可能是纯理性的人，纯理性的生活单调而机械，一个人应该既有理性，又情感丰富，且具有独特性，生活丰盈，由此揭示出"学以成人"的两个主要面向。我们上一讲主要侧重前者，这一讲主要侧重后者。

# （一）背景知识：西方美学简史

这一讲的主题是审美，从"学以成人"来看，也就是学成会审美的人。从现代学科划分来看，审美属于哲学中的美学。有鉴于此，下面分三个阶段补充美学史简史：古希腊柏拉图美学、德国古典美学、中国近现代的美育。

## 1. 古希腊柏拉图美学

如同上一讲，哲学源于古希腊，美学亦是如此。美的深入探讨始于柏拉图，柏拉图的作品《斐多》以苏格拉底为主角，柏拉图亦是通过苏格拉底来讨论美。北京大学出版社出版的两部《美学原理》教材都谈到了这一点："古希腊的柏拉图是在欧洲美学史上最早对美的问题做深入的哲学思考的人。他

---

① 以赛亚·柏林著，亨利·哈代编：《浪漫主义的根源》，吕梁、张箭飞等译，译林出版社 2022 年版，第 6 页。
② 以赛亚·柏林著，亨利·哈代编：《浪漫主义的根源》，吕梁、张箭飞等译，译林出版社 2022 年版，第 15 页。

提出：美的本质就是美的理式，他认为现实中的一切事物的美都根源于'美的理式'，即'美本身'。"① "柏拉图把现实世界中美的事物、美的现象和'美本身'分开，他认为在美的事物、美的现象的后面还有一个美的本质。哲学家的任务就是要找到这个美的本质。就这样，从柏拉图以来，在几千年中，西方美学界就一直延续着对美的本质的探讨和争论。"② 鉴于柏拉图美学是讨论整个西方美学的原点，在我们学习以席勒为代表的德国浪漫主义美学之前，有必要先追溯柏拉图的美学。

在上一讲中，我们讲到《会饮》中阿尔喀比亚德的标致美的外貌，并与苏格拉底内在的"不可思议的美"类比，这涉及到两种美的区分，相当于铜与金。这个问题还可进一步探讨，"一旦你要看见这美本身，你就会觉得，那些个金器和丽裳、那些个美的男孩和年轻人，都比不上啊。" "如果他看见美本身，看见纯粹、洁净、精致的美本身" "如果某个人世人对［美本身］那儿瞧上一眼［之后］，用自己必需的［灵魂能力］去观看那个［美本身］，并与它在一起，［他过去的］生命会变得低劣吗?"③ 柏拉图的著名美学观点是美的本质是美的"理式"（idea，eidos，forms，理念），词源于 idein（看，动词形式），眼睛看见和灵魂看见的东西。我们这里可以区分出两种 idein，一种是眼睛看见的金器和丽裳以及美的年轻人，感性之美，这种美的事物相当于"铜"；另一种是灵魂看见的美本身，纯粹、洁净、精致，美的理式，相当于"金"，由此区分出美的事物与美的本质。铜与金在席勒美学中可对应感性冲动的对象与形式冲动的对象，两者之间通过游戏冲动互通互动。

《大希庇阿斯篇》④ 对美学的最大贡献就是区分了"什么是美"和"什么东西是美的"这两个问题。与苏格拉底对话的希庇阿斯是一位智者，博闻强记，精通多种学问，但被柏拉图塑造成一个反面形象。希庇阿斯要公开朗诵

① 杨辛、甘霖等:《美学原理（第四版）》，北京大学出版社 2010 年版，第 17 页。
② 叶朗:《美学原理》，北京大学出版社 2009 年版，第 31~32 页。
③ 柏拉图著，刘小枫编:《会饮》，《柏拉图四书》，生活・读书・新知三联书店 2015 年版，第 250 页。
④ 柏拉图有两种《希庇阿斯篇》，大和小，即 *Greater Hippias* 与 *Lesser Hippias*。

一篇文章,邀请苏格拉底去听。苏格拉底说要评判文章的美丑,需要知道美是什么,也就是要给美下一个定义,假想了一个论敌,与希庇阿斯辩论什么是美。

> 苏　美的东西之所以美,是否也由于美?
>
> 希　是的,由于美。
>
> 苏　美也是一个真实的东西?
>
> 希　很真实,这有什么难题?
>
> 苏　我们的论敌现在就要问了:"客人,请告诉我什么是美?"
>
> 希　我想他问的意思是:什么东西是美的?
>
> 苏　我想不是这个意思,希庇阿斯,他要问美是什么。
>
> 希　这两个问题有什么分别呢?
>
> 苏　你看不出吗?
>
> 希　我看不出一点分别。
>
> 苏　我想你对这分别知道很多,只是你不肯说。不管怎样,他问的不是什么东西是美的,而是什么是美。请你想一想。
>
> 希　我懂了,我来告诉他什么是美,叫他无法反驳。什么是美,你记清楚,苏格拉底,美就是一位漂亮小姐。①

这里的关键是区别两个问题:一是什么是美;二是什么东西是美。第一个问题是哲学问题,第二个问题是现象列举。苏格拉底要追问美的本质,而不是在现象层次罗列什么是美的。希庇阿斯回答"美就是一位漂亮小姐",他显然没有意识到这两个问题的区别,也就是用第二个问题的答案去回答第一个问题。

随后又举例说汤罐、母马是美的,显然都是在回答第二个问题。为此,将第一个问题转化为如下问题:"但是我问的是美本身,这美本身把它的特质

---

① 柏拉图:《大希庇阿斯篇》,《柏拉图文艺对话集》,朱光潜译,人民出版社1959年版,第143~144页。

传递给一件东西，才能使那件东西成其为美。"① 这相当于由追问现象递进到追问产生现象的原因，变相的指向第一个问题。针对新问题，希庇阿斯认为："他所问的那种美不是别的，就是黄金。""因为谁也知道，一件东西纵然本来是丑的，只要镶上黄金，就得到一种点缀，使它显得美了。"② 希庇阿斯这样的回答比回答漂亮小姐已经明显进步了：漂亮小姐是美的事物，自美其美；而黄金不仅是美的事物，黄金还具有传递性，黄金使其他事物成为美的。

苏格拉底对希庇阿斯的回答予以反驳，以希腊大艺术家菲狄阿斯为例："他雕刻雅典娜的像，没有用金做她的眼和面孔，也没有用金做她的手足，虽然依你的看法，要使她显得更美些，就非用金不可。他用的却是象牙，显然他犯了错误，是由于不知道金子镶上任何东西就可以使它美了。""他雕两个眼珠子却不用象牙，用的是云石，使云石和象牙配合得很恰当。"③ 由此，"我们可以说，使每件东西美的就是恰当。"④ 以恰当定义美，已经超越了具体的事物，向本质接近，显然比能传递美的黄金更进步了。

在恰当的基础上，还要进一步追问："什么才是恰当？它加在一个事物上面，还是使它真正美呢？还是只使它在外表上显得美呢？还是这两种都不是呢？"⑤ 由此追问，又产生了新问题，比如"恰当使事物在外表上显得比它们实际美，所以隐瞒了真正的本质。我们所要下定义的，像我刚才说过的，就是使事物真正成其为美的，不管外表美不美。如果我们要想发现美是什么，我们就要找这个使事物真正成其为美的。"⑥ "美又从我们手里溜脱了，希庇

① 柏拉图：《大希庇阿斯篇》，《柏拉图文艺对话集》，朱光潜译，人民出版社 1959 年版，第 146 页。

② 柏拉图：《大希庇阿斯篇》，《柏拉图文艺对话集》，朱光潜译，人民出版社 1959 年版，第 147 页。

③ 柏拉图：《大希庇阿斯篇》，《柏拉图文艺对话集》，朱光潜译，人民出版社 1959 年版，第 147 页。

④ 柏拉图：《大希庇阿斯篇》，《柏拉图文艺对话集》，朱光潜译，人民出版社 1959 年版，第 148 页。

⑤ 柏拉图：《大希庇阿斯篇》，《柏拉图文艺对话集》，朱光潜译，人民出版社 1959 年版，第 152 页。

⑥ 柏拉图：《大希庇阿斯篇》，《柏拉图文艺对话集》，朱光潜译，人民出版社 1959 年版，第 153 页。

阿斯，简直没有机会可以认识它了，因为照刚才所说的，恰当并不就是美。"①

在后面的辩论中，还涉及美与善关系问题，如"美是善的父亲。""美不就是善，善也不就是美。"② 等等。

最终结论："我得到了一个益处，那就是更清楚地了解一句谚语：'美是难的'。"③

通常认为柏拉图对美本身的追问，产生了美学。但是，也有学者不认为《大希庇阿斯篇》是柏拉图的真作。④ 即便如此，仍然可以在柏拉图的其他著作中找到美的事物与美本身的区分，如：

> "看与听的热爱者喜欢美妙的声音、色彩、形状，以及用它们塑造出来的一切，但他们的思想不能观看和把握美的事物自身的本性。"
>
> "确实如此。"
>
> "事实上，只有很少人能够抵达美的事物本身，凭借美本身观看美的事物。不是吗？"
>
> "当然是这样的。"⑤

上文的关键仍是集中在两个问题：（1）什么是美，也就是美的事物自身的本性，美的事物本身；（2）什么东西是美，例如美妙的声音、色彩、形状等。这与《大希庇阿斯篇》探讨的问题及思路基本相同。

---

① 柏拉图：《大希庇阿斯篇》，《柏拉图文艺对话集》，朱光潜译，人民出版社 1959年版，第 154 页。

② 柏拉图：《大希庇阿斯篇》，《柏拉图文艺对话集》，朱光潜译，人民出版社 1959年版，第 157 页。

③ 柏拉图：《大希庇阿斯篇》，《柏拉图文艺对话集》，朱光潜译，人民出版社 1959年版，第 167 页。

④ 柏拉图：《柏拉图全集（修订本）》（上卷），王晓朝译，人民出版社 2018 年版，第 46~47 页。

⑤ 柏拉图：《国家篇》，《柏拉图全集（修订本）》（中卷），王晓朝译，人民出版社 2018年版，第 184~185 页。

在结束柏拉图美学简介之前，结合教材，补充善与美的问题。

我们第一讲"《论语》与仁性"主要是德性，也就是追求善；第二讲"《庄子》与天性"讲到了美，自然之美，虚静之美。在中国哲学中，孔子之后，善的德性主要由孟子发展继承，近世中国有王阳明等，以及儒道融合，这涉及善与美的关系，主要是内在的德与美。我们第七讲"《斐多》与生命"关注了柏拉图的伦理学，他追求善，这一讲谈到柏拉图的美学，追问美的本质，思考美与善之间的关系。在西方哲学中，善与美可以说都由柏拉图奠基，当然，我们也可向前再追溯到苏格拉底、毕达哥拉斯。从思想主题来看，第一讲与第七讲相应，第二讲与第八讲相应。从思想家的归属地来看，第一讲与第二讲都是轴心时代中国的思想，第七讲与第八讲亦可归结到轴心时代古希腊的思想，这是以德国古典哲学以古希腊哲学为源本为预设。同学们可以继续思考这里面的问题，比如中国思想内部德与美的关系，中西比较视域中的德与美，以及德与美的分别与内在一致性等。

## 2. 德国古典美学

以古希腊柏拉图美学为根基，到了18、19世纪，迎来了德国古典美学的发展。这个时期出现的美学"经典群"有：鲍姆加登的《美学》、康德的《判断力批判》、席勒的《审美教育书简》、黑格尔的《美学》、谢林的《艺术哲学》等。下面按照朱光潜先生的《西方美学史》来简单梳理一下德国古典美学的发展。

德国古典美学的理论奠基始于莱布尼茨《关于知解力的新论文》，在这里，莱布尼茨区分出如下认识的类型：

　　▲I 明晰的认识（认识的最高阶段）:

　　　　▲I.I 明确的认识

　　　　▲I.II 混乱的认识（微小的感觉 les petites perceptions）

　　▲II 朦胧的认识（处于意识或下意识状态，如梦）

　　莱布尼茨认为审美趣味或鉴赏力由这"混乱的认识"或"微小的感觉"（I.II）组成的，因其混乱或微小，我们对它就"不能充分说明道理""我说不出来的什么（je ne sais quoi）。"① 这说明在诞生之初，美学便与感觉密切相关。这种感觉既不同于明确的认识，也不是朦胧的认识，而是介于朦胧与明确之间，能够被人感知的认识。

　　莱布尼茨的学生沃尔夫（Christan Wolff，1679—1754）认为美是"一种适宜产生快感的性质，或是一种显而易见的完善。""美在于一件事物的完善，只要那件事物易于凭它的完善来引起我们的快感。"② 由此将美向感知认识导向，且明确了"快感"，也就是愉悦的获得。同时，"完善"关联着莱布尼兹的预定和谐，这可以一直追溯到毕达哥拉斯学派的宇宙和谐。

　　沃尔夫的学生鲍姆加登（Alexander Gottlieb Baumgarten，或译鲍姆加通，1714—1762）将研究混乱的感性认识独立出来，音译为"埃斯特惕克（Äesthetik）"。"美学的对象就是感性认识的完善（单就它本身来看），这就是美。"③ 由此美学诞生了。但是，后面学者对此有反思，比如黑格尔指出："对于这种对象，'伊斯特惕克'（Äesthetik）这个名称实在是不完全恰当的，

---

① 朱光潜:《西方美学史》，人民文学出版社 1979 年版，第 287~288 页。在 17 世纪的美学酝酿中便有"我说不出的什么（je ne sais quoi, nescio quid）"，布乌尔（Bouhours，1628—1702）说："意大利人总是把任何事情都看成是神秘的，并在任何场合中总是说，我说不出的什么，在诗人的作品中看不出比这更一般的东西了。"孟德斯鸠（Montesquieu，1689—1755）说："在人和事物中，有一种肉眼看不到的秀美，一种天然的优雅，人们没法把它确定，只好把它叫作'我说不出的什么'。我觉得这似乎主要是由惊奇的心理所致。"（克罗齐:《美学的历史》，王天清译，袁华清校，商务印书馆 2017 年版，第 46~47 页。）

② 朱光潜:《西方美学史》，人民文学出版社 1979 年版，第 288~289 页。

③ 朱光潜:《西方美学史》，人民文学出版社 1979 年版，第 289 页。

因为'伊斯特惕克'的比较精确的意义是研究感觉和情感的科学。就是取这个意义，美学在沃尔夫学派之中，才开始成为一种新的科学，或则毋宁说，哲学的一个部门"。按照黑格尔的看法，应该用卡力斯惕克（Kalistik）这个名称，这个名称源于希腊文 Kallos，只是艺术的美。①

鲍姆加登之后，康德哲学登场，他有三大批判：《纯粹理性批判》*Kritik der Reinen Vernunft*，1781A 版、1787B 版；《实践理性批判》*Kritik der Praktischen Vernunft*，1788；《判断力批判》*Kritik der Urteilskraft*，1790。在这三大批判中，最后一个批判是美学经典。康德是大哲学家，美学亦不例外，他对美进行了系统而深刻的分析，可以说是德国美学的核心人物。但是，由于康德的哲学著作不太容易读，尤其对于跨专业的学生，我们教材中没有选录。由于康德哲学的伟大，后续的思想家都或多或少受他的影响，席勒也不例外，如在《审美教育书简》第一封信中所言，"我对您毫不隐讳，下述命题绝大部分是基于康德的各项原则"②。他的美学著作也是顺着康德的美学发展而来。具体著作情况是"席勒在 1791 年生活困苦，身患肺病，外边甚至一度谣传：他已在贫病中死去。丹麦奥古斯腾堡（Augustenburg）公爵和史梅尔曼（Schimmelmann）伯爵从这年 12 月起，每年资助席勒 1000 塔勒银币，以 3 年为限。席勒为了报答奥古斯腾堡公爵对他的帮助，从 1793 年 2 月起，把他近年来对于美学的探讨用书信的方式报告给丹麦的公爵。次年 2 月，哥本哈根大火，前 10 封信在火中焚毁，席勒又根据自己留存的提纲重新撰写，共写出 27 封，于 1795 年在他创办的《时季女神》杂志上陆续发表。"③ "他的应该命名为《论美》（Kallias）的美学巨著却一直没有完成；只是在他和克尔纳（Korner）的通信（1793—1794）中给我们留下了一些只言片语。"④

---

① 黑格尔：《美学》第一卷，朱光潜译，商务印书馆 2017 年版，第 3 页。
② 席勒：《美育书简》，徐恒醇译，社会科学文献出版社 2016 年版，第 25 页。
③ 冯至，范大灿：《译本序》，《审美教育书简》，人民文学出版社 2022 年版，第 4~5 页。
④ 克罗齐：《美学的历史》，王天清译，袁华清校，商务印书馆 2017 年版，第 140 页。

### 3. 中国近现代的美育

蔡元培（1868—1940），北京大学校长，著名教育家。常听人讲，蔡元培被称作中国的"洪堡"，但具体如何是呢？威廉·冯·洪堡（Wilhelm von Humboldt，1767—1835）是德国著名的教育家，原名柏林大学的洪堡大学（Humboldt-Universität zu Berlin），便是以他命名。① 我在柏林访学期间，真正进入这所大学，了解这所大学的历史与发展，会时有发现北京大学教育体系的影子，遥想当年，也许就是蔡元培先生将德国柏林大学（或与之类似的莱比锡大学）的教育体系引入中国。与之相伴的，便是当时德国的美育，如其所言："美育的名词，是民国元年我从德文的 Ästhetische Erziehung 译出，为从前所未有。"② 具体来说：

> 美育者，应用美学之理论于教育，以陶养感情为目的者也。……不顾祸福，不计生死，以热烈之感情奔赴之；凡与人同乐、舍己为群之德，属于此类，赖美育之助者也。所以美育者，与智育相辅而行，以图德育之完成者也……及十八世纪，经包姆加敦（Baumgarten，1717—1762）与康德（Kant，1724—1804）之研究，而美学成立。经席勒尔（Schiller，现译席勒，1759—1805）详论美育之作用，而美育之标识，始彰明较著矣。（席勒尔所著，多诗歌及剧本；而其关于美学之著作，唯 Briefe über die ästhetische Erziehung，吾国"美育"之术语，即由德文之 Ästhetische Erziehung 译出者也。自是以后，欧洲之美育，为有意识之发展，可以资吾人之借鉴者甚多。③

---

① 现在的柏林自由大学是在柏林墙修建后，原柏林大学的一些老师赴西德创建，柏林自由大学与洪堡大学具有一致的传统。

② 蔡元培：《二十五年来中国之美育》（一九三一），《蔡元培全集》第六卷，中华书局 1988 年版，第 54 页。

③ 蔡元培：《美育》（一九三〇），《蔡元培全集》第五卷，中华书局 1988 年版，第 508~509 页。"Briefe"，原作"Brisfe"，误。

由上可知，美育是蔡元培教育思想的重要组成部分。美育"以陶养感情为目的"，基于感性，这是美学区别于纯粹形而上学、理念的重要特征。在我们的本科生教育体系中，教育的中心是智育（比如同学们学习电子信息专业知识）。但是，仅有智育显然不能成为一个完整的人，在下面会讲到，学习专业知识只能实现我们的职业化，犹如在社会的大机器中去充当一个齿轮，结合我们"学以成人"的主题，也就是学成了一个职业化的人。蔡元培强调美育"与智育相辅而行，以图德育之完成者也"，在智育的基础上，还要辅助美育，才能最终完成德育，成为一个完整的人（der ganz Mensch）。据黑格尔评价席勒的《审美教育书简》："在这部书里，席勒的基本出发点是：每一个人都有本领去实现理想的人性。"① 也就是相当于《坛经》中所讲的"何期自性，本自具足"，人人具有成为理想之人的可能性。具体来看席勒的教育观念："因此，有促进健康的教育，有促进认识的教育，有促进道德的教育，还有促进鉴赏力和美的教育。这最后一种教育的目的在于，培养我们感性和精神力量的整体达到尽可能和谐。"② 在现有的本科教学体系中，尤其是理工科教学体系，相对缺乏美育以及德育，由此显示出人文社科经典通识课的必要性，同时也内在要求我们在人文社科经典中学习美育。另外，与西方盛行宗教不同，中国传统崇尚人文精神，蔡元培提出美育代替宗教说，"纯粹之美育，所以陶养吾人之感情，使有高尚纯洁之习惯，而使人之我见，利己损人之私念，以渐消沮者也。"③ 这种思想可以在席勒的美学中找到原型，在学习席勒美学之前，我们先引入一段他的原文：

因此，爱思索的人只在心里思索道德、真理和幸福，而爱行动的人却只去做道德的事，只运用真理，只享受幸福的生活。把后一种人引导回到前一种人——使道德代替习俗、知识代替认识、幸福代替幸福体验，

① 黑格尔：《美学》第一卷，朱光潜译，商务印书馆 2017 年版，第 77 页。
② 席勒：《美育书简》，徐恒醇译，社会科学文献出版社 2016 年版，中文第 146 页。
③ 蔡元培：《以美育代宗教说》，《蔡元培美学文选》，北京大学出版社 1983 年版，第 70 页。

这就是物质方面的和道德教育的任务，由美的对象产生美，这就是美育的任务。①

我们在上一讲谈到的苏格拉底就是席勒所讲的爱思索的哲人，他追求美德、真理、幸福，当然，他也是一个爱行动的人，他以生命诠释他的哲学，如色诺芬笔下的苏格拉底："我一生一世没有做过不义的事，我以为这或许就是最好的申辩了。"席勒在这里区分了两种人：爱思索的人，关注美是什么；爱行动的人，相当于美的对象。美育的任务是将爱行动的人引导至爱思索的人，也就是从感知美的对象上升到思考美的本质，从而在根本处实现美的升华。拓展席勒的思想，在认识美的本质之后，亦不是停留在玄思中，还须返回美的事物，在生活中展现美的本质。综合两种路径，可以实现思与行的统一，也相当于重回苏格拉底传统。

## （二） 两个比喻：钟表与水螅

美学产生于特定的时代背景，18 世纪 60 年代开始的第一次工业革命，导致了人类生产方式的改变，以及由此带来的资产阶级革命，代表了传统社会向现代社会的转型。我们当今社会的一些特征也产生于那个时代，比如职业化分工，相当于席勒的钟表的比喻。在此背景下，席勒思考时代的问题，寻找解决方案，其中一个重要资源便是古希腊社会。

### Die Götter Griechenlands 希腊的群神（1788）

Da ihr noch die schöne Welt regieret,

当你们还在统治美丽的世界，

An der Freude leichtem Gängelband

还在领着那一代幸福的人，

---

① 席勒：《美育书简》，徐恒醇译，社会科学文献出版社 2016 年版，第 119 页。

Glücklichere Menschenalter führtet,

使用那种欢乐的轻便的引带

Schöne Wesen aus dem Fabelland!

神话世界中的美丽的天神！

……

Da der Dichtung malerische Hülle

那时，还有诗歌的迷人的外衣

Sich noch lieblich um die Wahrheit wand,

裹住一切真实，显得美好，

Durch die Schöpfung floß da Lebensfülle,

那时，万物都注满充沛的生气，

Und was nie empfinden wird, empfand.

从来没有感觉的，也有了感觉，

An der Liebe Busen sie zu drücken,

人们把自然拥抱在爱的怀中，

Gab man höhern Adel der Natur,

给自然赋予一种高贵的意义，

Alles wies den eingeweihten Blicken,

万物在方家们的慧眼之中，

Alles eines Gottes Spur.

都显示出神的痕迹。

……

Schöne Welt, wo bist du? -Kehre wieder,

美丽的世界，而今安在？

Holdes Blüthenalter der Natur!

大自然美好的盛世，重回到我们当中！

Ach, nur in dem Feenland der Lieder

可叹，只有在诗歌仙境里面，

Lebt noch deine goldne Spur.

还寻得到你神奇莫测的仙踪。

……

Alle jene Blüthen sind gefallen

那一切花朵都已落英缤纷，

Von des Nordes winterlichem Wehn；

受到一阵阵可怕的北风洗劫；

Einen zu bereichern unter Allen，

为了要抬高一位惟一的神，

Mußte diese Götterwelt vergehn.

这个多神世界只得消灭。

……

Unbewußt der Freuden，die sie schenket，

被剥夺了神道的这个大自然，

Nie entzückt von ihrer Trefflichkeit，

不复知道她所赐与的欢欣，

Nie gewahr des Armes，der sie lenket，

不再沉迷于自己的妙相庄严，不再认识支配自己的精神，

Reicher nie durch meine Dankbarkeit，

对我们的幸福不感到高兴，

Fühllos selbst für ihres Künstlers Ehre，

甚至不关心艺术家的荣誉，

Gleich dem todten Schlag der Pendeluhr，Dient sie knechtisch dem Gesetz der Schwere，

Die entgötterte Natur.

就像滴答的摆钟，死气沉沉，屈从铁一般的纪律。①

---

① 席勒：《席勒文集》I，钱春绮译，人民文学出版社 2005 年版，第 38~44 页。按照席勒的观点，"群神"与"一神"代表了希腊文明与希伯来文明的关系，体现出两希文明的内在冲突，"为了要抬高一位惟一的神，这个多神世界只得消灭。"以群神为代表的希腊文明精神充盈，自然欢欣，洋溢着美；以一神为代表的希伯来文明精神单一，死气沉沉，削弱甚至压抑了美。

古希腊社会充满生机，相当于席勒的水螅之喻；席勒所处的工业社会如同死气沉沉的钟摆，也就是钟表，由此形成钟表与水螅两个比喻的对立：

> 政府的新精神使艺术和博学在人的内心世界所引发的分裂变得全面和普遍。当然我们并不期望，古代共和国的简单的组织比古代单纯的风俗习惯存在得更久远。然而，这种简单的组织并没有向上变成更高级的富有活力的生活，而是沦为粗糙的机器。在古希腊的城邦里，每一位个体都享有独立的生活，如有必要他们又能成为整体。在古希腊的城邦里，每一位个体都享有独立的生活，如有必要他们又能成为整体。现在，希腊国家的这种水螅性（Polypennatur）让位于一架结构复杂的钟表，在那里，机械的生活用无限多的、但没有生命的部分拼凑着自己。如今，国家与教会、法律与习俗都被撕裂了，享受与劳作、手段与目的、努力与报酬都被分开了。人只是永远地被束缚在整体的一个孤零零的小碎片上。人只有把自己塑造成一个碎片。他耳朵里听到的永远只是被他推动的那个齿轮所发出的单调的嘈杂声，他从不发展他基于其本质的和谐。他不是把人性印入其天性，而是把自己仅仅变成其职业和知识的印痕。尽管那个可怜的、残缺不全的部分还把单个的零件联结到整体上，但它和自发的形式并没有什么关系（因为人们怎能相信一架人工的和畏光的钟表会拥有形式的自由呢？）。自发的形式被细致、苛刻的表格规约。在这个表格里，人们的自由洞见被束缚。死的字母代替鲜活的知性（Verstand），被训练的记忆力比天才和感受力更可靠地引导着人们。①

按照钟表的比喻，我们生活在一个职业化的、结构复杂的社会中，如同一台结构精密的钟表，每个职业人担当这个钟表的一个齿轮（或其他零件）。这个齿轮在机械化运转过程中，与之发生联系的，仅是前后两个齿轮而已。前轮提供驱动力，这个齿轮接受驱动力后，再将驱动力传递给后轮。至于其

---

① 李建中主编：《人文社科经典导引》（第三版），武汉大学出版社 2021 年版，第223 页。

他齿轮如何工作、如何运转,不是这个齿轮所考虑的问题。这类似于职业化教育,教育机构为分工社会的精密"钟表"提供其所需的齿轮(或其他零件)。显然,在钟表工作时,齿轮是被动的、单调的、乏味的,也是碎片化的、机械化的。人在充当分工社会的齿轮时,更像机器,而不像一个完整的、活生生的人,尤其是一个会审美的人、懂得美的生活的人。为治疗职业社会病,席勒返回古希腊社会寻找资源。古希腊社会具有水螅性,指向有机的整体,身体的每一部分可以与其他部分发生关联,如同牵一发而动全身;每一部分生活在有机的整体中,是主动的、丰富的、整体的,具有生生不息的活力。

职业化基于知识化,只要求智性,强调智育;水螅化不排斥智育,但更侧重于美育与德育,侧重生命的感知、生命的美感,类似于中国哲学中的"仁者以万物为一体"。席勒的思考对于当今社会仍有现实意义,在第四次工业革命中,也就是当今的智能化、信息化时代,相对于第一次工业革命的机械化的"钟表"社会,人的社会分工更加多元、更加智能,职业人的联系性比机械化更为复杂,但是,总体状况仍然堪忧。随着人工智能的飞速发展,人越来越依赖于智能化产品,如手机、电脑,在地铁上、火车站里,经常看到人手一部智能手机,沉迷其中,而越来越疏离源于机体的美感、美的生活,更不用说深度思考美的本质了。这也显示出我们学习人文社科经典,学习审美的必要性。

# (三) 三种冲动

在学习席勒美学的三种冲动之前,我们再回望一下柏拉图美学中感性之美和理式之美的区分,前者关联着美的事物,后者关联着美的本质。这两者之间有多种关系,比如苏格拉底与希庇阿斯谈到的能传递美的黄金、恰当等。柏拉图美学的区分反映到席勒美学,对应于感性本性与理性本性,前者关联着感性冲动的对象,后者关联着形式冲动的对象,在这两种对象之间,存在多种互动，由此指向游戏冲动的对象。①

从"学以成人"的角度来看，在第11封书信中，席勒区分了人身上两种东西，进而阐释这两种东西的特点与关系，引出人的感性本性与理性本性："在人的身上可以区分出一种持久的东西和一种经常变动着的东西，持久的东西称为人格，变动着的东西成为状态。"② 这种变动着的状态对应于感性本性，持久的对应于理性本性：

> 这就在人身上产生了两种相反的要求，它们是感性本性和理性本性的两种基本法则。前者要求绝对的实在性，它应该把一切凡是形式的东西转化成世界，使人的一切素质表现出来；后者要求有绝对的形式性，它要把凡只是世界的存在消除在人的自身之内，使人的一切变化处于和谐中。③

要实现学以成人，就需要充分发展两种本性，但由于这两种本性指向相反的要求，这就涉及到两种本性与冲动的相互作用。"冲动"是指：

> 为了完成这两项任务，即把我们自身之内必然的东西转化为现实，并使我们自身之外的现实的东西服从必然性的规律，我们受到两种相反力量的驱使，因为它们推动我们去实现它们的目标，所以我们可以把它们恰如其分地称为"冲动"。④

感性本性对应现实、感性冲动；理性本性对应必然性的自然规律、形式

---

① 莱布尼茨可能认识到了审美事实的真正特点："它既非感性的同时又非理性的，他认为，它不是感性的，似乎它有着'明晰'性，这个'明晰'性有别于娱乐和感性的激动；它不是理性的，因为它又缺乏'明确'性。"（克罗齐：《美学的历史》，王天清译，袁华清校，商务印书馆2017年版，第56页。）

② 席勒：《美育书简》，徐恒醇译，社会科学文献出版社2016年版，第86页。

③ 席勒：《美育书简》，徐恒醇译，社会科学文献出版社2016年版，第89页。

④ 席勒：《美育书简》，徐恒醇译，社会科学文献出版社2016年版，第91页。

冲动：

第一种冲动称为感性冲动，产生于人的物质存在或他的感性本性。它把人置于时间的限制之内，并使人成为物质材料。①

第二种冲动我们称为形式冲动。它产生于人的绝对存在或理性本性，致力于使人处于自由，使人的不同表现处于和谐中，在状态的变化中保持其人格的不变。②

感性冲动与理性冲动的关系是席勒美学的重要内容，这遥接了柏拉图的美学问题。席勒并没有将这两种冲动看作完全对立的，而是试图统一这两种冲动。③ 如黑格尔评价席勒的美学："美就是理性与感性的统一，而这种统一就是真正的真实。"④ 在第15封信中，席勒提出了游戏冲动：

在这种新的冲动中那两种冲动的作用结合在一起（在我没有论证这一名称以前，请允许我暂时把它称作游戏冲动）。⑤

---

① 席勒：《美育书简》，徐恒醇译，社会科学文献出版社 2016 年版，第 91 页。"这两种冲动中的第一种，我想称它为感性冲动，它源于人的肉体存在或者说是人的感性天性，它的职责是把人置入时间，让人变成物质"。（教材，第十二封信，第 225 页。）

② 席勒：《美育书简》，徐恒醇译，社会科学文献出版社 2016 年版，第 93 页。"两种冲动中的第二种，人们可以称之为形式冲动（Formtrieb），它源于人的绝对存在，或者说人的理性天性。形式冲动竭力使人自由，让人的各种不同的显现（Erscheinen）得以和谐，让人在所有的状态变化的情况下保持住自己的人格。"（教材，第十二封信，第 225 页。）

③ "感性冲动虽然要求变化，但并不要求把变化延伸到人格及其领域，不要求改变原则。形式冲动要求统一和不变，但它并不要求状态也随着人格而固定不变，并不要求感觉是同一的。因此，它们在本性上并不是相互对立的。"（席勒：《美育书简》，徐恒醇译，社会科学文献出版社 2016 年版，第 98 页。）

④ 黑格尔：《美学》第一卷，朱光潜译，商务印书馆 2017 年版，第 78 页。

⑤ 席勒：《美育书简》，徐恒醇译，社会科学文献出版社 2016 年版，第 107 页。

具体来说：

感性冲动要被规定，它要接受自己的客体；形式冲动要由自己规定，它要产生自己的客体。游戏冲动将致力于像它自己所产生的那样来接受，并像人的感官所接受的那样来产生。①

席勒要保持感性冲动与形式冲动的独立性，相当于承认两种美，既要美的事物，与感性相关；也要美的形式，与理性相关。在此基础上，再引入游戏冲动来调和统一两者。这相当于既承认感性冲动与形式冲动的独立性，又在此基础上进一步实现两者的互通；在互通中，又保持各自的独立性。如果按照柏拉图哲学中感性世界与理念世界的隔绝，游戏冲动相当于两个世界之间的摆渡者。借用方以智的哲学来看，感性冲动相当于显冒，是显见之美；形式冲动相当于密冒，是美的本质。显冒与密冒通过统冒来统合，相当于将美分成三种：感性的、形式的、联通感性的与形式的。按照方以智的三冒思想引申，② 密冒与显冒相当于拨浪鼓的两个弹丸③，统冒相当于拨浪鼓的转轴，这可以说是方以智的哲学是玩拨浪鼓"游戏冲动"。三冒在旋转中相互轮转，④ 组成一体，也就是三而一、一而三的关系，⑤ "三"强调三种冲动的独立性，"一"突出三种冲动的一体性。这三种冲动又对应三种对象：

① 席勒：《美育书简》，徐恒醇译，社会科学文献出版社 2016 年版，第 107 页。
② 方以智著，张昭炜整理：《三冒五衍》，《易余》卷上，《易余（外一种）》，上海古籍出版社 2018 年版，第 26~41 页。
③ "如播鼗然。"（方以智著，张昭炜整理：《三冒五衍》，《易余》卷上，《易余（外一种）》，上海古籍出版社 2018 年版，第 30 页。）
④ 显冒与密冒还可以相互吞吐，显冒将密冒吞进去，相当于只有感性冲动，从而两种冲动表现为一种冲动，显示出两种冲动之间的统一；显冒又可将密冒吐出来，相当于两种冲动同时表现，显示出两种冲动之间的独立性。反之亦然，即密冒可吞显冒，亦可吐显冒；更进一步，统冒还可参与显冒与密冒的吞吐。参见张昭炜：《正余的吞吐成环及双向开掘——论方以智的体用观及其创新》，《安徽大学学报（哲学社会科学版）》2020 年第 3 期。
⑤ "此三冒者，实三而恒一、实一而恒三也。"（方以智著，张昭炜整理：《三冒五衍》，《易余》卷上，《易余（外一种）》，上海古籍出版社 2018 年版，第 35 页。）

感性冲动的对象,用一个通常的概念来表达,就是最广义的生活 (Leben),这个概念指称一切物质存在以及一切直接呈现于感官的当下之物。

形式冲动的对象,用一个通常的概念来表达,就是在本真和非本真意义上的型式 (Gestalt),这个概念包含事物的一切形式特性以及事物和思维力的一切关系。

游戏冲动的对象,用一种通常的图式来展示,可以叫作活的型式 (Lebende Gestalt),人们用这个概念表示现象的一切审美特性,一句话,人们用它表示最广义的美。①

游戏冲动的对象"表示最广义的美",也就是涵盖了美的事物(感性冲动的对象)与美的本质(形式冲动的对象),以及美的事物与美的本质之间的多种关系,② 以上是席勒美学的最广义的美。在柏拉图美学中,结合《大希庇阿斯篇》,相当于涵盖了美的事物、美的本质,以及事物与本质之间的多种形态,如传递美的黄金、恰当等。从德国古典美学来看,游戏冲动的对象是综

① 李建中主编:《人文社科经典导引》(第三版),武汉大学出版社 2021 年版,第 227 页。

② 美可以划分为溶解性的美 (die shmelzende Schönheit) 与振奋性的美 (die energische Schönheit):"从美那里,人们可以同时期待一种松弛 (auflösend) 作用和一种紧张作用。松弛作用就是让感性冲动与形式冲动各自驻留在自己的界限内,紧张作用就是让感性冲动和冲动它们都保持着自己的力。""按照这个概念,这两个部分必然同时互为条件又互相制约,它们最纯洁的产物就是美。""我将在紧张的人身上检验溶解性的美的作用;在松弛的人身上检验振奋性的美的作用,从而最终让美的两种对立的种类变成理想美的统一体,让人性的两种对立的形式变成理想人的统一体。"(教材,第十六封信,第 230~231 页。) 在中国哲学中,相当于此类似于"一张一弛,文武之道也"(《礼记·杂记下》) 据《礼记注疏》:"张弛以弓弩喻人也;弓弩久张之则绝其力,久弛之则失其体。"文武的为政之道亦是学以成人之道,要实现学以成人,需要综合两种美,其最纯洁的产物便是一个美的人。从哲学上阐发张弛者,如方以智所论:"弓之为弓也,非欲张之乎? 然必弛之养其力,乃能张之尽其用。"相当于溶解性的美(弛)与振奋性的美(张)相互作用,互为体用,共同展现大美。张弛之论详见方以智撰,庞朴注释:《张弛》,《东西均》,《东西均注释(外一种)》,中华书局 2016 年版,第 278~284 页。

合了鲍姆加登的感性之美、康德理性之美的综合形态，用黑格尔的《美学》来说："席勒的大功劳就在于克服了康德所了解的思想的主观性与抽象性，敢于设法超越这些局限，在思想上把统一与和解作为真实来了解，并且在艺术里实现这种统一与和解。"① 相对于作为大哲学家的康德，席勒是一位文学家、艺术家、充满激情的浪漫主义者，"他的艺术家的经验和强烈的意识肯定帮助了他"②。因此，席勒的美学在深邃的哲思基础上，更结合了文学艺术，以及对于抽象与具体的统一，这是席勒对于德国古典美学的重要贡献。最后，用一句席勒的经典名言总结以上内容：

> 只有人是完全意义上的人时，他才游戏；只有当人游戏时，他才完全是人。③

## （四）四首诗歌

为加强学生对席勒美学的直观感受，引入四首诗歌《溪边的少年》《欢乐颂》《孔夫子的箴言》（时间）和《孔夫子的箴言》（空间）。席勒于 1803 年创作《溪边的少年》，由弗朗茨·舒伯特（Franz Schuber 1797—1828 年）作曲，描述少年的激情、青春的活力、绽放的春天与爱情的躁动，符合以赛亚·柏林描述的浪漫主义的青春特征。

### 1. 《溪边的少年》

### Der Jüngling am Bache 溪边的少年

An der Quelle sass der Knabe,

---

① 黑格尔：《美学》第一卷，朱光潜译，商务印书馆 2017 年版，第 76 页。

② 克罗齐：《美学的历史》，王天清译，商务印书馆 2017 年版，第 136 页。

③ 李建中主编：《人文社科经典导引》（第三版），武汉大学出版社 2021 年版，第 229 页。

Blumen wand er sich zum Kranz,

少年坐在泉水之旁，用些鲜花扎成花环，

Und er sah sie fortgerissen,

Treiben in der Wellen Tanz.

他看着它随水流去，漂在翻腾的水波上面。

„ Und so fliehen meine Tage

Wie die Quelle rastlos hin!

"我的日子就这样流逝，像泉水一样流个不停！

Und so bleichet meine Jugend,

Wie die Kränze schnell verblühn!

我的青春就这样枯萎，像花环一样迅速凋零！

„ Fraget nicht, warum ich traure

In des Lebens Blütenzeit!

不要问，我为什么忧伤，在人生的花季年龄！

Alles freuet sich und hoffet,

Wenn der Frühling sich erneut.

大家都高高兴兴希望，迎接春天里万象更新。

Aber diese tausend Stimmen

Der erwachenden Natur

可是苏醒过来的大自然，万籁齐鸣，不可胜数，

Wecken in dem tiefen Busen

Mir den schweren Kummer nur.

却在我的深深的胸中，只唤起了沉重的痛苦。

„ Was soll mir die Freude frommen,

Die der schöne Lenz mir beut?

美丽的春天带来的欢乐，它跟我又有什么相干？

Eine nur ist's, die ich suche,

Sie ist nah und ewig weit.

我寻找的，只有一位，她在近处，却又很遥远。

Sehnend breit' ich meine Arme

Nach dem teuren Schattenbild,

我满怀思念，伸出手臂，想拥抱住可爱的倩影，

Ach, ich kann es nicht erreichen,

Und das Herz bleibt ungestillt!

可是却可望而不可即，我的心永远无法安静！

„ Komm herab, du schöne Holde,

Und verlass dein stolzes Schloss!

请下来吧，漂亮的丽人，离开你的富丽的府邸！

Blumen, die der Lenz geboren,

Streu' ich dir in deinen Schoss.

那绽放在春天的鲜花，我要撒到你的怀里。

Horch, der Hain erschallt von Liedern,

Und die Quelle rieselt klar!

听吧，林子里响起歌声，明净的泉水缓缓地流！

Raum ist in der kleinsten Hütte

Für ein glücklich liebend Paar. "

最小的蜗居也足够容纳一对相爱的幸福佳偶。"①

## 2. 《欢乐颂》

1785 年由席勒创作，贝多芬谱曲，作为其第九交响曲第四乐章的主要部分，现为欧洲联盟的盟歌、欧洲委员会会歌。

---

① 席勒：《席勒文集》I，钱春绮译，人民文学出版社 2005 年版，第 168~169 页。

### *Ode an die Freude* 欢乐颂（节选）

Freude, schöner Götterfunken,

欢乐啊，群神的美丽的火花，

Tochter aus Elysium,

来自极乐世界的姑娘，

Wir betreten feuertrunken,

天仙啊，我们意气风发，

Himmlische, dein Heiligthum!

走进你的神圣的殿堂！

Deine Zauber binden wieder

Was die Mode streng geteilt;

无情的时尚隔开了大家，靠你的魔力重新聚齐；

Alle Menschen werden Brüder,

Wo dein sanfter Flügel weilt.

在你温柔的羽翼之下，人人都彼此结为兄弟。①

## 3.《孔夫子的箴言（1795）》，I，时间

### **Spruch des Konfuzius**（1795）孔夫子的箴言

Dreifach ist der Schritt der Zeit:
时间的步伐有三种不同：

Zögernd kommt die Zukunft hergezogen,
姗姗来迟的乃是未来，

Pfeilschnell ist das Jetzt entflogen,
急如飞矢的乃是现在，

---

① 席勒:《席勒文集》I，钱春绮译，人民文学出版社 2005 年版，第 30 页。

Ewig still steht die Vergangenheit.

过去却永远静止不动。

Keine Ungeduld beflügelt

Ihren Schritt, wenn sie verweilt.

它在缓步时，任怎样性急，不能使它的步子加速。

Keine Furcht, kein Zweifeln zügelt

Ihren Lauf, wenn sie enteilt.

它在飞逝时，恐惧和犹疑，不能阻挡住它的去路。

Keine Reu, kein Zaubersegen

Kann die Stehende bewegen.

任何懊悔，任何咒语，不能使静止者移动寸步。

Möchtest du beglückt und weise

你要做幸福、聪明的人，

Endigen des Lebens Reise,

走完你的生命的旅程，

Nimm die Zögernde zum Rat,

要听从迟来者的教诲，

Nicht zum Werkzeug deiner Tat.

不要做你的行动的傀儡。

Wähle nicht die Fliehende zum Freund,

别把飞逝者选作朋友，

Nicht die Bleibende zum Feind.

别把静止者当做对头。①

这是一首涉及中西哲学对话的诗歌，为我们展现了一个西方文学家、美学家眼中的孔子。孔子有关时间的最有名的一段话，应该是："子在川上，曰：'逝者如斯夫！不舍昼夜。'"（《论语·子罕》）我们的教材也选录了这

---

① 席勒：《席勒文集》I，钱春绮译，人民文学出版社 2005 年版，第 51 页。

段话。按照席勒的解读,时间分为三种:姗姗来迟的未来、急如飞矢的现在、永远静止不动的过去。人生活在时间之中,或者说人存在于时间之中。在人与时间的关系中,人是被动的,人无法改变过去,也无法提前进入未来;人又是主动的,尽管现在急如飞矢,如孔子所言的滚滚川流,但人仍可以抓住现在。能够抓住现在,将生命在现在实现精彩的绽放,这便是幸福的人、聪明的人,这是席勒从孔夫子那里学习到的东方的智慧。相反的情况是,一个人试图去改变不能改变的时间,如对于过去懊悔,对于未来迟钝,将飞逝作为朋友,从而迷失在三种时间中,如同海德格尔所讲的:生命在时间中处于被抛的状态。

### 4. 《孔夫子的箴言(1799)》,II,空间

Dreifach ist des Raumes Maß:

空间的测量有三种不同:

Rastlos fort ohn Unterlaß

它的长度绵延无穷,

Strebt die Länge, fort ins Weite

永无间断;它的宽度

Endlos gießet sich die Breite,

辽阔万里,没有尽处;

Grundlos senkt die Tiefe sich.

它的深度深陷无底。

Dir ein Bild sind sie gegeben:

它们给你一种象征:

Rastlos vorwärts mußt du streben,

你要进入完美之境,

Nie ermüdet stille stehn,

Willst du die Vollendung sehn;

须努力向前，永不休息，孜孜不倦，永不停止；

Mußt ins Breite dich entfalten,

Soll sich dir die Welt gestalten;

你要看清世界的全面，你要向着广处发展；

In die Tiefe mußt du steigen,

Soll sich dir das Wesen zeigen.

你要认清事物的本质，必须向深处挖掘到底。

Nur Beharrung führt zum Ziel,

Nur die Fülle führt zur Klarheit,

Und im Abgrund wohnt die Wahrheit.

只有坚持才达到目的，只有充实才使人清楚，真理藏在深渊的底部。①

这是从空间角度诠释孔子之学，如同时间分为三种，空间亦如是：绵延无穷、永无间断的长度；辽阔万里、没有尽处的宽度；深陷无底的深度。结合"学以成人"的主题，人需要在三种空间充分展开，才能成为一个全面发展的人，也就是说进入完美之境。既然长度绵延无穷，生命应该自强不息；既然宽度辽阔万里，就应该像"溥博如天"展开，增加认识的广度，当然其中包括通识教育的内容；既然深度深陷无底，就应该像"渊泉如渊"挖掘，探寻事物的本质、真理，直至深渊的底部。综合"溥博如天""渊泉如渊"，这正是《中庸》十字打开的境界，也是一个人充分展开后的境界，当然，要达到这种境界，还要融合自强不息的长度，学成一个充分展开的人。

---

① 席勒：《席勒文集》I，钱春绮译，人民文学出版社 2005 年版，第 52 页。

# 附录八：席勒美学的激情与自由

在《审美教育书简》之外，教材还节选了《论崇高》。崇高是德国古典美学的重要内容，康德对此有系统论述①，席勒的《论崇高》就是接着康德讲。浪漫主义美学的重要特点还有激情与自由，席勒著有《论激情》②。有鉴于此，附录席勒美学的激情与自由，并关联崇高。

## 1. 游戏中的激情与自由

在讨论席勒论激情与自由之前，先回顾一下柏拉图论激情。柏拉图将理性、激情与欲望看作灵魂的三个部分，分别对应于智慧、勇敢、节制三种美德。结合席勒的游戏说，灵魂的三部分可分别对应于理性冲动、游戏冲动、感性冲动。按此推论，席勒所论的激情应在灵魂的三分结构中居于中间地位，由此可以回答柏拉图的提问："我们现在要说的是激情，亦即我们用来感受愤怒的那样东西，它是理智和欲望之外的第三种东西呢，还是与前两种东西中的一种是同一种呢?"③ 从席勒的游戏说来看，激情作为连接理性冲动与感性冲动的摆渡者，具有一定的独立性，可以与理性冲动、感性冲动并列，作为第三种东西。作为第三种东西的激情与前两种不同，因为它的存在有赖于前两种东西，并有可能退化为前两种东西的一种，缺乏独立性。这种既有独立性，又缺乏独立性的状态，正是游戏的特征。作为理性与欲望之间的第三者，

---

① 康德的《判断力批判》上卷"审美判断力的批判"第一部分第二章为"崇高的分析"，以及"关于自然界的力学的崇高"。（康德：《判断力批判》上卷，宗白华译，商务印书馆1963年版，第84~108页。）

② 席勒：《论激情》，《席勒文集》Ⅵ，张玉书译，人民文学出版社2005年版，第52~77页。"一七九三年席勒发表了《论激情》、《论崇高》、《论优美和尊严》等美学论文，分别刊登在一七九三年和一七九五年的《新塔莉亚》上。其中《论崇高》和《论激情》实际上是一篇文章的上下两部。这些文章都是席勒美学大厦的重要组成部分。"（张玉书：《前言》，席勒：《席勒文集》Ⅵ，张玉书译，人民文学出版社2005年版，第3页。）

③ 柏拉图：《国家篇》，《柏拉图全集》第二卷，王晓朝译，人民出版社2003年版，第418页。

激情既可以与理性联合，用以调节欲望；又可以与欲望联合，调节理性。"对支配着自己的内心的欲望表示愤怒，而激情就好像在一场派别斗争中成了理智的盟友"；"但当理智喃喃自语时，激情也会因为某种共同的原因而与欲望结盟反对理智。"① 因此，激情作为第三种东西，其存在的意义或价值主要表现在调和前两种东西的冲突，也就是充当前两种东西的中间调解人，并具有扶弱抑强的作用，从而维护整体结构的平衡。总体来看，柏拉图倾向于将激情符合理性："在灵魂内部的分歧中它宁可站在理性一边"；"灵魂也有一个第三者，亦即激情，它是理智的天然辅助者"②，这符合柏拉图重视理性的哲学倾向。更进一步，针对激情与欲望的结盟，亦可通过节制来约束："这种野蛮的品质确实是从我们天性中的激情部分产生出来的，如果正确地加以约束，就成为勇敢，如果不加约束，就会变成残酷和粗暴。"③ 通过节制，欲望向下滥用的通道被关闭，也就是逆反欲望向残酷和粗暴发展，从而打开向上与激情相接的通道。

相对于柏拉图对于理性的重视，席勒更侧重从感性来看激情。借助雕像"拉奥孔和他的儿子们（*Laocoon and His Sons*）"（收藏于梵蒂冈 Vatican 庇奥-克里门提诺博物馆 Museo Pio-Clementino），席勒承接温克尔曼的论述④，展现

---

① 柏拉图：《国家篇》，《柏拉图全集》第二卷，王晓朝译，人民出版社 2003 年版，第 419 页。

② 柏拉图：《国家篇》，《柏拉图全集》第二卷，王晓朝译，人民出版社 2003 年版，第 420 页。

③ 柏拉图：《国家篇》，《柏拉图全集》第二卷，王晓朝译，人民出版社 2003 年版，第 381 页。

④ "拉奥孔父子的这组雕像大概是衡量古希腊人的造型艺术在激情方面能够做出多大成就的一个标尺。温克尔曼在他的《艺术史》（维也纳四开本版第 699 页）里对我们说：'拉奥孔这个雕像表现的是极度痛苦中的个性，它是依照一个人的肖像制成的，此人试图聚积精神的意志力来抵抗这极度的痛苦；痛苦使他肌肉隆起，神经紧张，而那坚强有力的精神却从那高昂的额头显现出来，胸脯因为屏住呼吸抑制感情而高高耸起，为了把痛苦深藏心头，不使流露。他尽量压抑悸动的叹息，气也透不出来，使他下腹收缩，身体两侧向内凹陷，我们仿佛可以看见他内脏的搏动。孩子们正仰面朝着父亲，向他呼救，他们所受的罪似乎比他个人的痛苦更使他惊恐；因为一颗父亲的心从那双悲苦的眼睛里显露出来，怜悯之心仿佛在他阴郁暗淡的眼神之中浮现。他一脸怨诉的神情，并无大哭大叫的 （转下页）

激情。"自由是不能支配的"①，我们通常认为自由摆脱了支配、束缚②，无拘无束、自在洒脱。然而，这只是表象的自由，表象自由是散漫式的、熵增的自由，没有经过实际的淬炼，在面对实际人生时，不仅不能解决问题，反而会制造问题。人的一生不可能一帆风顺，总是要经历一些痛苦，受到支配或束缚，而有修养的人，则能转化这种束缚。"自然向他施加的一切，都不再是强制暴力，因为在这尚未触及他之前，就已经变成他自己的行动。"③自由

---

（接上页）神气，他的眼睛仰望，期待着上天的救援。嘴巴充满了悲哀，下唇搭拉下来，表现出沉重的悲哀；上唇向上掀起，却交织着悲哀和痛苦，痛苦之中又含有委屈，仿佛觉得不该遭受这样的痛苦，有辱自己的身份。这阵痛苦上达鼻管，使鼻翼膨胀，那张开翘起的鼻孔显出他身上的痛苦。额头底下痛苦和反抗正在鏖战，二者仿佛凝成一体，表现得无比真实；因为痛苦使眉毛直竖之时，对痛苦的反抗又把上眼肉压下，直往上眼睑压去，使眼睑几乎全被上面的眼肉盖住。艺术家不可能美化天性，他就设法把它表现得更加充分酣畅，坚强有力。最大的痛苦落在哪里，哪里也就表现出最大的美丽。巨蛇的愤怒的馋吻正向他的左侧喷吐着毒液，而这左侧显然由于最接近心脏，受苦也最为剧烈。他想伸起腿来，挣脱他的厄运；周身没有一部分静止不动，凿刀的刻痕使僵硬的皮肤获得生命。'"（席勒：《论激情》，《席勒文集》VI，张玉书译，人民文学出版社 2005 年版，第 61~62 页。）这里需要重点强调："最大的痛苦落在哪里，哪里也就表现出最大的美丽。"换言之，审美需要借助痛苦。从理性冲动、感性冲动、游戏冲动三者的关系来看，痛苦属于感性冲动，因此，席勒的美学总体表现为对于感性的依赖。痛苦是实现美的必要条件，从而区别于单纯依靠理性冲动的形式美学。但是，痛苦对美的表现也有限制性："雕刻家要在既定的身体苦痛的情况之下表现出最高度的美。若身体极端痛苦，激烈的形体扭曲会使得形式之美遭到严重破坏，这与最高度的美是不相容的。所以他不得不把身体苦痛冲淡，把哀号化为轻微的叹息。"（莱辛：《拉奥孔》，朱光潜译，人民文学出版社 1979 年版，第 19 页。）过度表现痛苦会破坏美，单纯的身体强烈痛苦不是席勒美学所追求的，他终极的追求是表现最高度的美。针对依凭痛苦表现美的问题，就不要在痛苦的顶点展现美，避免身体的激烈扭曲，这样不仅与最高度的美不相容，而且还会遏制人对美的想象力。

　　① 席勒：《第二十封信》，《审美教育书简》，冯至、范大灿译，人民文学出版社 2022 年版，第 102 页。

　　② 据教材第十章"《论法的精神》与自由"。孟德斯鸠认为，"除了自由，没有任何词汇有如此多的含义，能以如此多的方式激荡精神"。孟德斯鸠定义的自由是："自由即做法律许可之事的权利"。（教材，第 257 页。）席勒的自由观主要是从审美的角度来谈，这里要注意法律与审美的区别及适用场景差异。

　　③ 席勒：《论崇高》，《审美教育书简》，冯至、范大灿译，人民文学出版社 2022 年版，第 163 页。这里可以引申出消极自由与积极自由的两种自由概念，参见以赛亚·伯林：《自由论》，胡传胜译，译林出版社 2011 年版，第 167~221 页。

体现在反抗中，尤其是对于束缚的反抗。从相反的事物相互依存的辩证来看，个体受到外界的束缚愈深，愈能获得自由。人生的痛苦多为消极意义，人在面对痛苦时多是被动的、悲观的；经过席勒转化之后，人生的痛苦不仅不是消极的，而且是积极的，痛苦的承受力反映出一个人的成熟度，痛苦可以是积极的，① 可以转化为成就美的资源，"倘若在表现激情之时，没有表现出受苦的天性，那么这种表现便缺乏美感力量"②。这也可以说借助痛苦，成就了独立精神、获得了自由。痛苦属于感性，这里涉及从感性到理性的游戏："感性生物必须受到深刻激烈的痛苦"，"理性生物才能显示他的独立"③。痛苦的磨砺正成就了大美与自由，从而避免了单纯从理性角度理解自由的书斋之气，④ "必须透过一切心灵的自由时时显出那受苦的人"⑤，"因而在任何表现激情之处，感官必须受到痛苦，精神必须获得自由"⑥。弥尔顿笔下的卢西弗来到地狱，并未被地狱的恐怖所吓倒，而是在恐怖中显示出其独立自由的人格："我向你们致意，各式各样的恐惧，向你致意，阴间世界，向你致意，深

---

① 如莉丝·默里：《风雨哈佛路——一个最贫穷也最勇敢的哈佛女孩》，中信出版社2015年版。

② 席勒：《论激情》，《席勒文集》Ⅵ，张玉书译，人民文学出版社2005年版，第67页。

③ 席勒：《论激情》，《席勒文集》Ⅵ，张玉书译，人民文学出版社2005年版，第52页。

④ 席勒以高尚与卑劣理性与感性区分；但是，美的游戏首先基于感性，"只有最为生动地表现了痛苦中的天性，才能表现道德上的自由。悲剧英雄首先必须向我们证明他是一个有感觉的生物，我们才会敬他为理性生物并且相信他灵魂的坚强。"（席勒：《论激情》，《席勒文集》Ⅵ，张玉书译，人民文学出版社2005年版，第52页。）在游戏中，感性在先，首先是"有感觉的生物"，才能成就"理性生物"，这又表现出席勒重视感性的一面。另外，他将理性与自由的关系由必然降低为偶然关系："进行任何道德判断之时，都有一个理性的要求作为基础，要求行动合乎道德，我们的要求应该合情合理，这是一个绝对的要求。可是正因为意志是自由的，所以我们是否真的做了这事，（从物质上看）纯属偶然。"（席勒：《论激情》，《席勒文集》Ⅵ，张玉书译，人民文学出版社2005年版，第70~71页。）这又相当于削弱了理性的基础。

⑤ 席勒：《论激情》，《席勒文集》Ⅵ，张玉书译，人民文学出版社2005年版，第67页。

⑥ 席勒：《论激情》，《席勒文集》Ⅵ，张玉书译，人民文学出版社2005年版，第67页。

深的地狱。请接受你的新客人。他怀着一种任何时间任何地点都不能改变的心情来到你这里。他就生活在他这心情之中。这种心情使他即使身在地狱之中也能为他建造一个天国。在这里我们终于获得了自由……"① 恐怖的地狱成为卢西弗致敬的对象,表现出他强大的转化能力,将恐怖的地狱转化成美丽的天堂,并最终获得自由。弥尔顿、席勒对于苦难转化的歌颂有助于鼓舞人们面对现实的苦难,从而转化悲惨的世界,创造美好的世界,正是在转化和创造中,人的高贵精神得到体现,② 由此区别出灵魂的高贵与卑劣:"卑劣的灵魂只停留在受苦的地步,觉得激情的崇高之物只是可怕的东西而已;一个独立的灵魂相反,却正从这种痛苦逐渐感觉到它的力量的无比辉煌的效果,懂得从每件可怕之物造出崇高的事物来。"③ 独立的灵魂利用痛苦,审美得以完成,自由得以实现。

痛苦转化的能力决定了人能否获得美与自、人的灵魂独立与卑劣,而且还关乎人与动物的区别:"人身上单纯动物性的部分遵循自然法则,因此可以表现为完全屈服于激动的威力。"④ "艺术必须欢娱精神,取悦自由。谁若成了痛苦的牺牲,便只是一头受折磨的畜生,不再是一个在受苦的人;因为如若是人,那就要求他对苦难进行道德上的反抗,只有通过这种反抗,才能叫人看出他内心的自由原则。"⑤ "受折磨的畜生"屈从于痛苦,逆来顺受;不做受折磨的畜生,要做人,那就必须反抗,反抗痛苦折磨成为人区别于动物的重要特征,这在一定意义上降低了从道德性区分人兽(禽)的传统观点,

---

① 席勒:《论激情》,《席勒文集》Ⅵ,张玉书译,人民文学出版社 2005 年版,第68 页。

② 据《孟子·告子下》:"故天将降大任于是人也,必先苦其心志,劳其筋骨,饿其体肤,空乏其身,行拂乱其所为,所以动心忍性,曾益其所不能。人恒过,然后能改;困于心,衡于虑,而后作;征于色,发于声,而后喻。入则无法家拂士,出则无敌国外患者,国恒亡。然后知生于忧患而死于安乐也。"

③ 席勒:《论激情》,《席勒文集》Ⅵ,张玉书译,人民文学出版社 2005 年版,第66 页。

④ 席勒:《论激情》,《席勒文集》Ⅵ,张玉书译,人民文学出版社 2005 年版,第60~61 页。

⑤ 席勒:《论激情》,《席勒文集》Ⅵ,张玉书译,人民文学出版社 2005 年版,第56~57 页。

同时也更加凸显了人反抗痛苦的重要意义。通过相反相因，正是在痛苦的反抗中，显示出人内心的自由原则，结合拉奥孔在反抗中体现的激情与美，自由、激情、审美形成共同的合力，带人从痛苦折磨中走出，成就一个自由的人，成就一个富有激情的人，成就一个审美的人。①

**2. 崇高的激活与自由**

席勒论崇高，主要借助自然的宏伟，提升人性的崇高，激活人的主体性、主动性，并与自由互为来源，相互促进，最终服务于自由。

其一，自然提升人性的崇高。席勒论崇高参照自然，"他身外的相对宏伟就成了一面镜子，他从中看到他自己身内的绝对宏伟。""自然的那种质朴的威严，让他看到了更大的计量标准；他被自然的那些宏伟的形体所包围，在他的思维方式中再也不容忍渺小。"② 通过自然宏伟的镜子可以看到镜子中的自我，自然有多宏伟，我们内心就有多宏伟，因此，自然之镜有助于我们发现、激活我们内心的崇高，从而在对自然崇高的审美时，人也由此获得内心的崇高，实现审美境界的飞跃。这种"计量标准"如同孔子所登的东山、泰山，随着山的高度增加，他所看到的自然宏伟也就愈加壮观，从而带动内心审美体验的提升。一旦上升到新的高度，旧的观念将被超越，这种超越使得审美能力不会再退回到以前的渺小，这就是人类崇高追求的向上本性。在自然的崇高感提升过程中，作为审美主体的人，其审美能力提升的高度取决于所看到自然宏伟的计量标准。

反映到现代生活，自然对于人性崇高的提升如同由城市人的狭窄到游牧

---

① 如方以智及其老师觉浪道盛，将苦难作为成道的资源："极贫、多病、大苦，添上个死字，是煅炼我身心的大炉鞲，千金难买，万劫难逢。"（觉浪道盛：《三大恩人》，《天界纪闻》，《杖门随集》，《天界觉浪盛禅师全录》，径山藏版，第 1 页。）"苦瓠连根难道苦，一堆棘火一瓢烹。"（方以智：《示儿》，《合山栾庐占》，《方以智全书》第 10 册，黄山书社 2019 年版，第 351 页。）"瓠生药地根原苦，钱绽荷峰叶又香。"（徐芳：《送青原可大师》，《青原志略》，江西人民出版社 1998 年版，第 299 页。）相当于从"瓠生药地根原苦"的人身苦难中获得美，"钱绽荷峰叶又香"。

② 席勒：《论崇高》，《审美教育书简》，冯至、范大灿译，人民文学出版社 2022 年版，第 174~175 页。

人的开阔。"谁都知道，城市人的性格容易趋向心地狭窄，很容易畸形发展，枯萎衰竭，这部分地就是由于同这宏伟的守护神交往稀少而造成的，相反，游牧民族人的思想就始终像他们栖身其下的苍天一样开阔，自由。"① 生活环境影响人的审美与崇高感的获得，城市人（尤其是一线城市的普通人）大都生活在狭小的空间，周围是人建造的各种设施建筑，与自然逐渐疏远，因此，其被自然崇高熏染、提升的机会就会减少；游牧民族人则不一样，他们经常看到无垠的苍天、无边的草原，苍天与草原的开阔有助于他们被自然熏染、提升，从而带动他们的开阔与自由。"看到无边无际的远方和高不可测的天空"，"他的精神就会挣脱现实的狭窄范围和令人窒息的物质生活的禁锢。"② 进一步引申，古希腊社会相当于游牧民族人的社会，而现代社会犹如城市人，③ 由此表现出席勒对于现代社会生活工作方式的批判，以及指出用自然改善治疗现代社会病的方向。

其二，人内在的思想与决策能够实现人性崇高的提升。自然的崇高是外在的，自然对于人性的熏染、提升是由内及外，与此相应，便是内在主体的确立，并由内及外。"一些光辉的思想和英勇的决策，正是由于心绪在思索时与自然精神进行了这种英勇的斗争而产生的，在书斋和社交场合这种思想和决策是不会问世的。"④ 席勒的崇高思想充满了激情与战斗力。换言之，席勒的崇高不是从书斋中获得的，而是在现实英勇的斗争中产生，表现出浪漫主义的狂飙突进与激情。人性崇高的提升充满着生生的活力，它外在向自然敞开，从自然之镜中提升审美的能力；他内在充满激情，激发出人性的活力。内在与外在力量交相助长，从而带动人向崇高攀登飞跃。

其三，崇高能将人的审美由被动转为主动，化客观为主观。自然威严宏

---

① 席勒：《论崇高》，《审美教育书简》，冯至、范大灿译，人民文学出版社 2022 年版，第 175 页。

② 席勒：《论崇高》，《审美教育书简》，冯至、范大灿译，人民文学出版社 2022 年版，第 175 页。

③ 城市人与游牧人的差别如同席勒所讲的钟表与水螅的差别。

④ 席勒：《论崇高》，《审美教育书简》，冯至、范大灿译，人民文学出版社 2022 年版，第 175 页。

伟，能够提升人的审美，但是亦有其限制性，"因为具有全部无限性的自然是不可能触及到我们身内的绝对伟大的"①。内在的绝对伟大不逊于自然，在身内的绝对伟大的指引下，人的审美向内转。"通过崇高感，我们就得知，我们的精神的状态并不是必然地根据感性的状态而转移，自然的规律并不是必然地就是我们的规律，我们自身之中有一项自主的原则，它不依赖于一切感性的触动而独立存在。"② 通常而言，在自然面前，人是被动承受的，自然的规律是客观的；席勒的崇高思想能够转化自然，将被动转化为主动。"人在物质必然的手中，而人的意志却在人的手中。"③ 人实现内在转化，并确立其内在的自主原则，由此高扬了人的主观性、主体性与创造性。

其四，理性的自由与崇高的自由。在康德的哲学体系中，感性通过刺激的方式被给予："对感性直观的对象进行思维的能力是知性。""无知性就不会有对象被思维。"④ 知性思维的形式是范畴，由此关联着康德哲学的知性范畴体系。席勒首先指出知性能力的限制性："谁要是用知性的那个微弱的火把去照耀自然的宏伟营运，并且总是蓄意把自然的那种胆大妄为的杂乱溶化成和谐，那他就不会在这样一个世界中感到惬意"，"按照这种人的愿望，就像一家管理很好的小酒店一样，宏伟的宇宙运行应一切井井有条。"⑤ 相对于宏伟的自然，知性只是微弱的火把，知性在认识自然方面能力不足，而且具有片面性，如仅从范畴体系去规定自然。知性范畴体系诠释的自然如同管理秩序井然的小酒店，但是，自然是崇高的，是宏伟的，其运营方式是复杂的，自然本身并不是秩序井然的、和谐的，而是杂乱的、富有激情的，因此，知性

---

① 席勒：《论崇高》，《审美教育书简》，冯至、范大灿译，人民文学出版社 2022 年版，第 169 页。

② 席勒：《论崇高》，《审美教育书简》，冯至、范大灿译，人民文学出版社 2022 年版，第 168 页。

③ 席勒：《论崇高》，《审美教育书简》，冯至、范大灿译，人民文学出版社 2022 年版，第 169 页。

④ 康德：《纯粹理性批判》第 2 版，《康德著作全集》第 3 卷，李秋零译，中国人民大学出版社 2013 年版，第 69~70 页。

⑤ 席勒：《论崇高》，《审美教育书简》，冯至、范大灿译，人民文学出版社 2022 年版，第 177 页。

及其范畴体系不足以诠释自然。康德认为纯粹理性是自由的，而在指出知性之后，席勒进一步批判理性:"理性是用自己的手段取得自由的，因此凡是知性不能联系进认识一体性之中的，理性就是在这种自由观念的名义下概括到思想一体性之中;理性通过这个观念使现象的无穷游戏屈从于它，因而同时也保住了它对知性作为感性限制的功能的支配权。"① 以上可以视作康德自由哲学的比喻，强调知性、秩序与理性，以此统摄感性世界或自然。席勒理解的自然充满生机，他要消解知性、理性、秩序，自然可以是矛盾的、粗野的、无秩序的。"对于高尚心绪的人来说，带有一切精神矛盾和物质弊端的自由比没有自由而有富裕和秩序局面不知要有趣多少。在后一种情况下，羊耐心地跟着牧人走，自我控制的意志降低为一只钟表上的从属性的零件。这种情况使人仅仅成为自然的一件有思想的产物和它的较为幸福的公民;而自由则使人成为一个更高制度中的公民和统治者，以此，即使在这制度中所占地位最低也比在物质秩序中当个引头人更光荣。"② 席勒通过游戏说来统合感性、知性与理性:"美的事物不应该是纯粹的生活，不应该是纯粹的形象，而应是活的形象，这就是说，所以美，是因为美强迫人接受绝对的形式性与绝对的实在性这双重的法则。因而，理性作出了断言:人同美只应是游戏，人只应同美游戏。"③ 通过游戏，感性与理性均能够协调，从而既能够摆脱康德哲学的理性自恋，又能接纳生活，兼取理性与感性，符合其浪漫主义的生生活力。用一句席勒的经典名言总结以上内容:"只有人是完全意义上的人，他才游戏;只有当人游戏时，他才完全是人。"(der Mensch soll mit der Schönheit nur spielen, und er soll nur mit der Schönheit spielen.)④

其五，自由与崇高互为来源，崇高最终服务于自由。"感受崇高的能力，

① 席勒:《论崇高》，《审美教育书简》，冯至、范大灿译，人民文学出版社 2022 年版，第 178 页。

② 席勒:《论崇高》，《审美教育书简》，冯至、范大灿译，人民文学出版社 2022 年版，第 178 页。

③ 席勒:《第十五封信》，《审美教育书简》，冯至、范大灿译，人民文学出版社 2022 年版，第 79 页。

④ 席勒:《第十五封信》，《审美教育书简》，冯至、范大灿译，人民文学出版社 2022 年版，第 79 页。

是人的天性中最壮丽的天禀之一，它既值得我们尊敬，因为它来源于自主的思维和意志，也值得最充分地发展，因为它能对道德的人起作用。美仅仅是为人服务，崇高是为了人神圣的纯粹的精灵服务。"① 崇高来源于自由，正是人的自主的思维和意志，使得我们能够感受崇高，达到崇高；崇高服务于自由。崇高指向人生的超越精神，没有崇高的追求，人将会停滞在平庸的世界、受束缚的世界，通过追求崇高，人的天性中壮丽的天禀得以开发，人生得以超越，获得更多自由，因此，崇高服务于自由，也就是人神圣的纯粹的精灵。

综上，较之于康德的崇高、自由，席勒的崇高、自由更加内化，也就是向内转，从而激活主体的创造性。席勒的自由、崇高、激情均牵带着感性冲动。理性冲动固然是必要元素，但并不起决定、支配作用，而是作为游戏冲动的一部分，与感性冲动共同参与、完成审美的游戏。

### 3. 激情、崇高与自由及其问题

激情与崇高内在贯通，"激情的东西只有当它是崇高的事物时，才是符合美感的"②。"人的道德独立性表现得更加光荣，表现得更富激情，而激情就更加崇高。"③ 在康德的理性自由基础上，席勒发展了审美自由："因为正是通过美人们才可以走向自由。"④ 通过激情与崇高均可实现自由：借助感性的力量，由激情实现自由，由感官经受痛苦，精神获得自由；借助自然的力量，由崇高实现自由，通过自然的崇高激活身内的绝对伟大。激情与崇高撑开了自由展开的场域：激情向下与痛苦相接，崇高向上指向自然。上下又成呼应

---

① 席勒：《论崇高》，《审美教育书简》，冯至、范大灿译，人民文学出版社 2022 年版，第 184 页。"纯粹的精灵"即自由的精神。（译者注）

② 席勒：《论激情》，《席勒文集》Ⅵ，张玉书译，人民文学出版社 2005 年版，第 57 页。

③ 席勒：《论激情》，《席勒文集》Ⅵ，张玉书译，人民文学出版社 2005 年版，第 61 页。

④ 席勒：《第二封信》，《审美教育书简》，冯至、范大灿译，人民文学出版社 2022 年版，第 7 页。席勒与其好友科尔勒的通信中，对于美的概念与思考归结为这样一句话："美因而无它，不过是表现的自由而已。"（张佳钰：《〈人的美学教育书简〉导读资料》，席勒：《席勒文集》Ⅵ，张玉书译，人民文学出版社 2005 年版，第 278 页。）

之势，激情追求崇高，崇高的追求离不开激情。结合席勒的游戏学说，在激情与崇高之间，自由可充当联接两者的第三者，也就是自由的游戏。作为浪漫主义运动的旗手，席勒并不畏惧外在的苦难，而是将苦难作为实现自由的必经之路："崇高的心灵状态就是每一个不受命运约束、独立不羁的性格。塞内加说：'一个英勇的人在和逆境奋战，即使对于天神也是一出引人入胜的好戏。'"① 这对于鼓舞人民的斗志、引领社会的变革进步，以及审美境界的提升等都具有重要的现实意义及理论价值。

再看美、善与自由。康德推崇道德，美应服从于善，"美者是道德上的善者的象征"②。席勒批评康德的理性至上："在审美的事情里要求道德的目的性，以便扩大理性的王国，把想像力从它合法的领地里驱逐出去，这显然是搅乱了界限。"③ 这样的批评直指康德哲学，《判断力批判》的审美与《实践理性批判》的道德实践应该保持各自的界限。美既不能作为道德的目的，也不能被理性所侵蚀，而是应该保持美的独立性。席勒认为"修养会使人获得自由"，"有道德修养的人，而且只有这种人，是完全自由的。"④ 席勒更推崇美，并对道德判断颇有微词："因此审美判断使我们自由自在，奋发向上，深受鼓舞"；"因此道德判断使我们受到限制和屈辱"。"如果我们在作审美评判时感到心胸开阔，而在进行道德评判时则相反，感到受到约束和限制，就不足为奇了。"⑤ 康德推崇道德之善与席勒推崇审美之美，在这样的张力中，双方是否可以通过各安其位而共存呢？答案是否定的，席勒进一步放大道德与审美的张力，两者互相阻碍："道德和审美这两种评判远非互相支持而是互相

① 席勒：《论激情》，《席勒文集》Ⅵ，张玉书译，人民文学出版社 2005 年版，第68 页。

② 康德：《判断力批判》，《康德著作全集》第 5 卷，李秋零译，中国人民大学出版社 2013 年版，第 368 页。

③ 席勒：《论激情》，《席勒文集》Ⅵ，张玉书译，人民文学出版社 2005 年版，第77 页。

④ 席勒：《论崇高》，《审美教育书简》，冯至、范大灿译，人民文学出版社 2022 年版，第 162~163 页。

⑤ 席勒：《论激情》，《席勒文集》Ⅵ，张玉书译，人民文学出版社 2005 年版，第73 页。

阻碍，因为它们给人的心情指出两种截然相反的方向；因为理性要求循规蹈矩作为道德的法官，想像力则要求无拘无束作为审美的法官，而循规蹈矩和无拘无束是格格不入的。因此一个事物多大程度上不适用于审美方面，正好在多大程度上适用于道德方面。"① 美与善的相互阻碍加剧了两者的张力，两者的冲突不可避免，这要求行为的主体只能在两者之间择其一种，同时要完全放弃另一种。由于非此即彼的不相容，其中一种的获得也意味着对另一种的放弃。在善与美的张力存在情况下，是否可以通过兼取两端呢？答案也是否定的。"在同时追随两个不同的目标时，会有两个目标都达不到的危险。人们会用道德的规律性来束缚想像的自由，并且通过想象力的随心所欲而破坏理性的必然性。"② 由此只能在德与美之间选择一个追求目标，席勒选择的追求目标便是美，这也意味着他与康德道德哲学的分道扬镳。当然，这种张力并不是使得两者彻底隔绝，而是都有对话会通的尝试，如康德指出："美者直接地让人喜欢（但只是在反思的直观中，而不是像道德那样在概念中）"；"它无须任何兴趣而让人喜欢（道德上的善者即使必然与某种兴趣相结合，但却不是与这样一种先行于有关愉悦的判断的兴趣，而是通过这判断才引起的兴趣相结合）"③。美的直接性、愉悦性都更能比善让人喜欢，使人感兴趣。道德之善则是间接的，且需要借助判断，才能让人喜欢，使人感兴趣。这样的观点等于在以善为主导下，为美辩护。席勒注重审美，能够显示审美的道德亦能引起席勒的兴趣，这亦相当于为善辩护。以上显示出善与美的合力。

在张力合力并在、对立统一的基础上，可引入席勒的游戏说，调和道德之善与审美之美的对立。康德指出："想象力（因而我们的能力的感性）的自由在对美者的评判中被表现为与知性的合法则性一致（在道德判断中意志的

---

① 席勒：《论激情》，《席勒文集》Ⅵ，张玉书译，人民文学出版社 2005 年版，第 73~74 页。

② 席勒：《论激情》，《席勒文集》Ⅵ，张玉书译，人民文学出版社 2005 年版，第 77 页。

③ 康德：《判断力批判》，《康德著作全集》第 5 卷，李秋零译，中国人民大学出版社 2013 年版，第 368 页。

自由被设想为意志按照普遍的理性法则与自己本身的协调一致）。"① 席勒指出："因此在审美判断方面，我们感兴趣的不是道德本身，而仅仅对自由感兴趣。前者只有在显示后者时，使我们的想象力得到愉悦。"② 自由是两者共同追寻的目标，自由可作为善与美之间的游戏者，也就是连接道德与审美的第三者。

在康德、席勒之前，卢梭的自由学说亦是有利有弊："有利之处在于，他强调，一个社会如果没有自由、没有自发性，就不可取。""弊端体现在，卢梭的确参与制造了真正的自我这个神话，打着真正的自我这个旗号，我就可以去强制别人。""自由最终被证明是一种奴隶制度"，"最不受约束的自由与最严苛和最有奴役的权威发生了重合。""在整个现代思想史上，卢梭是自由最险恶和最可怕的一个敌人。"③ 卢梭的自由观弊端体现在法国大革命中，为席勒所警觉，并指出自由在实践中的问题：

> 只听见高呼"自由平等"！
> 平和的市民拿起刀枪，
> 大街上，大厅里人潮汹涌，
> 一帮帮杀人暴徒到处游荡，
> 妇女用恐怖行径取笑作乐
> 全都变得像鬣狗一样。
> 她们用豹子般的利齿，
> 撕碎敌人还在跳动的心脏。
> 再也没有神圣的东西，一切虔诚
> 敬畏的纽带全都断裂，

---

① 康德：《判断力批判》，《康德著作全集》第 5 卷，李秋零译，中国人民大学出版社 2013 年版，第 368~369 页。

② 席勒：《论激情》，《席勒文集》Ⅵ，张玉书译，人民文学出版社 2005 年版，第 77 页。

③ 以赛亚·伯林：《自由及其背叛》，赵国欣译，译林出版社 2011 年版，第 45~46 页。

仁善让位于邪恶，

恶行自由自在无拘无束

唤醒狮子，危险异常，

老虎的利齿会带来死亡，

然而恐惧中最可怕的

乃是人一旦发狂。

那些把天国的火炬交给永远盲目者的人

真该遭殃！

这火炬没有给盲人带来光明，

只会引起熊熊烈火，

把各城各邦化为灰烬。①

　　杀人暴徒、采用恐怖行径的妇女，他们表现为打着"自由平等"的旗号，不仅侵害了别人的自由，强制别人，甚至彻底摧毁了别人的自由，夺去了别人的生命。这种行为显示出自由被滥用后的险恶与可怕。这种自由当然是卢梭、席勒所抵制的。这也提醒我们注意应该给自由划定界限，使其更符合公共性的道德伦理准则。

　　综上，席勒美学的激情、崇高与自由可概述为四种游戏：

　　第一，感性与理性之间的游戏，从而化解柏拉图的现实世界与理念世界的对立，具体到柏拉图美学，游戏相当于充当了"美的事物"与"美的形式"之间摆渡者，成就了自由心境。"在这种心境中感性与理性同时活动，但正因为如此，它们那起规定作用的力又相互抵消，通过对立引起了否定。在这种中间心境中，心绪既不受物质的也不受道德的强制，但却以这两种方式

_____

　　① 席勒：《大钟歌》，《席勒文集》Ⅰ，钱春绮译，人民文学出版社 2005 年版，第 139~140 页。"诗中描绘的情景并非诗人凭空捏造的幻影，而是大革命时期法国生活的写照。""罗兰夫人临刑前曾长叹：'唉，自由，以你的名义犯下多少罪行！'席勒在此也表达了类似的观点：口号尽可不同，蛊惑人心的目的大同小异。"（张玉书：《总序：摧毁精神巴士底狱的战士——席勒》，席勒：《席勒文集》Ⅰ，钱春绮译，人民文学出版社 2005 年版，第 6 页。）

进行活动,因而这种心境有理由被称之为自由心境。"①

第二,感性冲动与形式冲动之间的游戏,相当于游戏冲动,以此产生自由。"只要两种基本冲动在人身上一活动,这两者就失去了他们的强制,两种必然的对立就成了自由的产生源泉。"②

第三,激情与崇高之间的游戏。借助感性的力量,由激情实现自由,由感官经受痛苦,精神获得自由;借助自然的力量,由崇高实现自由,通过自然的崇高激活身内的绝对伟大。"自由"可充当联接激情与崇高的第三者,从而实现"自由"的游戏。

第四,道德与审美之间的游戏。康德推崇道德之善,席勒推崇审美之美,张力表现为美与善的互相阻碍;通过游戏,善与美均以自由为追求目标,从而自由可作为善与美之间的游戏者。在这种游戏中,道德之善表现为理性的自律实现的自由,理性是公共性敞开的视域,它要求参与者要遵循共同的伦理准则;审美之美表现为个体的审美自由,这种审美具有个体性、自娱性,它并不要求参与者遵循共同的伦理准则。由此,道德与审美之间的游戏表现为公共性与个体性之间的游戏,通过游戏,能够打通公共性与个体性,从而美善兼得。换言之,通过道德与审美之间的游戏,公共性的道德伦理准则可以兼容个性之美,在不违反公共性的道德伦理准则的前提下,可以实现个体性的各美其美;个体性之美亦可兼容道德法则,个体之美的释放以不违背公共性的道德法则为前提,从而给个体之美的释放划定了道德的界限。在这种游戏中,实现了两种自由,也就是道德的自由与审美的自由,自由成为公共性道德准则与个体性之美的摆渡者。

以上四种游戏,只有第二种是席勒美学中直接表述的,其他三种都没有直接表述,而是仿照第二种的游戏说推广所得。在以上四种游戏中,后面两种都与自由相关,第三种游戏表现为对于康德自由哲学的上下两个方向的双

① 席勒:《第十九封信》,《审美教育书简》,冯至、范大灿译,人民文学出版社2022年版,第104页。

② 席勒:《第十九封信》,《审美教育书简》,冯至、范大灿译,人民文学出版社2022年版,第101页。

向拓展，第四种游戏表现为对于康德哲学的批判，总体来看，这两种游戏都是对于康德哲学基本问题的回应，由此显示出席勒哲学的问题意识以及与康德哲学的直接继承或批判性继承的关系。游戏学说基于对立的双方，通过游戏，实现对立双方的互通，彼此不容的两端相互对话，彼此包含，相互影响，也就是实现了对立的多样式统一。

# 结语：重申"学以成人"

综合以上所讲，这门课展现出"学以成人"的七个方面：

《论语》————人的仁性————伦理的人（道德的载体）

《庄子》————人的天性————自然的人（向自然敞开）

《坛经》————人的悟性————觉悟的人（境界超越）

《写作》————人的理性————理性的人（批判精神）

《历史》————人的历史————历史的人（幸福生活）

《斐多》————人的生命————哲思的人（追问灵魂）

《审美教育书简》—人的审美————美育的人（美的载体）

《论语》《庄子》《坛经》是按照经典形成的顺序来讲，这也符合学习入门的顺序。《论语》先于《庄子》《坛经》，这样的顺序符合人的思维及认识进阶顺序。孔子的仁切实、中正，在此基础上超越，可以发展天性，向自然敞开，也就是从孔到庄到易，然后再提升，由庄至禅。反之则难，由庄到孔难，并且如果从悟性入手，从"无"契入，如同山高路滑，容易颠蹶。成人的基本目标是成为道德的载体，也就是符合伦理道德规范的人。如同孟子讲"人之异于禽兽者几希"，这"几希"便是道德良知，道德良知的存有使得人区别于禽兽。在坚守伦理道德规范的基础上，人可以向自然敞开，如魏晋玄学的"身在庙堂，心在山林"，也可以向境界超越，成为一个觉悟的人。反之，如果只求境界超越与自然，可能会发展成一个局限在一膜之内的独悟者、一个徜徉在山林的人，只为满足一己之自适，不能在伦理社会中展开，很难成就一个有家国天下情怀的"大人"。

从西方思想的发展史来看，人的理性是西方哲学精神的集中体现，这值得我们借鉴学习，教材对理性精神的彰显主要在《国富论》一章，而我将其放在写作部分，并引入了休谟的怀疑论与康德的关系论，以及麦克斯韦对此的应用。理性精神值得我们一生去践行学习，反思批判，尤其是理工科学生，唯有如此，通过实践，方能有原创性的成果。

作为倡导理性精神的大哲学家，康德在思考人时，提出四个问题：

（1）我能知道什么？

（2）我应当做什么？

（3）我可以期待什么？

（4）人是什么？

形而上学回答第一个问题，伦理学回答第二个问题，宗教回答第三个问题，人类学回答第四个问题。①

以此应用到"学以成人"：我们需要追问形而上学，超越感性世界，进入理性世界，从而理性思考，保持着超俗的精神；我们需要伦理的生活，在伦理实践中做一个道德的典范，成为道德的载体；我们需要有所期待。这种期待可以像惠能的悟性，由此打开一扇窗，看到不同于世俗社会的风景；又可以像庄子逍遥游，在天性中绽放生命；又可以像苏格拉底，在灵魂不朽的思考中探究死后的归宿。在汲取这些超俗的精神、对未来有期待之后，还可以像孔子那样返回世俗，在世俗生活中自强不息。"我能知道什么？我应当做什么？我可以期待什么？"三者又可归结为"人是什么"，这个问题的思考便是学以成人能够成就什么。

《历史》《斐多》《审美教育书简》也是按照经典形成的顺序来讲，学科涉及历史学、哲学与美学，从历史、生命、审美三个方面理解人。学以成人的重要标志便是获得幸福，梭伦的幸福观承认物质基础的重要性；而在柏拉

---

① 康德：《逻辑学讲义》，许景行译，杨一之校，商务印书馆2010年版，第23页。

图看来，他更注重精神的幸福、灵魂的纯洁与不朽。两种幸福观之间有张力，亦有合力。席勒的美学原型基于柏拉图美学，他的美学精神指向古希腊社会，是解决现代生活困境的一剂良药。随着年龄的增长与阅历的增加，同学们必将体会到幸福生活，思考生死问题，梭伦、苏格拉底、柏拉图的幸福观、生死观无疑对我们成人具有重要的导引作用。学会审美，培育成会审美的人，热爱美，享受美，包括美的德性、美的生活。

从西方哲学也可以返回到孔子的仁学，比如借助席勒的美学思想，我们再去理解孔子的仁学思想：仁人必有理性，相当于形式冲动，如朱熹言仁是爱之理；仁人亦有心之觉，身心感通，感情真切，相当于感性冲动，如张九成、胡直等以觉言仁；在理性与感性之间的游戏冲动，可以融合爱之理与心之觉，孔子言仁亦可说是在感性冲动与理性冲动之间的一场游戏而已。从人的全面发展来看，我们既要成为一个理性的人，也需要成为一个心系家国天下（民胞物与）的有情感的人，更需要成为一个能够兼具两者，全面发展的人。

# 后　记

　　当初整理人文社科经典导引的讲义，主要是为了将这门课上好；然而，在 2023 年暑假前夕，我开始到北京工作，整理的讲义成了我在珞珈山教学的纪念。在北京工作的一年里，我还是常有机会回到珞珈山，然而，毕竟不似从前。在北京的日子里，南国犹传故人信，遥闻樟林摧折，未见樱花满山。我尤其怀念参与这门课的学生，还念及小班助教——他们有的还在坚守，有的赴外地深造，有的已经参加工作，我曾经指导的博士参与了新的小班教学……讲义完成后，部分内容以论文形式发表，如《儒学修身的特质及审美——以〈诗经·卫风·淇澳〉为中心的讨论》，发表在《哲学动态》2023年第 7 期；《孔学与庄学的人道天道会通与托孤》，发表在《世界宗教文化》2023 年第 6 期；《作为〈庄子〉内篇旨趣的"撄宁"》，发表在《哲学与文化》2023 年第 12 期；《作为亚圣的颜子与克己复礼——以海昏侯墓衣镜颜子传记为中心》，《江西社会科学》2024 年第 1 期等。对我而言，这门课并未成为定格的文字，将会以其他方式继续存在。感谢龙子珮编辑！

张昭炜

中国社会科学院世界宗教研究所

2024 年 8 月 22 日农历大暑